Lakomy · *Es war doch nicht das letzte Mal*

Reinhard Lakomy

Es war doch nicht das letzte Mal

Erinnerungen

 Das Neue Berlin

Fotonachweis: Gerd Fisch (1), Manfred Gößinger (12), Jet-Foto Studios (1), Tassilo Leher (2), Jo Lux (1), Herbert Schulze (4) und privat. Nicht in allen Fällen konnten die Fotografen ermittelt werden. Berechtigte Honoraransprüche bleiben gewahrt.

ISBN 3-360-00923-1

Umschlagentwurf: Jens Prockat, unter Verwendung eines Fotos von Hubert Link
Druck und Bindung: Wiener Verlag, Himberg

Es war einmal ein Land aus Glas,
zerbrechlich wie nur irgendwas,
und mittendrin du und ich,
die Splitter fliegen durch die Nacht,
und davon bin ich aufgewacht,
der Traum, der ist aus,
und der Wind weht ums Haus,
doch ich erinn're mich.

Monika Ehrhardt, 1991

(aus »Der Wind weht, wo er will«
CD »Die 6-Uhr-13-Bahn«, Musik: Reinhard Lakomy)

Jetzt singt er!

Am Anfang war das Wort, sagt die Bibel. Musiktheoretiker und Kompositionslehrer, die mich in meinem Erdendasein mehr als genug getriezt haben, würden wahrscheinlich darauf bestehen, dass am Anfang eine Note gewesen sei. Als Musikant behaupte ich allerdings, am Anfang war ein Ton. Und gleich danach noch einer – denn was soll ein Ton alleine? Also, am Anfang war die Melodie, wahrscheinlich eine schöne.

Dass noch etwas ganz anderes am Anfang stehen muss, habe ich erst neulich begriffen, nachdem der Verlag mich überredet hatte, aus meinem Musikerleben zu erzählen. Der Herr Verleger nämlich sagte mit aller Strenge – und mich hätte es nicht gewundert, wenn er verlangt hätte, dass wir uns für diesen Satz feierlich von unseren Plätzen erheben sollen, soviel Bedeutung lag im Raum: »Am Anfang ist der Titel.«

Nun gut, jeder Berufsstand hat wahrscheinlich seine ewigen Wahrheiten, die ihm Sicherheit geben wie dem Seemann die Leuchtbojen auf hoher See. Ein Verleger spürt Rettung aus der Unübersichtlichkeit eines Buchentwurfs, wenn er erstmal einen Titel hat. Aber mein Verleger geht noch weiter: »Wenn der Titel toll ist, dann ist das die halbe Miete.«

Ich gucke ungläubig. So leicht stelle ich es mir nicht vor. Ein Buch, da bin ich ganz sicher – ich kann es beinahe versprechen! – schreibe ich nur einmal in meinem Leben. Und wenn ich auch nicht an Thomas Mann und selbst nicht an Konsalik herankomme: Es soll so gelingen, dass niemand, wenn er es nach Seite 250 zuklappt, sagen muss: Ach, hätte der Lacky doch lieber eine Oper geschrieben!

An Titeln gab es von Anfang an nur einen, nämlich den,

der auf dem Deckel steht. Nicht nur, weil mit »Es war doch nicht das letzte Mal« jeder, der in den siebziger, achtziger Jahren seine Ohren nicht unter den Achseln trug, sofort eine Melodie verbindet, und zwar eine ganz bestimmte. Und nicht nur, weil man aus ihm heraushören kann, dass Lakomy auch mit nunmehr vierundfünfzig Jahren noch eine Menge vorhat. Sondern, weil mit dieser Liedzeile wirklich alles – oder sagen wir fast alles – begann.

Es war im Herbst 1972. Dieser Zeitpunkt ist nicht ganz unwichtig. Denn damals hatten wir in unserem kleinen, angespannten Land mal wieder eine euphorische Phase. Alle zehn Jahre gab es »untrügliche Anzeichen«, dass man Hoffnung schöpfen könne, Hoffnung auf Veränderung, auf Lockerung, auf Leichtigkeit. 1971 hatte Honecker den Ulbricht abgelöst und kulturell sollten plötzlich tausend Blumen blühen. Und tatsächlich fingen in der Unterhaltungsmusik ein paar Leute an, was zu wagen.

Ich saß in meiner winzigen Wohnung in der Choriner Straße und laborierte »mental«, wie das heute so chic heißt, an den Folgen meiner Scheidung. Als Komponist war ich kein gänzlich unbekannter mehr, wichtig war ich nicht. Ich komponierte für Uschi Brüning, Andreas Holm, Barbara Kellerbauer, Gipsy, Henry Kotowsky und andere, vier bis fünf Titel im Monat. Wie ein Tischler, der Stühle baut, redlich und fleißig und mit nicht wenig Hingabe. Reichtümer waren damit nicht zu erwirtschaften. Für eine Komposition – egal, wie erfolgreich sie wurde – gab es 150 Mark, für ein Arrangement 250. Aber ich kam auf einen »Monatslohn«, mit dem ich überleben konnte. Die Anfangsjahre in Berlin, als mein Magen die lauteste Musik machte, waren Gott sei Dank schon eine Weile vorbei.

Mit dem, was im Rundfunk und von AMIGA, unserer VEB Deutschen Schallplattenfirma, gefragt war, war ich nicht übermäßig glücklich. Der deutsche Schlager war immer noch sehr verwandt mit dem Rhythmus, der den Deutschen offensichtlich im Blut liegt – dem Marsch. Das ist ja bis heute so: Die Mitklatsch-Nummern dominieren. Strophe, Refrain, Strophe. Aus den Texten quoll oft verlogene Gefühligkeit oder aufgesetzte Fidelitas, und der Gesang entsprach dem Bild von netter Schwiegertochter wie Monika Herz oder Traumprinz von Schwiegersohn wie Roy Black. Meine musikalischen Wurzeln waren woanders. Sie lagen beim Jazz.

Gab es denn überhaupt Lieder, mit denen man auch von sich erzählen konnte? Bisher kaum. Höchstens die so genannten Chansons, aber die waren eher geeignet für die intellektuellen Rotweintrinker vom Prenzlauer Berg mit dem verschleierten Weltschmerz-Blick, weniger fürs alltägliche Volk.

Aber was wollte ich denn von mir erzählen? Meinen Weltschmerz nach einer in die Brüche gegangen Ehe? Wen interessiert das überhaupt? Wen interessiere ich überhaupt? Es war doch nicht das erste Mal – und doch tats weh ... so was etwa?

Die Zeile hatte ich, und die hatte es in sich! Ich ahnte, wie das klingen muss: Großes Arrangement. Und – was dann so was wie ein Lakomy-Markenzeichen werden sollte: Ein Lied mit Pausen! Meine ersten Strophen-Zeilen gingen so:

> *Es kam alles so, wie's kommen sollt,*
> *ich sah sie und sie sah mich.*
> *Was soll ich dir noch mehr erzähln, mein Freund,*
> *so einen Engel kennst du nicht.*

Fred Gertz hatte aus meiner Vorgabe einen wunderbar lakonischen Text gemacht, bei dem selbst der Herz-auf-Schmerz-Reim plötzlich nicht mehr abgeschmackt wirkte. Ich fand, das Lied sei gelungen, und bot es dem Rundfunk an. Wenn die im Radio diesen Titel nehmen, dachte ich, müssten sie eigentlich merken, dass da ein echter Lakomy auf sie zukommt. Klar, jeder Komponist will immerzu Neues, Einzigartiges schaffen. Aber hinter dem Erfolg von »Es war doch nicht das erste Mal« stand wirklich kein Kalkül.

Der Produktionstermin, mit dem ich so viele Erwartungen verbunden hatte, ging in die Hosen. Ein bekannter Interpret, sein Name tut hier nichts zur Sache, sollte den Titel »einsingen«. Er war schlecht vorbereitet, eigentlich gar nicht. Mit dem Material kam er überhaupt nicht zurecht. Da lebte nichts. Das war seelenlos, bauchlos, arschlos. Und man merkte: Der konnte das ganze Zeug überhaupt nicht richtig leiden, wollte mir das aber auch nicht ins Gesicht sagen. Nach vier Stunden Quälerei an den Reglern gaben wir zermürbt auf, und dieser faule Sack ging wahrscheinlich mit dem Gefühl beschwingt nach Hause, einen unsingbaren Titel verhindert zu haben.

Klaus Hugo, Chef der Musikproduktion des Berliner Rundfunks, der gegen Ende des Termins in der Tonregie erschien, war natürlich sauer: Vier Stunden Produktionszeit vergebens – das konnte und wollte er sich nicht leisten! (Meine westdeutschen Leserinnen und Leser, sie seien an dieser Stelle eigens gegrüßt, sehen an diesem Vorfall, dass – entgegen hartnäckig sich haltender Vorurteile – auch schon in der DDR eine bestimmte Arbeit in einer bestimmten Zeit erledigt werden musste.) Hugo sagte: »Lacky, stell dich vors Mikro und sing das Werk runter, damit wir wenigstens mal wissen, wie der Titel geht, vielleicht finden wir einen anderen Sänger.«

Ich entsinne mich noch genau: Ich sang den »langen Riemen« mit knapp fünf Minuten – deutlich länger als übliche Schlagerliedchen – in einem Ritt durch, ohne unterbrochen zu werden, mit allen kleinen Ungenauigkeiten, Wacklern und Zufälligkeiten. Aus dem Bauch, einfach nur aus dem Bauch!

Für mich war das Ding erledigt, und ich verließ einigermaßen deprimiert das Studio, mit dem Scheißgefühl, dass dieser Titel wohl zu den Totgeburten gehören würde.

Etwa 6 Wochen später überraschte mich morgens um zehn, für mich zu nachtschlafener Zeit, ein Anruf von Wolfgang Kähne, dem AMIGA-Gewaltigsten, der natürlich als guter Angestellter schon im Büro hockte. Kähne hatte sich noch nie herabgelassen mich anzurufen.

Er komme gerade eben vom monatlichen Rundfunkvorspiel, sagte er. Dieses war ein erlauchtes Gremium von Redakteuren des Rundfunks, des Fernsehens und der Schallplatte – also der in der Tat gigantischen Monopolisten musikalischer Produktion in der DDR. Das tagte in regelmäßigen Abständen , um über das Schicksal unserer Kompositionen zu entscheiden – was wird wo produziert, was kommt auf Platte, was kommt »ganz groß raus« usw. Es war der Rat der Götter, sozusagen. Aber wenn ich mir vorstelle, am frühen Morgen in einen Raum eingesperrt zu sein und mir am laufenden Band Schlagerliedchen anhören zu müssen – Horror, arme Götter! Aber die Entscheider hatten eine rationelle Methode entwickelt – nach einer Minute wurde jeweils ausgeblendet.

Also, Herr Kähne früh um 10: »Herr Lakomy, wir haben heute ihren wunderbaren Titel gehört, und den würden wir gern auf eine Single nehmen.« Später erfuhr ich, dass sie sich ihn tatsächlich mehrmals in voller Länge reingezogen hatten.

»Was für einen Titel meinen Sie denn?«

»Na den, den Sie selber singen!«

»Ich habe selber gesungen? Wie ging denn der?«

»Das war der mit den Pausen.«

Jetzt schwante mir was. Jetzt hieß es auf der Hut sein: Hatten Hugo und der Tonmeister, mein Freund Peter Nölle, etwa meinen »unsauberen« Demogesang dem erlauchten Gremium untergeschoben? Ich wollte die beiden nicht in die Pfanne hauen und stellte mich einfach dumm. Dann rief ich sofort Peter Nölle im Rundfunk an: »Ihr Hunde, was habt ihr denn da angestellt?« Ich war ziemlich sauer. Schließlich hatte ich den Titel, der da jetzt schon in der Weltgeschichte rumschwirrte, gar nicht abgenommen; und dieses Recht hatte jeder Komponist, Arrangeur und Interpret.

Peter Nölle also hatte zwei Stunden »Leerlauf« gehabt und wollte nicht untätig rumsitzen. Der Lakomy-Titel nistete in seinem Ohr. Er nahm sich das Material mit besagtem Titel vor und fing an, das Werk zu mischen. Als es langsam Gestalt annahm, kam Klaus Hugo am Regieraum von Saal IV vorbei. Hugo war zwar einer der Mächtigen des Rundfunks, blieb aber auch immer ein echter Musikant, dem stets der Schalk aus den Augen funkelte. Er hörte sich den Titel mit wachsender Spannung an – und hatte eine Idee: Er sagte zu Nölle, er solle den Titel fertig machen, mal sehen, was zum Vorspiel passieren würde ...

Am Tag, als die »Götter« tagten, wurde dieses Band unauffällig in den großen Stapel mit den anderen Vorführbändern eingeschoben. Die beiden Radioleute hatten noch ein wenig technisch an der Aufnahme gefeilt. Aber viel war da auch nicht mehr zu machen. Wir hatten damals ja nur die Vierspurbandtechnik. Dieses »aus dem Bauch«, der Life-Charakter, blieb erhalten.

Als nun die ersten Takte der Einleitung verklungen waren, musste Hugo mächtig an sich halten, um nicht laut loszuprusten.

Entgegen der üblichen Praxis, nach etwa einer Minute abzubrechen, lief der Titel in seiner vollen Länge durch. Dann Stille im Raum. Jemand fragte:

»Wer war denn das jetzt?«

Darauf Klaus Hugo: »Na, Lacky.«

»Was fürn Ding?«

»Na, Reinhard Lakomy!«

»Der Jazzpianist? Singt der jetzt?«

Und dann die Initialzündung, der Satz von Hugo, der mein ganzes Leben schlagartig änderte: »Jetzt singt er.«

»Es war doch nicht das erste Mal« ging hoch wie eine Rakete. Meine rauhe Stimme, Musik und Text brachen mit den bisherigen Normen. In allen Hitparaden des deutschen demokratischen Rundfunks – heute würde man sagen »in den Charts« – lag er ganz weit vorn. Er verwies sogar Frank Schöbel auf die folgenden Plätze, was damals was heißen sollte. Platte und Fernsehen rissen sich danach. Die Diskotheker bauten den Titel als »dramatisches Element« in ihre Shows ein: In den langen Pausen des Liedes blieben die Pärchen wie erstarrt auf der Tanzfläche stehen und schauten sich tief in die Augen. Musikwissenschaftliche Abhandlungen beschäftigten sich mit dem »neuen Zugriff auf den Alltag«: Der Deutsch-Rock war erfunden – nur dass das 1972 noch nicht so hieß. (Udo Lindenberg trommelte damals noch.) Ich schlug Zeitungen auf, und mein Gesicht guckte mir entgegen. Die Kinder liefen hinter mir her und brüllten »Lacky«. Zum ersten Mal kam richtig Geld auf mein mageres Konto. Und als ich einmal zu dem Weißkohlhändler in der Kastanienallee in den Laden trat, bückte der sich blitzschnell und tauchte mit vier Bananen strahlend wieder auf. Da war mir plötzlich klar: Mensch, Lacky, du bist berühmt!

Was davor lag und was danach kam, ist eigentlich rasch erzählt – ein Büchlein für ein halbes Jahrhundert Lebenszeit, was ist das schon! Aber erzählt werden muss es: Nicht, weil ich vor Eitelkeit nicht laufen kann und mich für so bedeutend hielte, dass ich mich bei den Leuten nicht nur zu Hause im Plattenschrank und im CD-Ständer entsorgt sehen möchte, sondern auch noch im Bücherregal prangen will – vielleicht neben so schönen Werken wie »Urin – ein ganz besonderer Saft« oder den Egon-Krenz-Memoiren. Nein, ich will erzählen, um gegenzuhalten: In den vergangenen zehn Jahren nach der Wende wurden wir mit den Meinungen von Leuten bis zur Halskrause eingedeckt, die uns, den einstigen Zonis, erklärten, wie unser Leben war. Der Westen schreibt unsere Geschichte, und wir sind höchstens als Kleindarsteller zugelassen, die mal ein »Oh!« oder »Ah!« mitreden dürfen. Das ist eine Kränkung mit Langzeitwirkung. Doch wir sollten auch Verständnis haben für unsere Brüder und Schwestern. Nicht nur, dass sie ihren Deutschland–Alleinvertretungsanspruch an den Nagel hängen müssen, mit schmerzlich zusammengekniffener Seele müssen sie auch noch hinnehmen, dass Sigmund Jähn und nicht Ulf Merbold der erste im All war, dass die Ossis schon vor der Wende Rolltreppe fahren konnten und dass ein gewisser Lakomy noch vor Udo anfing mit deutscher Rockmusik. Wir sollten ihnen und auch uns selber erzählen, wie es war. Wir sollten darauf bestehen, dass unser Leben seinen Wert und seinen Sinn gehabt hat – oder sind wir heute etwa »sinnlos«?

Dazu muss man sich ja nicht so königlich wichtig nehmen, dass man in Dostojewskische Dimensionen verfällt und jeden Pups der Nachwelt zum semiliterarischen Geschenk macht, wie das Frank Schöbel tat. Vor allem aber sollte man nicht lügen, wenn man das schon mit dem Titel seines Karrierereports behauptet, wie Dagmar Frederic, oder sich zum Denkmal des antikommunistischen Widerstands aufblasen, wie Manfred Krug. Geschichte ist kein Selbstbedienungsladen. Und sogar die eigene Geschichte gehört einem nicht allein.

Wenn man Chronist sein will, hat man aber auch die Pflicht und Schuldigkeit, von Leuten zu berichten, die für DDR-Bürger einmal allerhand bedeuteten, die aber heut, weil sie nicht »marktgängig« sind, dem Vergessen überantwortet werden. Ich tue das für mein Gebiet, die Musik. Bestimmt sehr subjektiv, allein aus meinem Erleben heraus, meine Erinnerungen erheben nicht den Anspruch von göttlicher Genauigkeit. Aber sie sollen dem Leser ein Gefühl für Zeit und Leute vermitteln. An Klaus Lenz, beispielsweise, will ich erinnern, ohne den eine moderne U-Musik in der DDR schlechterdings nicht denkbar gewesen wäre.

»Erinnern« meint aber auch die anderen, die engstirnig oder aus purer Angst um ihre Macht freie Kunstentfaltung zu verhindern suchten und oft genug verhindert haben.Fallen sie einem heute ein, genießt man ihre jetzige Bedeutungslosigkeit mit Schadenfreude. Sie gehören auch zu unserem Leben. Denn es bleibt doch ein Phänomen, wie unter ihrer fürsorglichen Belagerung eine ausdrucksstarke Musikkultur entstehen konnte. Kunst im Osten hatte Witz und List. Und oft genug kriegten die Mächtigen Ohrfeigen, die zwar durchs ganze Land schallten, die sie aber »offiziell« nicht wahrgenommen haben wollten. Nein, Sklaven waren wir nicht. Oder meint je-

14

mand, es war im Sinne der Honecker und Hager, dass ihr Aufmarschgelände Palast der Republik oft genug zum Rockpalast wurde, dass in dem Repräsentationsobjekt der sozialistischen Traditionspflege, dem Schauspielhaus am Gendarmenmarkt, die Musik eines Friedrich Goldmann oder Georg Katzer erklang?

Genug der Vorrede! Auch wenn mir zum Schluss nicht alles gelungen sein kann von dem, was ich mir mit diesem Buch vornehme – eins hoffe ich denn doch zu erreichen, meiner Devise treu zu bleiben:

»Lacky, langweile nie dein Publikum!«

Kinderzeit

Der 19. Januar 1946 war nicht gerade ein Tag, an dem es ein Vergnügen war, geboren zu werden. Ein Fresser mehr kam in eine Welt, in der es nichts zu fressen gab. Außerdem hasse ich es, wenn man mich in die Kälte zerrt. In meiner Mutter herrschte eine geradezu luxuriöse Raumtemperatur. Das erste, was ich von der Welt sah, war die vereiste Schlafzimmerwand. In welche unwirtliche Gegend war ich da geraten? Grönland, eine mit Blümchenmuster tapezierte Eisscholle im Polarmeer? Nein, schlimmer: Es war die Börde. Doch ein Zurück gab es nicht!

Auf die Zumutung meiner Geburt soll ich mit anhaltendem, gefährlichen Dünnschiss reagiert haben. Meine Lebenserhaltung habe ich einem russischen Militärarzt zu verdanken – und der amerikanischen Pharmaindustrie. Der Russe hatte zufällig ein amerikanisches Apfelpräparat zur Hand. Aber wer hatte den Russen zur Hand gehabt?

Beziehungen muss man haben. Den Mediziner hatte mein Vater herbeigeschafft. Einem frisch zum Polizeiinspektor von Magdeburg ernannten Antifaschisten wollten die Russen nichts abschlagen. Damals war noch alles in Ordnung zwischen Papa und der Besatzungsmacht, und, wenn ich es schon begriffen hätte, hätte mir mein noch junges Leben eine erste Lehre erteilt: Vielleicht ist es nicht immer ehrenwert, doch manchmal ist es nützlich, bei den Mächtigen zu sein. Leider – oder glücklicherweise – habe ich mich wenig an diese postnatale Erfahrung gehalten.

Vater Bernard war wahrscheinlich der seltsamste Polizeiinspektor, den Magdeburg je gesehen hat. Er war es auch nicht lange. Und er war es nur, weil er eigentlich schon längst hätte tot sein sollen. Nicht dass er lebte,

Mein Vater Bernard

schätzte die Besatzungsmacht an ihm, sondern dass er den Nazis unterm Galgen weggesprungen war.

Bernard war ein aufbrausendes Temperament. Jede Taktik in den zwischenmenschlichen Beziehungen ging ihm völlig ab. Das Indirekte war ihm fremd. Und er war der schönen Überzeugung, dass ihn jedermann so mögen musste, wie er ist. In den dreißiger Jahren führte er ein kleines Malergeschäft, erst in Bad Kösen, später in Magdeburg. Hätten ihn die Nazis nicht ruiniert – er hätte es wahrscheinlich selber getan. Mit seinen Kunden ging er nicht zimperlich um. Da wurde schnell mal einer »Arschloch« genannt, und Papa wunderte sich dann immer ehrlich, wieso alle Welt um ihn herum beleidigt war. Mutter erinnerte ihn dann manchmal:

»Aber Bernard, du hast doch zu Herrn X ›Sie Arsch!‹ gesagt!«

»Ja, na und, Else? Das war doch vorgestern. Wie kann man denn so lange eingeschnappt sein!«

Neben seiner Musikalität – er spielte mit Leichtigkeit so ziemlich alles, was ihm in die Finger kam – hat mir Bernard ebenso sein cholerisches Naturell vererbt. Ich bin auch sehr schnell »auf Hundertachtzig«. In meiner Familie fürchtet man das nicht sonderlich, sondern grinst

Das Geschäft meines Vaters in Magdeburg-Sudenburg

eher darüber, vor allem meine Tochter Klara-Johanna. Es hat also eigentlich gar keinen Sinn, gleich auf die Palme zu gehen. Die eruptive Veranlagung haben Bernard und ich von unserer polnischen Sippe. Meine Urgroßmutter aus dem schlesischen Güroszwo war eine Lakoma (das L schräg durchgestrichen wie bei Walensa). Bernard hat mir erzählt, dass sie in der Familie das praktiziert hat, was man »nicht lange fackeln« nennt.

Die Nazizeit zu überstehen, dazu bedurfte es einer gewissen Geschmeidigkeit. Die übergroße Mehrheit der Deutschen brachten die wie selbstverständlich auf, wie wir wissen. Sie war ihnen angeboren. Vielleicht waren sie nicht ganz so geschmeidig wie die Österreicher, aber geschmeidig genug, sich die Hitlerei schön zu reden und in Momenten, wo sie hätten hinsehen sollen, wegzusehen, waren sie allemal. Vielen hat es nicht viel genützt. Sie kamen zwar nicht ins KZ und ins Gas. Dafür hatten sie den Heldentod zu erleiden.

Dass mein Vater »Scheiß Nazis!« herumbrüllte und ohne Scheu davor, die »Gefühle« der Gestapo zu verletzen, von dem »Irren Adolf« sprach, hätte schon gereicht. Man kam zu jener Zeit schon für viel weniger unters Fallbeil.

Er war den Herrenmenschen aber noch aus einem anderen Grunde nicht geheuer: Er war ein fanatischer Bibelexeget. Er kannte »Die Schrift«, wie er das nannte, oder »Das Buch der Bücher« wahrscheinlich auswendig. Er war alle Wege des Moses im Geiste schon einmal gewandert, hatte alle Prüfungen des Gekreuzigten durchlitten. Auch nach dem Krieg saß er abends, wenn andere Magdeburger Handwerker in der Kneipe hingen, mit seinem Bruder im Geiste, einem ebenso vom Wort des Herrn besessenen Mann, im Wohnzimmer und diskutierte Lukas, Vers 13, oder memorierte Psalmen. Mutter ertrug das still – für sein ausgiebiges Bibelstudium war Vater natürlich von jeglicher häuslichen Arbeit befreit –, und mein Fräulein Schwester und ich fanden es überhaupt nicht ungewöhnlich. Nur wenn er uns – und natürlich auch seine Kunden und die Nachbarn – im Martin-Luther-Slang ansprach, war das manchmal etwas gruselig. Wenn meine große Schwester Rita mit einer Flasche Waldmeisterlimonade für ihn und seinen theologischen Studienkameraden (Alkohol war verpönt) die Kellertreppe hinaufkam, rief er zum Beipiel: »Da steigt sie hinan, wie unser Heiland den Berg Sinai, auf dass wir empfangen das labende Nass und den Herrn loben, der es uns gegeben hat.« Der Herr – das musste der Flaschenbierhändler Richter an der Ecke sein. Ich grüßte ihn immer besonders freundlich – schließlich war er der Limonadengeber meines Vaters.

Bernard war zwar ein fanatischer Bibeljünger, jedoch kein christlicher Fanatiker. So lange ich ihn kenne, hat er keine Kirche betreten. Er hasste die Pfaffen, und ganz besonders die katholischen, die ihn in einem Kinderheim im Ruhrgebiet malträtiert hatten. Sein Antifaschismus war also weder christlich, noch politisch, noch ideologisch motiviert. Er reagierte einfach nur menschlich und nannte Verbrecher Verbrecher. Und zwar mit Vorliebe dann, wenn sie es auch hören konnten.

Übrigens aber nie im Suff! Vater trank nie einen Tropfen Alkohol, rauchte nicht, verachtete jegliche Ausschweifung. An diesem Punkte trennten sich unsere genetisch bedingten Gemeinsamkeiten entschieden, und der Sohn entfaltete einen – nicht nur in puncto Trinkgewohnheiten und Lebensfreude – vom Vater ziemlich unabhängigen Charakter. Und dass Papa nach den christlichen Geboten gelebt hätte, kann man – weiß Gott – auch nicht gerade behaupten. Er konnte keinen Frieden mit den Nachbarn halten, verzieh nie und keinem, Demut lag ihm nicht, und Dankbarkeit war auch nicht sein Ding. Über einige Bibelstellen muss er wohl hinweggelesen haben. Er pfiff auf die christlichen Rituale. Er war eben mehr ein Fanatiker des Wortes als der Tat.

Erst wurde er von der Gestapo einbestellt und scharf verwarnt. Beim nächsten Mal, das wusste er, würden sie ihn holen. Ach, Vater, ich weiß selbst, wie schwer das ist: Du hättest einfach nur öfter mal die Schnauze halten sollen. Aber warum den Nazis, dieser Bande, solch eine Ehre antun? »Hitler macht Krieg«, kündigte er an. Und zwar jedem, der es nicht hören wollte.

Der Nordwesten von Magdeburg war damals eine ländliche Siedlung mit vielen Gemüsegärten, die durch ungezählte krumme Wege und Durchschlüpfe verbunden waren. In diesem Gartenlabyrinth verschwand Bernard, wenn ihm dämmerte, dass er wieder einmal das Falsche und das Falsche wieder einmal zu laut gesagt hatte. Er lebte dann wochenlang von Kohlrabi, Äpfeln und Stachelbeeren und von dem, was er in den Lauben an Essbarem fand. Er übte sich in der raffiniertesten aller Künste – der Überlebenskunst. Dann holte die Gestapo Mutter Else, die schon damit gerechnet hatte und gespornt und gestiefelt in der Küche saß. Sie steckten sie ins KZ, gewissermaßen in »Beugehaft«.

Sympathien hat das der Kleinfamilie Lakomy bei den Leuten sicherlich nicht eingebracht, jedenfalls keine Solidarität. Eine gewisse Hingabe im Umgang mit der Macht war schon zu verlangen, gehörte gewissermaßen zur kleinbürgerlichen Grundausstattung. Sie fühlten sich beleidigt, wenn man sich nicht an die Normen hielt, und »Ver-

rückte«, die einfach sagen, was sie denken, gehörten dem herrschenden Zeitgeist nach ohnehin weggesperrt. Wären meine Großeltern in Olvenstedt nicht gewesen – damals ein Dorf, heute ein Stadtteil voller Jungnazis, weltweit durch den Mord an einem jungen Linken bekannt geworden –, Bernard, Else und Tochter Rita hätten hungern müssen. Opa hielt Ziegen, Schwein, Federvieh und Karnickel jede Menge. Sein kleiner Hof war für fast zwei Jahrzehnte der Rettungsanker der gebeutelten Lakomys, Zuflucht, Ruhepunkt, Heimat.

Opa hielt Ziegen, Schwein, Federvieh und Karnickel jede Menge

Hat Vater wirklich geglaubt, er könne den Häschern auf Dauer entgehen? Eines Tages holten sie ihn, und er verschwand, offensichtlich als minder schwerer Fall eingestuft, für zwei Jahre im Konzentrationslager. Später hat er kaum davon erzählt. Das einzige, woran ich mich erinnere, ist sein KZ-Ausweis. Den hat er bis hinein in die fünfziger Jahre immer parat gehabt, um sich den Russen gegenüber als ein Vertreter des »anderen« Deutschland zu legitimieren.

Dem KZ entronnen, konnte er wieder den Mund nicht halten. Diesmal hatten die Nazis für ihn die Endlösung parat. Kurz vor dem »Zusammenbruch« verurteilte ihn im Schnellverfahren eine der willfährigen Urteils-Maschinen, zu denen die Gerichte verkommen waren, zum Tode durch Erhängen wegen volkszersetzender Tätigkeit. Und zwar in Abwesenheit. Denn Vater saß mal wieder seit Wochen in einem der Gärten unter einem Brennholzstapel und lauschte auf sich näherndes Motorengeräusch. Von diesem Versteck aus, es war der 16. Januar 1945, sah er in der Nacht Magdeburg unter dem Bombardement der Amerikaner und Briten in den Flammen untergehen. Dass ihn die Nazis einfach deshalb nicht mehr geschnappt haben, ist wie ein Wunder.

Im Mai 1945 fuhr ein Russenjeep vor dem Mietshaus vor, in dem die Lakomys wohnten und den Hunger zu bekämpfen versuchten. Das Haus war heil geblieben. Nur musste man sich konzentrieren, nicht die Balkontür aufzumachen und hinauszutreten. Den Balkon hatte der Druck einer Bombe vom Haus getrennt.

Als die Russen ins Haus gingen, glaubten die Nachbarn ihren Augen nicht zu trauen: Was denn, holt man den Lakomy schon wieder ab – oder immer noch, oder was? Aber so weit war es noch nicht. Als der Offizier und sein Adjutant nach etwa drei Minuten wieder abfuhren, war mein Vater zum Magdeburger Polizeiinspektor ernannt worden. Dass er vor Hitler nicht gekuscht hatte, das war seine Qualifikation. Reicht die etwa nicht? Sie reichte der

Удостоверение — Ausweis

Предъявитель сего удостоверения *Лакоми Бернардт*

ездит со своим велосипедом № *726013* Марка *Сарлос*
из своей квартире на работу и по служебным делам.

Der Vorzeiger dieses Ausweises L a k o m y - Bernardt

benutzt sein Fahrrad Nr. 726013........ Marke Carlos......

zur Fahrt zwischen Wohnung und Arbeitsstätte und zu dienstlichen Zwecken.

г. Магдебург / Magdeburg, den 13. Juli 1945.

Unger

Buchdruckerei Saske, Magdeburg-S

Der Polizeipräsident

Hiermit wird

Lakomy Bernardt
geb.: 3.1.1907

bescheinigt, dass er/~~sie~~ im Poli-
zeipräsidium beschäftigt ist.
Es wird gebeten, ihn/~~sie~~ und
seine/~~ihre~~ Wohnung

Magdeburg, *Braunschweiger 22.*

unbehelligt zu lassen.

Magdeburg, den 4.7.1945.

Lange

начальник полисей
Аусвайс - Думагуъ
сетовою аусвайса наба сна-
сат что он/она
Лакоми Бернхардт
работаю в полисай у началь-
ника в магведургу. Я вас прошу
что наба легодиж посмату
ние предит толко эти исто
полуит
Браунишрекшие № 22.
магдебург 4.7.45 года.
Lange

Ausschuss für die Opfer
des Faschismus

Magdeburg, den 26.11.45

Nur zur Vorlage bei der Mietzahlung

B e s c h e i n i g u n g

Herr Bernardt L a k o m y, geb. am 3.1.07 in Recklinghausen
wurde von uns als Opfer des Faschismus anerkannt.

Unterschrift
Stadtverwaltung
Ausschuß für Opfer des Faschismus
Tankow

neuen Staatsmacht offensichtlich nur wenige Wochen, um Bernard Lakomy zu vertrauen: Jetzt sollte er plötzlich unbedingt in die Kommunistische Partei eintreten. Im Verständnis der Kommunisten waren sie selber nicht nur die besten, sondern quasi die einzigen Antifaschisten gewesen. Der Antifaschismus wurde gebraucht zur Legitimation der neuen Machtverhältnisse; ein Antifaschist hatte Kommunist zu sein, oder er war eben kein richtiger Antifaschist.

Bernard weigerte sich, schmiss seinen Vorgesetzten Bibelzitate an den Kopf – »du sollst keinen Herrn haben neben mir« –, vergriff sich erwartungsgemäß im Ton: »Scheiß Kommunisten!« muss da noch das Harmloseste gewesen sein. Um ihn aus dem Polizeidienst zu entlassen, hat es wahrscheinlich nicht einmal jene drei Minuten gebraucht, die vor ein paar Monaten nötig gewesen waren, ihn für den Polizeiposten zu vergattern. Die Nachbarn verwunderte das nicht: Der Lakomy war doch schon immer ein Querkopf. Dass er nun auch nicht mit der neuen Staatsmacht auskam, gab das den Nazis nicht im Nachhinein sogar recht? So einer ist eben nie gesellschaftsfähig.

Gut, er war den Posten los. Ich glaube, das kränkte ihn nicht allzusehr. Worunter er aber wirklich litt: Dass man ihm die Anerkennung als Opfer des Faschismus aberkannte, ihm, der in Knast und KZ gesessen hatte und nur knapp der Hinrichtung entgangen war. Antikommunisten konnten eben keine Antifaschisten gewesen sein, das gab die Theorie vom Klassenkampf nicht her. Währenddessen kursierten in Magdeburg längst die »Persilscheine«, mit denen die Mitläufer ihre vollständige Unschuld bewiesen.

Der Vorgang mag manchem Leser bekannt vorkommen. Als 1990 im Osten die neue Macht, die Staatsmacht der BRD, installiert wurde, war eine der ersten Maßnahmen der Administration, Leuten, die in Spanien gekämpft hatten, bei den Nazis eingekerkert waren oder durch Flucht alles verloren hatten, den Status »Opfer des Faschismus« abzuerkennen, wenn sie in der DDR hohe staatliche Funktionen hatten, Minister, Politbüromitglieder, Generäle gewesen waren. Kommunisten – als Kommunisten verstanden sie sich, auch wenn sie Stalinisten waren – durften plötzlich keine Antifaschisten gewesen sein, das gab die Totalitarismus-Theorie nicht her.

Vater machte einen Laden für Farben, Pinsel und Tapeten in Magdeburg-Sudenburg auf. »Lacke und Farben – Bernard Lakomy« stand sinnigerweise über dem Eingang. Alte Magdeburger wissen noch genau, wo das war. Meine Schwester Rita war, als sie siebzehn

*Ich, im Alter von
2 Jahren*

wurde, seine einzige Verkäuferin. Klein-Reini war damals zwei. Die beiden beherrschten ein Unternehmen, das höchstens doppelt so groß war wie mein Badezimmer heute. Und doch galt Vater von nun an als Kapitalist. Alle paar Wochen fanden öffentliche Prozesse statt, bei denen »Kapitalisten« – wie private Kohlenhändler, Blumenbinder und Friseure als Volksschädlinge, Schieber oder Agenten des Weltkapitalismus entlarvt wurden. Keine gemütliche Zeit, die fünfziger Jahre.

Papa hielt ungefähr zehn Jahre durch und wehrte sich stoisch gegen freundliche und feindliche Übernahmeversuche durch die HO, die sozialistische Handelsorganisation. Er las aber wahrscheinlich zu wenig Zeitung – und wenn, dann glaubte er nicht, was drin stand. Sonst hätte er geahnt, was auf ihn zukommen würde: In den Parteizeitungen wurden Kapitalisten – nicht nur die im Westen – gern mit Adjektiven belegt wie »gierig« und »rücksichtslos«. Die sozialistischen Produktionsverhältnisse sollten eines Tages überall gesiegt haben, selbstverständlich auch bei, oder besser: gegen Farben-Lakomy in Sudenburg!

Zum Verhängnis wurde ihm erstens seine neue Verkäuferin und zweitens sein manischer Ordnungssinn – der gut zu dem detailversessenen Bibelstudium passte. Oder auch zu seinem unstillbaren Drang, den halben Wald abzufotografieren, Hunderte Dias zu rahmen, exakt zu beschriften und auf seinen gefürchteten »Dia-Abenden« der Familie vorzuführen, wobei jeweils Blende und Belichtungszeit mitgeteilt wurden.

Eine neue Verkäuferin musste eingestellt werden, weil Schwester Rita ihrem Geliebten in den Westen nachgezogen war – ein »Verrat«, den Vater lange nicht verwunden und eigentlich nie so richtig verziehen hat. Die Neue war emsig und auch der neuen Ordnung leidenschaftlich zugetan. Sie sichtete diverse, akribisch gesammelte und gebündelte Kassenbelege gründlicher, als von einer Verkäuferin zu verlangen gewesen wäre. Und sie fand etwas, womit auch sie dazu beitragen konnte, dass die Welt des

26

jungen Sozialismus fortan einen Kleinkapitalisten weniger zu fürchten hatte.

Gewöhnlich herrschte abends ein eisernes Ritual. Vor dem Haus hörte man Vaters Auto einbiegen (ja, der Kapitalist hatte schon ein Auto!). Alle Familienmitglieder lassen schlagartig alles aus den Händen fallen. Der Schlüssel dreht sich im Schloss. Die Familie eilt beschwingt im Korridor auf den Vater zu, um ihn in festgelegter Reihenfolge zu begrüßen. Da war die Welt für ihn in Ordnung. Die Szene heißt: Der Ernährer kommt nach Hause.

So auch an diesem Abend. Das Auto, der Schlüssel. Wir stürzen los. Ein Mann, der meinem Vater entfernt ähnlich sieht, erscheint in der Tür, grau, still, den Blick gesenkt. Hinter ihm drücken drei Herren nach, die einem trivialen Film über die Gestapo entstiegen sein könnten – Hüte, Ledermäntel, Kragen hochgeschlagen. Die Familie muss im Korridor bleiben und darf die übrigen Räume nicht mehr betreten. Ich wagte nicht, den Blick zu heben, starrte die ganze Zeit auf den mit arabischen Ornamenten gemusterten, fadenscheinigen Läufer. Es kam mir wie eine Ewigkeit vor. Vater neben mir zitterte und schwitzte. Die Ermittler werden bedauert haben, dass sie keinen Fotografen von der Volksstimme mitgebracht hatten: Vater gab so richtig schön das Zeitungsbild eines ertappten Kapitalisten ab. Wo war seine groß Klappe hin, fragte ich mich. Hatte er nicht sogar den Nazis »Scheiß Nazis!« zugerufen? Und jetzt ließ er diese Kerle in meinem Kinderzimmer, im Schlafzimmerschrank der Eltern, zwischen den Wäschestapeln herumwühlen, die Kästen aus dem Schreibtisch reißen und auf der Anrichte herumkriechen?

Bestimmt eine Stunde lang standen wir so. Ich spürte Vaters kalte, nasse Hand in meinem Nacken. Ich wusste, er würde fest zudrücken, wenn ich mich rührte.

Fotoapparate, Diabild-Werfer, Opernglas, eine kostbare Vase, Bücher, Akten wurden gleich hinausgetragen und verschwanden für immer. Dann sagte einer der Herren mit einem leutseligen Grinsen: »Na, dann wolln wir mal, HERR Lakomy!« Und mein Vater trottete hinter den dreien her. Ich war 10 Jahre alt und sollte ihn sehr, sehr lange nicht wiedersehen.

Mutter schlich wortlos in die Küche. Sie bereitete das Abendbrot für mich und für sich, als sei nichts geschehen. Eben nur nicht für Vater. Sie war ganz ruhig, es war ja nicht das erste Mal, dass ihr Mann abgeholt wurde. Noch in derselben Nacht zogen wir mit Sack und Pack zu den Großeltern nach Olvenstedt.

Seit diesem Abend brauchte mir über den Kommunismus niemand mehr was zu erzählen. Mit diesem Staat war ich fertig.

Einer der damals – auch bei der Bevölkerung – beliebten Schauprozesse fand statt. Die »Magdeburger Volksstimme« nannte meinen Vater einen »widerlichen Parasiten«. Die Leute lasen es gleichmütig, als ob es nicht gerade erst ein paar Jahre hergewesen war, seit man Menschen mit Ungeziefer verglichen hatte.

Man hatte bei Herrn Lakomy einige Belege gefunden. Der Mann war ja so was von ordentlich, so was von penibel! Sie waren fein säuberlich abgeheftet, und auf dem Ordner stand »Reste aus Vorkriegesbeständen«. Diese freimütige Bezeichnung wertete das Gericht als Indiz für einen haarsträubenden Mangel an Unrechtsbewusstsein beim Angeklagten. Er hatte Bleiweiß, Kreide, Mennige usw., die er noch aus seiner Zeit als Maler im Keller hatte, an einige Kunden verkauft und diese Einnahmen nicht versteuert. Der Schaden zum Nachteil des sozialistischen Staates betrug weniger als zweitausend Mark. Diese Summe wurde auf die zehn Jahre hochgerechnet, in denen Vater seinen Laden in Sudenburg betrieben hatte. Doch wo hätte er die Unmengen an »Vorkriegsbeständen« lagern sollen? Keine Fragen, bitte! 20 000,- Mark soll er Steuern hinterzogen haben.

Urteil »im Namen des Volkes«: Zwei Jahre Knast.

Jetzt begann ein anderes Leben. Den Magdeburger Nordwesten nannte man damals Texas. Hier waren viele Vertriebene aus den einstigen deutschen Ostgebieten gestrandet. In manchen Häusern herrschte bittere Armut. Es wurde gestohlen, geraubt, eingebrochen, geprügelt, vergewaltigt und hühnergemordet: Wir hatten im Garten zwei Dutzend Hühner. Eines Morgens hörte ich den gellenden Schrei meiner Mutter im Hof. Vor ihr lagen 24 blutige Hühnerköpfchen. Geschlachtet wurde in Texas an Ort und Stelle.

Eigentlich war es nicht verwunderlich, dass jetzt, wo wir eine Knastologen-Familie waren, der Neid in Hass umschlug. Das heißt, ich wunderte mich trotzdem. Bisher hatte ich nichts von Neid gespürt, ich war ein Junge wie die anderen Jungen. Nur ein gewisser Bernd Eimer ging mir manchmal schrecklich auf die Nerven. Wenn der seine fünf Minuten hatte, umtanzte er mich, ruderte mit den dürren Armen, als könne er gleich zum lieben Gott aufsteigen, und raunte mir mit Grabesstimme zu: »Ihr seid reich! Ihr seid reich!«

Jetzt, wo Vater einsaß, ahnte ich, wie sehr es die Leute

verletzt haben muss, dass wir mit einem Auto fuhren, einem alten Opel-Olympia mit Kofferkasten, aber ein Auto immerhin. Nichts ist so stark wie Neid und die Sehnsucht nach Gleichheit. Wenn alle arm sind, dann sind die zufrieden. Aber wehe, einer steckt den Kopf raus. Vielleicht war die DDR deshalb so ein gemütliches Gemeinwesen, weil alle ungefähr dasselbe hatten – von Fliesenlegern, Automechanikern und Schlagersängern mal abgesehen. Und vielleicht kommt daher der verbreitete Wunsch, irgendwie in die sechziger, wenigstens in die siebziger Jahre zurückzukehren.

Alles, was der raffende Kapitalist Bernard angeschafft hatte, war beschlagnahmt. Der Garten, die Wäsche, das Radio, das Auto, die Möbel. Wir hatten keinen Stuhl mehr und keinen Tisch. All das hätte dicke ausgereicht, den Schaden, den der Richter ausgemacht hatte, aufzuwiegen. Später ermannte sich der Olvenstedter Opa, ein alter Sozialdemokrat und dann auch SED-Mitglied, und schrieb an den Präsidenten Wilhelm Pieck, mit dem er bekannt war, wie er meinte. Er konnte ihm klarmachen, dass unsere Möbel eigentlich ihm, dem guten Genossen, und nicht dem Farben-Kapitalisten gehörten. Keine Ahnung, ob das Wilhelm Pieck interessiert oder gar beeindruckt hat – jedenfalls bekamen wir einige Möbel zurück. Der alte, stabile Tisch in meinem Studio erinnert mich fast täglich an diese Zeit.

Meine Mutter hatte vor dem Krieg Schreibmaschine und Stenotypistin gelernt und musste nun von einem Tag auf den anderen Geld verdienen. Morgens ging sie in der Dämmerung aus dem Haus; sie tat, als spüre sie die Häme der Nachbarn hinter den Gardinen nicht. Sie schuftete für 350 Mark im Monat. Wir lebten bei den Großeltern auf dem Hof, und ich war nicht unglücklich darüber. Mit der fünften Klasse wurde ich nach Olvenstedt umgeschult. Hier interessierte keinen meine kapitalistische Vergangenheit, juckte niemanden, dass mein Vater im Gefängnis saß und war niemand mehr neidisch auf ein Auto, das wir längst nicht mehr besaßen.

Meine Großeltern waren in Olvenstedt sehr beliebte Leute, und ich genoss es, von dieser Beliebtheit auf der Straße, im Konsum oder an der Bushaltestelle etwas abzubekommen. Großmutter kochte wunderbar – für mich immer extra, weil ich mich an das Essen auf dem Lande mit viel Fett einfach nicht gewöhnen konnte. Opa war geizig wie ein vertrockneter Birnbaum, aber wiederum nicht misstrauisch genug. Bevor er im knielangen Unterhemd in die kalte Schlafstube kroch, hängte er die Hose an die Zimmertür. Da blinzelte die Oma mir verschwörerisch zu und holte sich für uns beide immer ein paar Mark aus der Hosentasche. Aber vielleicht wusste der Alte das ja auch, und es war seine Art, soziale Gerechtigkeit in der Sippe herzustellen. Ich fühlte mich geborgen und an diese schönen Jahre meiner Kindheit denke ich mit Dankbarkeit.

Die Kindheit, heißt es, geht zu Ende mit der zweiten Frau. Die erste ist natürlich immer die Mutter. Meine zweite aber hieß Doris. Sie, ihre kichernden Freundinnen und unsere Jungenclique, wir trafen uns oft auf einer vergessenen Baustelle, einer so genannten »Investruine« (wir nannten es den »Bau«), wie es in der DDR ja viele gab. Dann gingen die Pärchen durch die tür- und fensterlosen Räume und richteten sich in ihren Kinderträumen Erwachsenenwohnzimmer mit Nierentischchen und Gummibäumen ein. Hinterher erzählten wir Jungs uns gegenseitig, dass »es geklappt« hätte und ob sie schon Haare hat. Die Mädchen machten es sicherlich genauso.

Einmal immerhin bot mir Doris an, sie zu küssen. Ich willigte tapfer ein. »Aber eins sage ich dir«, rief sie aus, »ich stöhne nicht!«

Nach dem Küssen sagte sie: »Ja, und?« Ich schob vorsichtig meine Hand in ihren Rockbund, arbeitete mich langsam weiter vor. Plötzlich spürte ich etwas hügelig festes, knorpeliges.

»Was'n das?«, fragte ich erschrocken.

Doris antwortete: »Das isse!«

Und irgendwie war danach alles anders.

Beinahe in den Westen und anderes Hin und Her

An einem milden Vorfrühlingstag, die Spatzen in den Platanen spielten verrückt, nahmen Mutter und ich den Vater wieder in Empfang. Ich hatte schon vergessen, wie er aussah, so lange war er fort gewesen. Meine Mutter hatte mich nie mit zu den Besuchen ins Gefängnis genommen; Kinder durften da wohl nicht rein. Ich war grad zwölf geworden.

Papa trat mit dem alten karierten Koffer durch das Eisentor des Sudenburger Knasts und rief so was Ähnliches wie: »Und siehe, der Sünder eilt, die Gnade zu empfangen! Erstes Buch Moses, Vers 3.« Was ein Vater eben gewöhnlich so sagt, wenn er nach zwei Knastjahren seinen Sohn wiedersieht, oder?

Für mich war es, als sei er nie weggewesen. Bernard war ganz der Alte, er roch und sang und bibelte wie früher, nur ein bisschen schmaler war er geworden. Er ging erhobenen Hauptes, denn er fühlte sich vollständig rehabilitiert: Noch in der Haft hatte man ihm die Geschäftsführung eines staatlichen Betriebes, des größten Farben- und Lacke-Geschäfts der Stadt angeboten. Wegen der Vorstrafe oder trotz der Vorstrafe? Weil sie ihn für ein Schlitzohr hielten oder obwohl? Die DDR war nicht immer logisch, manchmal wurde man nicht schlau aus ihr.

Er fühlte sich sehr gut. Wie soll man sich auch fühlen, wenn man aus langer, dumpfer Verwahrung in den duftenden Frühling hinaustritt. Und: Er hatte mit großer Geste abgelehnt, in staatliche Dienste zu treten, und sei es als Malereibedarfs-Händler: »Für euch Kommunisten Farbe verkaufen, damit ihr eure Potemkinschen Dörfer anpinseln könnt – nicht mit einem Lakomy, habe ich denen gesagt.«

Das war nicht nur Show. Für Vater war klar, hier wird

v.l.n.r.: Schwester Rita, ihre Freundin, Mutter Else, Klein-Reini, Vater Bernard

Ich 4 Jahre alt

Ich mit Vater Bernard und Mutter Else

Einschulung in Texas, links Oma, rechts Mutter

In der 5. Klasse in Olvenstedt, untere Reihe 4. v. links ich

*Meine Großeltern Martha und Wilhelm Baake aus Olvenstedt
(Goldene Hochzeit)*

Mutter Else und ich

Mit 14

Mit 15

Der Kollege erklärt sich durch seine Unterschrift bereit, die Bildungsabende der Arbeitsgemeinschaft regelmäßig zu besuchen, und erkennt somit die Richtlinien und Weisungen des Ministeriums für Kultur betreffs Tätigkeit der Arbeitsgemeinschaft für Kulturarbeit

Bezirkskabinett für Kulturarbeit
Magdeburg

Reinhard Lakomy
Unterschrift

Name: L a k o m y
Vorname: Reinhard
geboren am: 19. 1. 1946
Wohnanschrift: Magdeburg-
Westernplan 4a
ist Mitglied der AG seit 1961
Instrument: Piano
Nebeninstrument: Klarinette
Angehöriger des Ensembles:
Kombo „Jerrita" Combo"
in der Leistungsstufe: „A" Oberstufe
Der Kollege hat beim Leistungsvergleich am:
12. 1. 1952   30.1.63   „DM" erhalten.
die Qualifikationsstufe: „Oberstufe + 30%"
Tarif: DM 5.— + 30% f.

Er ist entsprechend seiner Qualifizierungsstufe berechtigt, im Kreisgebiet Magdeburg Musik nebenberuflich auszuüben.

Kaderleitung seines Betriebes:
Otto-von-Guericke-Schule
Erweiterte polytechnische Oberschule
Magdeburg, Ravensberger Str. 1

Direktor
Kreiskabinett für Kulturarbeit

Leiter der AG

Kreiskabinett für Kulturarbeit
Magdeburg

Mein »Dokument« zur Ausübung von Amateurtanzmusik

das nichts mehr – ihm bleibt nur noch der Westen. Im Knast hat man viele einsame Nächte lang Zeit, Pläne zu schmieden. Als Vater rauskam, hätte er nicht nur, wie der dänische Filmgauner Egon Olsen sagen können: »Ich habe einen Plan, Jungs!« Er hatte wirklich einen. Und von diesem Plan kannte er, der detailversessene, bereits jedes Detail.

Inzwischen arbeitete meine Mutter weiterhin, nun aber für drei, Vater hatte ja einen Plan und konnte sich nicht mit profanen Dingen wie Familie ernähren abgeben.

»Der Umzug«, wie wir in der Familie die bevorstehende Republikflucht undramatisch nannten, wurde penibel vorbereitet, wobei sich alle Bernardschen Talente – außer seine Musikalität – noch einmal voll entfalten konnten. »Der Umzug« war unser Codewort, unter dem wir die tägliche akribische Kleinarbeit festlegten, die bis zum dem Tag andauerte, an dem wir »rübermachen« wollten. Ich war alt genug, um in alles eingeweiht zu sein. Mehr noch: Inzwischen kam es auch auf meine Hilfe an. Niemand kam auf die Idee, dass ich quatschen könnte. Ich schon gar nicht. In mir häufelte sich auch kein Abschiedsschmerz auf, denn Doris hatte keine Anstalten mehr gemacht, über das bisher Offenbarte hinauszugehen. Und es stand sowieso fest, dass der Vater zunächst allein »umzieht«, um Mama und mich dann nach angemessener Frist in einem gutbürgerlichen Milieu irgendwo in seiner alten Heimat, dem Ruhrgebiet, zu empfangen. Er würde dann, malte ich mir aus, an der Pforte unseres neuen Reihenhäuschens stehen und Mutter und mir entgegenwinken. Oder uns von einem blitzsauberen Bahnhof abholen, auf dem es nach Kaugummi und Bananen roch. Mir schien das alles wirklich nicht aufregend. Oma und Opa, dachte ich, könnte ich ja in den Ferien besuchen.

Warum Vater nicht sofort die Fliege machte, als sich das Gefängnisnistor geöffnet hatte, wurde mir klar, als ich ihn über seinen Papieren brüten sah. Er wollte nicht mit Nichts und nicht als Nichts im Westen ankommen, sondern seine »Lebensleistung mitnehmen«, wie er das nannte. Der Begriff fiel mir wieder ein, als ich Ostdeutsche nach der Wende zum ersten Mal von ihren durch den Westen »entwerteten Lebensleistungen« reden hörte. Auch sie wollten nicht als Nichts im Westen angekommen sein, und ich glaube, aus der Erfahrung mit meinem Vater kann ich gut verstehen, was sie umtreibt.

Vaters Lebensleistung war nicht das Farbengeschäft gewesen – obwohl er natürlich ein wirklicher Fachmann war, doch davon gab es viele. Nein, er war der Mann, der nicht klein beigegeben hatte, als rings um ihn Kreti und Pleti den Nazis erst auf den Leim ging und dann hinterherrannte. Eben diese seine Leistung hatte die DDR ihm zunichte gemacht, aberkannt, annulliert. Und dahinter stand auch eine finanzielle Frage – da war Papa wieder ganz Geschäftsmann: Aus der Nachzahlung der Zuwendungen als Opfer der Naziherrschaft und mit der Entschädigung für die Jahre im DDR-Knast, so kalkulierte er, könnte er sicherlich leicht im Westen einen neuen Anfang wagen.

Zuerst brachte er sein und mein Rad in Ordnung. Dann unternahmen wir ausgedehnte Testfahrten in die Börde. Noch heute kenne ich im Umkreis von Magdeburg jedes Nest. Bei diesen Ausflügen wurde die Beladung überprüft und optimiert: Wir waren ausgerüstet wie Pfadfinder auf dem Überlebenstrainig – Töpfe, Pfannen, Decken, ein Zelt, Konserven, Kartoffeln, Nähzeug und Hühneraugenpflaster. Wenn ich mein Rad abstellte, musste ich das Vorderrad an einen Baum binden, weil es sonst unter der Last auf dem Gepäckträger mit dem Vorderrad nach oben stieg wie ein scheuendes Pferd. Ganz in der Mitte des Gepäckberges ruhte das Wichtigste: Die Papiere, die Dokumente eines Lebens. Wenn die bei einer Kontrolle an der Grenze gefunden worden wären, wäre unser staatsverräterisches Tun sofort offenbar geworden und wir wären geliefert gewesen

Am frühen Morgen des dritten Juli 1958, der ein brütend heißer Tag werden sollte, begaben wir uns auf die Strecke nach Berlin. In der Dämmerung radelten wir laut-

los durch das noch schlafende »Texas«. Vater gab mir
knappe Kommandos. Ich bewunderte ihn, dass er keine
Sentimentalität aufkommen ließ – schließlich sah er diese Straße vielleicht zum letzten Mal. Wir brauchten für
die ganze Strecke zwei Tage, kampierten in der Nacht bei
Vaters Freund in Michendorf. Ein gewaltiges Pensum. Je
näher wir Berlin kamen, desto mulmiger wurde mir.

*Ich in der Mitte, beim Stop auf der Radtour nach Berlin in Mi-
chendorf (12 Jahre alt)*

Ich hatte keine Lust, ein, zwei Jährchen in einem Jugendwerkhof zu verbringen. Hätte Bernard mich nicht
aus der ganzen Unternehmung raushalten können? Das
habe ich ihn natürlich auch gefragt. Er antwortete nicht
sofort. Er stellte sich zwanzig Meter entfernt von mir mit
seinem Fahrrad auf, diesem zweirädrigen Lastentrans-
porter, und schrie mir zu: »Na, wie sieht das aus?«
Tatsächlich – er sah wie ein Schmuggler aus, so kam er
unmöglich über die Grenze. Erst im Duo, in trauter Ein-
tracht von Papa und Sohnemann, mit dem klappernden
Kochgeschirr und der alten Luftmatratze, konnten wir
glaubhaft den Eindruck von Freizeitradlern auf einer
Tour durch die schöne sozialistische Heimat erwecken.

Hinter Potsdam, am südwestlichen Berliner Stadtrand, zuckelten wir über einen Feldweg. Den Posten sahen wir schon von weitem. Als Schlagbaum war einfach ein armdicker Ast über den Weg gelegt, die Grenze war noch eine grüne Grenze. Jede Schranke zu einem Parkhaus ist heute schwieriger zu überwinden. »Du sagst kein Wort«, befahl Vater, »und wenn doch, dann nur, wann wir endlich in Pankow sind und das Schloss von Wilhelm Pieck sehen können.«

Doch dazu kam es gar nicht. Der Ast ging zwar schon hoch, als wir noch fünfzig Meter entfernt waren, doch als wir den Posten passierten, stürzte ein Unteroffizier aus dem Gebüsch und schrie: »Halt, du alter Gauner!«

Ich sprang vom Rad, um es rasch zu wenden und die Flucht zu ergreifen. Das Ding stieg natürlich sofort mit den Vorderhufen in die Luft, und ich lag darunter. Ich dachte nur: Jugendwerkhof. Da sah ich, wie sich Vater und der Unteroffizier in den Armen lagen. »Mensch Bernard, altes Haus!« Er kannte Vater aus gemeinsamer Dienstzeit bei der Magdeburger Polizei. »Den lass ziehen«, sagte er zu seinem Posten, »für den leg ich meine Hand ins Feuer!«

In Kreuzberg kamen wir bei Bekannten unter, und ich schlief erst einmal zwei Tage lang. Mich weckte Geschrei im Nebenzimmer, Poltern und Toben. »Den Jungen nimmst du mir nicht!«, brüllte eine mir vertraute Frauenstimme, brüllte meine Mutter.

Mutter wollte eigentlich nie in den Westen. Ohne ihre Eltern – unmöglich. Weil Vater so oft und so lange »weg« war, hatte sie sich praktisch nie von ihnen abgenabelt. Sie waren oft genug die Lebensretter der Familie gewesen, und jetzt, wo sie alt wurden, sollte Mutter sie allein lassen? Außerdem hatte sie sich, während Vater einsaß, hochgearbeitet, hatte es bis zur Sekretärin in einem Erdbaubetrieb gebracht, war geschätzt, geliebt und wurde gebraucht. Manchmal sagte sie sogar versehentlich »unser Kollektiv«, was regelmäßig zur Folge hatte, dass Vater kerzengrade an die Decke ging. Und der dritte Grund lag auf dem Friedhof in Magdeburg-Olvenstedt in einem kleinen Grab: ihr Armin, der Erstgeborene. Er war ihr 1940 sechsjährig unter den Händen weg an Diphterie gestorben. Das verwindet eine Mutter nicht.

Jetzt, als ich sie im Nebenzimmer schreien hörte, fiel mir auch auf, dass sie während der ganzen Vorbereitungen auf unseren »Umzug« nie an sich gedacht und nie von sich gesprochen hatte. Nie war einmal die Rede davon gewesen, wie es sein würde, wenn wir alle zusammen im Westen wären, wie sie sich darauf freue. Sie machte auch keine Anstalten, die Möbel zu verkaufen, die Schränke zu sortieren. Schweigend ging sie ihrem Mann bei seinen Zurichtungen für unsere Radler-Reise zur Hand. Seit seinem letzten Knastaufenthalt haben die beiden überhaupt meistens miteinander geschwiegen. Seine Plan war nicht ihr Plan. Sein Leben war nicht mehr ihr Leben.

Der Westen – dieses Wort löste in unserer Familie sehr unterschiedliche Gefühle aus. Bei Vater weckte es die Hoffnung auf gerechte Behandlung. Ich dachte sofort an Musik, Radio Luxemburg. Mutter aber schlug die Augen nieder. Mitte der fünfziger Jahre war Rita, meine große Schwester, »in den Westen gemacht«, nach Karlsruhe, gegen Vaters Willen. Aus Liebe zu einem Architekturstudenten, der aus Thüringen stammte. »Angeblich aus Liebe!«, sagte mein Vater immer.

»Ja, warum denn sonst wohl?«, fragte dann Mutter stets spitz zurück.

»Die und Liebe!«, hieß es dann. »Wer so mit seinem Vater umspringt ...« Der Satz blieb regelmäßig überm Küchentisch hängen. Wer so mit seinem Vater umspringt wie Rita mit dem ihren, der kann gar niemanden lieben, sollte das wohl bedeuten.

Als meine Schwester ein paar Jährchen zwischen den Sudenburger Farbtöpfen und Schlemmkreidetüten abgerissen hatte, entdeckte sie plötzlich und auf unerklärliche Weise ein Talent in sich. Wahrscheinlich meinte sie, sie sähe Romy Schneider ähnlich. Jedenfalls wollte sie

Schauspielerin werden. Ich entsinne mich nicht, Vater, den in der ganzen Straße berühmten Choleriker, jemals wieder so brüllen gehört zu haben. Es war nicht nur der Hang Ritas zu »Firlefanz«, wie er das nannte. Nein – er fühlte sich verraten. Wenigstens auf die eigene Familie glaubte er sich verlassen zu können – und jetzt dieser Dolchstoß aus dem Hinterhalt, »... geführt von meinem eigen Fleisch und Blut!« Rita war einfach für den Verkauf vorgesehen, und zwar auf unabsehbar lange Zeit. Vaters Plan hatte auch ihr Plan zu sein.

Rita floh vor Papa zu ihrem Architekturstudenten nach Karlsruhe, und Vater Bernard verkündete mit biblischem Pathos: »Ich habe kein Kind mehr!«

»Doch, mich«, piepste ich aus meiner Ecke unter dem Klavier heraus, in die es mich bei seinen Ausbrüchen immer trieb.

»Ja, ja«, sagte er, als hätte ich ihm Unannehmlichkeiten bereitet, »aber lass mich doch jetzt ruhig in bisschen leiden«.

Er litt Jahre lang. Der Name der Tochter durfte bei Tisch nicht erwähnt werden. Wenn es gar nicht zu umgehen war, sagte man »die Karlsruher«.

Den Karlsruhern ging es schlecht, sehr schlecht. Vom Wirtschaftswunder waren Rita und ihr Mann offensichtlich ausgeschlossen. »Die fressen dort den Kitt aus den Fenstern«, sagte meine Mutter manchmal zu mir mit beängstigend verdunkelter Miene. Das erste, was ich vom Westen erfuhr, war also, dass man dort auch – wie zum Beispiel viele meiner Schulkameraden in Texas – bitter arm sein kann. Wenigstens in diesem Punkte hatte ich später nicht den Eindruck, dass Karl-Eduard von Schnitzler lügt. Um Rita nebst Gatten stand es so schlecht, dass sie nicht das tägliche Brot hatten und sich meine Mutter Else von einem Tag auf den anderen wieder genötigt sah, ins Büro arbeiten zu gehen. Und zwar heimlich. Das Wenige, das sie dabei verdiente, verwandelte sie in Butter, Mehl, Brot und Eier und schickte täglich ein Fresspaket nach Karlsruhe, ein halbes Jahr lang, bis von dort Entwarnung kam und Ritas Mitteilung, sie habe ein Pfündchen zugenommen. Vater durfte von all dem natürlich nichts wissen. Abends, wenn er vorfuhr, stand für die Familie das Abendbrot auf dem Tisch und Else empfing ihn, als hätte sie den ganzen Tag nichts weiter getan, als auf ihn zu warten.

Wenige Jahre später – Vater lebte da schon im Westen – waren die Karlsruher einigermaßen zu Geld gekommen, und in diesem erquicklichen Zustand suchten sie die alte Heimat auf. Nicht, um der Mutter Danke zu sagen, sondern um der Heimat die Früchte ihres knospenden Wohlstands vorzuführen.

Es war ganz einfach zum Kotzen! Sie fuhren mit einem Fiat 600 vor. Rita hatte sich für den Zonenbesuch den Gang einer hochgewetteten, in 4711 gebadeten Stute zugelegt und warf abschätzige Blicke auf unsere fadenscheinig gewordene Behausung und auf uns, als seien wir eben aus der Bördefurche gekrochen und an uns klebte noch diverses Gewürm und Getier. Ihr Mann ließ mich generös an seiner Peter Stuyvesand riechen. Nach diesem Vorspiel hatte die Sippe in Andacht zu erstarren, denn die Karlsruher hoben an, von ihren Reisen zu schwärmen. Welche davon sie wirklich und welche nur mit dem Finger auf der Landkarte gemacht hatten – schwer zu sagen. Als Beweis ihrer Welterfahrenheit ließen sie sich immer mit dem Hoteldirektor fotografieren, »einem guten Freund« natürlich. Hoteldirektoren zwischen Ibiza und den dänischen Inseln waren immer klein, rund, mit Neigung zur Glatze und ziemlich verlegen. Damals jedenfalls.

Später dann kamen sie mit dem größeren Fiat, zuletzt mit dem Porsche. Und mit dem »ach, ihr armen Zonis«-Blick und den Mitbringseln aus der Ramschkiste! Und mit der unbezähmbaren Neigung, alles und jeden zu bestimmen, zu beurteilen und »nach westlichen Maßstäben« zu bewerten.

Ich habe manchmal meine Mutter dafür verachtet, wie stoisch sie diese Leute ertrug (ja, ich weiß, ich bin ungerecht – es war ja ihre Tochter). Und trotzdem, wenn sie weg waren, habe ich vierzehn Tage lang verhindert, dass die Stube gelüftet wurde, damit sich der edle Duft ihrer feinen Zigaretten möglichst lange in den Gardinen hielt.

Irgendwann kam es dann zum großen Krach, als ich mit einer albernen Bemerkung eine ihrer weitausholenden Berichte vom Tennisurlaub in Tunesien unterbrach. Sie waren beide so abgrundtief gekränkt, dass sie wild gestikulierend, brüllend und schäumend ihren Porsche bestiegen und davonbrausten, gewissermaßen auf Nimmerwiedersehn. Meine arme Mutter war dem Herzinfarkt nahe, weinte und barmte. Ich hatte richtig Angst um sie. Der Westen hatte ihr das Geliebt-werden entzogen, das machte sie regelrecht krank.

Als der Tag nahte, da wir uns mit den Karlsruhern und all den anderen, die sich so gern mit erkahlenden Hoteldirektoren fotografieren lassen, wiedervereinigen sollten, hatte ich tatsächlich Tränen in den Augen. Jedoch nicht vor Rührung. Ich wusste ganz einfach, was da auf uns zukommen würde. Und ich glaube bis heute, dass die Westdeutschen uns am meisten verübeln, dass wir sie nicht gebührend bewundern.

Vater war weg, und er verdünnisierte sich immer mehr aus unserem Leben. Mutter wollte keine geschiedene Frau sein und blieb verheiratet mit ihm, für immer, was mich um jegliche Alimente brachte. Es kam nie ein Paket, und es kam auch kein Brief, in dem er von seiner Sehnsucht nach uns schrieb oder in dem er bat, wir mögen doch noch zu ihm kommen. Ich mochte ihn sehr – und doch war ich auch erleichtert. Denn ich konnte nun auf seinem alten Klavier die Musik zu machen, die mir gefiel, und ich träumte davon, ein genialer Musiker oder sogar Komponist zu werden. Das hätte Bernard auf jeden Fall verhindert, zumindest hätte er es zäh versucht.

Anfang der siebziger Jahre, als ich meine ersten wirklich sehr großen Erfolge hatte, fand ich, es sei an der Zeit, dass der Alte Herr nun gefälligst einmal zur Kenntnis nimmt, was aus mir, was aus dem Kerlchen, das ihn damals auf dem beladenen Fahrrad in sein neues Leben begleitet hatte, so geworden ist. Aufgeregt schrieb ich ihm einen langen Brief, in dem ich nicht mit Eigenlob sparte und ihm ankündigte, dass ich wohl bald den deutschen Schlager ganz und gar umkrempeln und zu ungeahnter Blüte führen würde.

Zurück kam ein dürres, fast förmliches Schreiben, in welchem Vater von gewissen Verdauungsproblemen berichtete und mir mehr oder minder direkt nahelegte, doch mal an eine ordentliche Arbeit zu denken. Ganz oben links auf dem Brief stand ein eigens für mich ausgewählter Bibelspruch, der das asketische, entsagungsreiche Leben pries.

Als ich 1980 endlich einen Pass hatte – Mutter war schon tot –, besuchte ich Bernard natürlich in dem Häuschen im Rheinland, das er sich mit den Entschädigungsgeldern gebaut hatte. Das heißt, so natürlich war das natürlich auch wieder nicht. Ich hatte Bammel: Was ist das für ein Mann, der mir nach all den Jahren gegenübertritt? Werden wir beide die Fremdheit überwinden, die Kränkungen vergessen können, die das Desinteresse füreinander uns beigebracht hatte?

Ich kam unangemeldet. Wozu anmelden, wenn man zu seinem Vater geht, hatte ich mir gedacht. Er saß mit seiner neuen Frau in wilder Ehe auf dem Sofa in einem Gebirge von buntbestickten Kissen. Wir hatten uns nicht viel zu sagen, nichts, genauer gesagt – und es wurde drückend still im Wohnzimmer. Die Wanduhr tickte und der Wellensittich auf dem Fensterbrett äugte durch seine Gitter. »Ja, Hansi«, sagte die Frau, »da guckst du, was? Das ist Besuch aus dem Osten!«

Ich floh in die Kneipe, wo ich mir die Unterschiede zwischen den Biersorten der Gegend erklären ließ. Am nächsten Morgen sagte Vater streng: »Hast du gestern etwa Alkohol getrunken?«

Zuerst war ich baff, wollte loslachen. Doch da fiel mir ein, unsere Wege hatten sich ja getrennt, als ich noch ein kleiner Junge war und noch nicht einmal die Nase über ein Bierglas halten durfte. Das war ich in seiner Vorstellung wohl immer geblieben.

Beim zweiten Besuch fuhr Moni mit. Mit ihr bin ich inzwischen 22 Jahre verheiratet, sie wird also in diesem Buch noch eine starke Rolle spielen.

Das hohe Privileg des Reisepasses hatten wir einem verblüffenden Sinneswandel des Kulturministeriums zu verdanken. Ich hatte langsam die Nase voll, mir von Leuten wie Monika Hauff und Klaus-Dieter Henkler erzählen zu lassen, wie toll es in Mexiko oder Paris ist, während die Künstleragentur jede Nachfrage aus dem Westen nach Lakomy abblockte und die o.g. Künstler Lieder von mir in den gelobten Ländern zum Besten gaben. Meine Stimmung dem sozialistischen Vaterland gegenüber sank unaufhörlich gegen Null, den Ausreiseantrag hatte ich praktisch fertig formuliert im Kopf. Moni wurde himmelangst und bange.

Im Herbst 1978, noch lag die Kulturpolitik in den Nachwehen der Biermann-Unruhen, nahm sie sich ein Herz und ging kurz entschlossen ins Kulturministerium, am Pförtner vorbei, Tür auf und einen freundlichen Guten Tag, Inge Sakowski, Leiterin der Abteilung Unterhaltungskunst. Dass sie gerne Gründe wüsste für die Reisesperre ihres Angetrauten. Richtige Aufregung aber setzte ein, als Moni noch fragte, ob sie sich einen zweiten »Biermann« leisten wollten. Nach drei Tagen hatte ich ein Visum für Westberlin. Moni fuhr mit ihrem Tanzensemble zur gleichen Zeit nach Indien. Nein, die DDR war nicht logisch.

Als Monika und ich also Vater besuchten, glühten seine große Ohren auf, als er mit ihr charmierte. Moni hatte sofort im Griff, worauf es hier ankam: keine Spuren am Waschbecken hinterlassen!

Solch raffinierte diplomatische Winkelzüge habe ich nie beherrscht. Sie plauderte mit der Frau über die Werterhaltung des 15-jährigen Wasserkessels und lobte spitz die praktische Konsequenz der beiden, in der BRD weder Fernsehen noch Zeitung zu haben. Und dennoch rächte sie mit einem gekonnten Stich – Moni kann das gut – meine Mutter.

Im Hubertushof, dem stockvornehmen Sonntagsrestaurant meines Vaters, hielt man die Frau seit 15 Jahren für die Gattin des ehrenwerten Herrn Lakomy. Und als der Chef persönlich das Speisenauftragen überwachte, blitzte es in Monis Augen, als der Name Frau Lakomy fiel: »Das bin ich. Und diesen Teller bekommt Frau Kohlschmidt.«

Dann gab es nur noch eine Begegnung, eine sehr kurze, eigentlich eine Nichtbegegnung, aber vergessen werde ich sie wohl nie: Mit Moni fuhr ich im Auto ins Rheinland nach Neuwied. Hinten auf der Bank saß brabbelnd unsere kleine Klara-Johanna, unser Kind. Das sollte der alte Bernard doch noch sehen dürfen, nicht wahr!

Erwartungsfroh standen wir drei vor Vaters Häuschen, klingelten, klopften, riefen, rüttelten am Knauf. Da bewegte sich am Wohnzimmerfenster die Gardine, kaum merklich, aber sie bewegte sich ...

Meine Universitäten

Der Reini, der wird einmal Musikdirektor! Mutter sparte nicht mit optimistischen Weissagungen. Sie sah mich schon in Frack und Fliege den »Goldenen Pavillon« dirigieren und die Künstlermähne schütteln (später war sie von meiner Musiker-Haartracht gar nicht begeistert). Wahrscheinlich ist jede Mutter manisch auf der Suche nach verborgenen Talenten ihres Sohnes, die ihr ein Alter im Abglanz seiner Berühmtheit verheißen und sie ein wenig für die Mühen der Aufzucht des Knaben entschädigen. Ganz aus der Luft gegriffen war ihre Karriereplanung nicht. Immerhin saß ich seit meinem vierten Lebensjahr am Klavier, spielte tapfer alle die Etüden und gruseligen Stückchen des Herrn Czerny, nudelte »Für Elise« und »Der fröhliche Landmann«. Als erstes äußerte sie ihre Erwartungen an meine Künstlerlaufbahn wahrscheinlich gegenüber unseren Nachbarn in »Texas«, die mich tagein, tagaus – ich ging nicht in den Kindergarten – klimpern hörten. Sie liebten mich beinahe wie ihre eigenen beiden Kinder Sabine und Gudrun. Wohl weil sie mit ihrer Prognose für mich durchaus Erstaunen erregte, mochte Mutter von diesem Thema hinfort einfach nicht mehr lassen. Ob ich sie zum Bäcker oder zum Milchmann begleitete, immer verkündete sie – gefragt oder ungefragt – mit einer Stimme, die keinen Zweifel zuließ: Der Reini wird Musikdirektor! Ich kann nicht sagen, dass mir das peinlich gewesen wäre. Zumindest beim Bäcker bekam ich dafür immer ein Handvoll von den Plätzchenresten, was ich ganz selbstverständlich fand, denn welcher Bäcker will sich nicht gutstellen mit einem künftigen, berühmten Musikdirektor! Ich stopfte mir die Krümel in den Mund und genoss sie als Anzahlung auf kommende Gagen. Und langsam wurde Mutters Standardsatz zur sich selbst erfüllen-

...und die Nachbarsmädchen eilten herbei und legten mir Obst aufs Klavier

den Prophezeiung, denn ich begann an meine Bestimmung zu glauben. Jedes Tönchen, das ich auf dem Piano anschlug, wurde als klingender Bote künftiger symphonischer Offenbarungen im Familienrund gefeiert. »Habt ihr gehört? Er komponiert«, rief Schwester Rita durchs Haus, und die Nachbarsmädchen eilten herbei, machten runde Augen und legten mir Obst aufs Klavier.

Tatsächlich begann es mir in den folgenden Jahren Spaß zu machen, durch mehr oder weniger kühne Tastenfolgen das »Ah!« und »Oh!« jeglicher Damen, die sich in Hörweite befanden, herauszulocken. Sie wussten, wie sie mich anspornen konnten. Am liebsten hatte ich, der kleine Beethoven von Magdeburg Nord-West, wenn man hinter mir hörbar wisperte: »Phantasiert er, oder ist das von Lehár?« Und eigentlich – um meine Musikerlaufbahn einmal in einem einzigen zitierfähigen Satz zusammenzufassen – ist das bis heute so geblieben: Ich musiziere vor allem, um den Frauen zu gefallen (dass man damit auch Geld verdienen kann, ist der Sekundäreffekt). Musizieren ist das subtilste aller Balzrituale des Tieres, das Mensch genannt wird.

Das änderte sich abrupt, als Frau Denk engagiert wurde. Bei ihr gab es nichts zu balzen, durch Charme war sie nicht zu beeindrucken. Sie kam einmal in der Woche, um die Saat pianistischer Grundfertigkeiten in die frische Furche meiner Musikdirektoren-Laufbahn zu legen. Die Betonung lag wohl mehr auf Direktor als auf Musik. Und die Saat, die sie legte, lastete manchmal auf mir wie Wackersteine. Frau Denk bestand darauf, dass ein Strauß bunter Melodien aus dem »Vogelhändler« oder aus dem »Bettelstudent« werkgetreu – ernsthaft, wie sie das nannte – vom Blatt gespielt würde. »Wer dem Original nicht huldigt, kann auch nicht improvisieren, jedenfalls nicht ernsthaft«, entschied sie kategorisch. Das Wort »improvisieren« sprach sie mit vor Ekel spitzem Mündchen aus, als hätte sie eine Zitrone auf der Zunge.

An Frau Denk war alles spitz, der Bleistift, der die Betonungszeichen, die sie ins Notenpapier ritzte, die Nase, die Duttnadel und die Finger. Kalte, spitze Klavierlehrerinnenfinger. Irgendwann dachte ich, dass jeder einigermaßen im »Vogelhändler« bewanderte Klaviervirtuose unweigerlich solche Finger bekommen musste. Ich nahm mir vor, das nicht abzuwarten und den musikalischen Vogelhandel anderen zu überlassen. Ich beschloss, Architekt zu werden, und Frau Denk wurde gekündigt. Das Klavierspiel ließ ich aber glücklicherweise nicht ganz bleiben – ich ging danach sogar ziemlich fleißig in den Klavierunterricht an der Magdeburger Bezirksmusikschule »Georg-Philipp Telemann«, wo ich aber wiederum eine Lehrerin bekam, die dem freien Spiel ohne Noten äußerst intolerant gegenüberstand.

Einmal, ich war inzwischen 15, war ein Vorspiel vor den Eltern angesetzt. In diesen Wochen war ich ganz und gar von Bach begeistert – das Phänomen der Polyphonie! Die Fuge, die ich vorspielen wollte, hatte ich aber, als der Vorspieltermin heran war, nur zu Hälfte geübt, weil es derzeit viel Stress mit Mathelehrer Knoche & Co. an der Oberschule (heute Gymnasium) gab.

Heute bin ich selber überrascht, wie cool ich früher in

solchen Situationen war. Ich wurde aufgerufen, die Muttis reckten die Hälse, und ich legte los. Ich wusste genau die Stelle, wo der Bach für mich zu Ende war. Aber ich hatte keine Angst davor. Ab dem Punkt, wo das Notenmaterial ziemlich neu für mich war, improvisierte ich frei – ganz im Sinne Bachscher Intentionen, wie ich meinte.

Der Beifall von Eltern und Schülern schien mir recht zu geben – sie hatten nichts gemerkt. Aber in den Augen der Lehrkraft hatte ich Schande über den alten Johann Sebastian gebracht, und sie weigerte sich, mich weiter zu unterrichten.

Statt ihrer kam ein junger Mann, frisch von der Weimarer Musikhochschule – Dieter Nathow. Er, als pädagogischer Anfänger, hatte sich wohl den Härtefällen der Schule zuzuwenden. Er sah mir am Klavier zu und diagnostizierte konsterniert: »So wie du spielst, Reinhard, ist es anatomisch und physiologisch ausgeschlossen, Klavier zu spielen.« Er zeigte mir erst einmal, wo die Finger beim Klavierspiel die Kraft herholen.

Diether Nathow heute

Ich war verblüfft! Warum hatte mir das bisher keiner gesagt? Ich musste ganz von vorn anfangen und weiß nicht, wessen Geduld größer war – Nathows oder meine.

Nathow kannte natürlich meinen Ruf als Bach-Vergewaltiger. Eines Tages ermunterte er mich, zu improvisieren und sah sich meine Kompositionen an.

Von nun an unterrichtete er mich in der letzten Stunde, denn er gab mir anschließend »illegal« (und kostenlos) Unterweisungen in Tonsatz. Oft lud er mich anschließend sogar noch zum Essen ein: Ein Lehrer wie aus der Bauanleitung für gute Menschen.

Einmal sagte er: »Merk dir eins – wichtig ist nicht wie, sondern was du komponierst.« An diesen Satz habe ich oft denken müssen, wenn ich in Gefahr stand, mich von elektronischen Effekten auf den Musikmaschinen fortreißen zu lassen und die Idee einer Komposition darüber zu vergessen.

Nathow hat mich »versaut«. Alle Lehrer nach ihm hatten es schwer – sie wurden an ihm gemessen. Er lebt bis heute in Magdeburg, unterrichtet an der »Telemann-Musikschule« Klavier und arbeitet als Komponist.

Für meine architektonischen Talente gab es keinerlei Anhaltspunkte, außer, dass ich zwei Dutzend Postkarten aus der Reihe »Bedeutende deutsche Baumeister«, herausgegeben vom Reichsbund Deutscher Architekten, in einem Schuhkarton verwahrte. Aber Siegfried, Ritas Ehemann, studierte Architektur – und das musste etwas höchst Edles sein. Seine Zugehörigkeit zum Kreis der bedeutenden deutschen Baumeister demonstrierte er dadurch, dass er einen so genannten Herrenring und ein Einstecktüchlein im Sakko trug und duftende Zigaretten rauchte. Gelegentlich ließ er einen Satz fallen, wie »Schinkel – ja, das war nicht ganz falsch, was der gemacht hat!« An Ritas glänzenden Äuglein sah ich: Auch so kann man Frauen beeindrucken. Und zwar ohne sich vorher von Frau Denk foltern lassen zu müssen.

Architekt à la Siegfried wollte ich bis zu jenem schicksalsträchtigen Augenblick werden, als ich meine erste Mathematik-Arbeit auf der Erweiterten Oberschule »Otto von Guericke« zu Magdeburg zurückbekam. Sie war glatt 5, eine Zensur, auf die ich fortan in dieser Wissenschaft abonniert war – von leichten, rasch vorübergehenden Ausbrüchen zur 4 abgesehen. Knoche – was für herrlich passende Namen die Natur den Lehrern verleiht! – Mathematicus Georg Knoche hat mich glücklicherweise erst nach der Rückgabe meiner Arbeit vor der ganzen Klasse gefragt, was ich wohl studieren wolle. So ist mir das Gejohle der Meute erspart geblieben. Ich reagierte sofort auf die neue strategische Lage, die durch die 5 unter der Mathearbeit entstanden war und antwortete: Musiker!

Das war mit Abstand die intelligenteste Antwort meiner Pennenjahre. Damit hatte ich mich in die erhabenen Sphären des Künstlertums katapultiert. Aber von da an gab es für mich auch kein Zurück mehr, denn ich hätte mein Privileg verloren. Von jetzt an hatte ich nämlich gewissermaßen einen pädagogischen Jagdschein: Der Lakomy wird Musiker, der kann doch Mathe und Physik nicht können! Und muss er überhaupt? Sollen wir ihn jetzt wirklich striezen? Vielleicht wird er ja einmal berühmt wie Fips Fleischer oder Fred Frohberg, soll er dann etwa schlecht von unserer Schule sprechen? Wollen wir, das sozialistische Lehrerkollektiv, seinem besonderen Talent etwa im Wege stehen? Nein und wieder nein!

Mein Jagdschein hatte aber leider nur ein sehr eingeschränktes Gültigkeitsfeld. Klassenlehrer Knoche beispielsweise sah meine Zukunft ganz und gar anders. Zwar hat auch er nie gewagt, mich als Offizier der Nationalen Volksarmee zu werben. Aber für ihn waren alle Lebensversager, die keine Sinuskurven berechnen konnten, und wenn sie auch die Neunte Symphonie komponiert oder »Schuld und Sühne« geschrieben hätten. Musiker – das war für ihn eine Rest-Tätigkeit, ein Brosamen der Gesellschaft für die, die zwei und zwei nicht zusammenzählen konnten. Seine gern wiederholte Prophezeiung war: »Lakomy, aus dir wird höchstens ein Kaffeehausmusiker. Oder

Hubertus Wolter

ein Kellner. Aber einer, der nicht einmal das Datum zur Zeche dazu addieren kann.«

Na gut, der öffentliche Beweis meiner Talente stand ja auch noch aus.

Gäbe es nur Mathe-Pauker, die Welt wäre ein Graus. Aber es gab auch Hubertus Wolter! Hubertus – der Name für ein nonkonformistisches pädagogisches Konzept im Sozialismus. Um diesen Musiklehrer beneidete uns die ganze Stadt. Wenn es stimmt, dass die stalinistische Volksbildung die Lehrer unter ihre Knute nahm – vor Hubertus hat sie offensichtlich die Waffen gestreckt. Für ihn war Musik kein Nebenfach – er zeigte uns, dass Musik und Leben ein und dasselbe sind. Hubertus wurde mein Mentor und Beschützer (und einen Schutzengel brauchte ich öfter). Aber noch wichtiger war: Er hat mich spüren lassen, dass man sich nicht zu den Kranken und Störenfrieden zählen lassen muss, wenn man ein Talent in sich spürt, dass man sich nicht geißeln muss, wenn man den »Kollektivdurchschnitt« unterläuft. Er hat mich fühlen lassen, was für ein süßes Geheimnis es ist, zu wissen: Du kannst etwas, was die alle nicht einmal zu träumen wagen!

Zu Beginn der 11. Klasse hat er den lehrplanmäßigen Unterricht einfach eingestellt und nur noch Jazz gespielt – Benny Goodman, Luis Armstrong. Er besaß eine kostbare Sammlung alter Schelllackplatten. Immer, wenn ich mal wieder so weit war, die Schule »zu schmeißen«, kam mir in den Sinn: Nein, noch nicht – am Mittwoch hast du wieder beim Hubertus, da gehst du noch mal hin.

Meine erste »eigene« Bühnenshow hatte ich auf einem Schülerball. Ich war fünfzehn, sah aber höchstens aus wie zwölf: ein Meter dreiundfünfzig, wenn ich mich reckte – blass, nervös und zaunslattendünn. Zu einem Schülerball hätte ich gar nicht erst hinzugehen brauchen. Jedes einigermaßen planmäßig pubertierende Mädchen hätte mich aus Gründen der Selbstachtung stehen lassen müssen. Mir wäre nur übriggeblieben, gemeinsam mit anderen pickligen Spätentwicklern mit Papierkügelchen von der Empore auf die Pärchen zu schmeißen oder vor dem Jungsklo zu lungern.

Es spielten »Die Connys«, am Piano Dieter Dassberg, ein Lehrer, den ich noch aus der Grundschule kannte. Nach der dritten Runde hielt ich es nicht mehr aus; mein Ego oder meine Selbstüberschätzung oder die Prophezeiungen meiner Mutter trieben mich auf die hohe Klubhausbühne. Ich war überhaupt kein bisschen aufgeregt. Es war ziemlich still im Saal, als Dassberg vom Klavier aufstand. Einige Mädchen kicherten, als er mir den Hocker hoch drehte. Dann machte er noch eine alberne barocke Verbeugung zu mir und stieg kopfschüttelnd die Bühne runter, als wolle er dem Publikum bedeuten: Ihr braucht mich hier nicht mehr – der Meister ist ja da. Ein richtige Nummer!

Was wir gespielt haben, weiß ich nicht mehr, irgendeinen Schlager. Aber ich weiß noch, dass dem Bassisten der Mund offen stehenblieb, er seinen Einsatz verpasste und die Musiker mir sogar ein kleines Improvisationssolo einräumten. Ich sah kurz auf: Die tanzten nicht! Die guckten! Die vielen Mädchenaugen guckten auf den kleinen blonden Kerl, der da um Liebe und Beachtung spielte. Und in der Mitte auf dem Parkett stand wie angewurzelt Dieter Dassberg.

Mädchen! In dieser Sekunde, als ich für einen Moment aus der Musik auftauchte, wusste ich, dass mir ein Martyrium, eine Galeerenarbeit bevorstehen würde. Noch hatte ich keine Haare am Sack, doch wenn ich jemals zwischen den Schenkeln eines dieser schönen, knospenden Geschöpfe liegen wollte, musste ich üben, üben, üben. Und zwar Klavier! Was die Gorillas der Schule mit dem Oberlippenbärtchen-Flaum durch ihre bloßes Erscheinen innerhalb einer Parkumrundung erreichten, würde ich mir in bitteren, einsamen Stunden zwischen schwarzen und weißen Tasten herbeiackern müssen. Aber dann – dann würde ich kriegen, welche und wann ich will. (Naja, ganz so ist es nicht gekommen!)

Wie ich von der Bühne runtergeklettert bin, wie der Abend zu Ende ging, wie ich nach Hause gelangte – keine Peilung, wie wir damals sagten. Ich war das erste Mal in meinem Leben vollkommen betrunken. Schon am nächsten Morgen konnte ich nicht mehr exakt sagen, was zuerst da war – der Erfolg oder der Rausch. Oder war beides dasselbe? In diesem Moment gehörten sie jedenfalls zusammen, wie die schwarzen zu den weißen Tasten. An dieser Stelle sei gleich vorausgeschickt: So gern und heftig ich auch späterhin den Erfolg zusammen mit Alkohol genoss, ich hatte ziemlich bald begriffen, daß Arbeit und Alkohol nicht zusammen passen.

Von jetzt an übte ich mit einer Besessenheit, zu der man wohl nur in der Jugend fähig ist. Ich übte nicht nur – mein ganzes Leben, mein Körper bestand aus Rhythmen und Klängen. Im Russenmagazin kaufte ich mir mein erstes Transistorradio, den »Tourist«. Das war das beste, was für mich zu kriegen war. Das Ding kostete mich 100 Mark, die ich mühsam zusammengespart und bei den Großeltern geschnorrt hatte. Jede Nacht hörte ich nun Willis Connover auf der verrauschten, verknatterten »Stimme Amerikas«, aktuellen modernen Jazz, der sich stilistisch schon

Lichtjahre von dem fortentwickelt hatte, was uns Hubertus auf seinen Schelllackplatten mit in die Schule brachte.

Und jetzt kommt der Zufall ins Spiel, dieser göttliche Bote. Soll das nicht Majakowski gesagt haben – Erfolg, das ist neunzig Prozent Zufall und zehn Prozent Talent, oder so ähnlich? Der Zufall ist natürlich nur ein Zufall, wenn man mit allen Fasern seiner Seele auf ihn vorbereitet ist. Ich war absolut auf Töne geeicht, man hätte mir alle anderen Sinne amputieren können – ich wäre trotzdem noch glücklich gewesen. Sonst hätte ich den Mann, der da im Keller des »Hauses der jungen Talente«, wo ich nachmittags manchmal übte, vor sich hin klimperte, vielleicht gar nicht gehört.

Dieser Mann war Theo Lüddecke, und er spielte einen unglaublich modernen, grellen, schrägen Sound. Wenn er improvisierte, war es, als würde er wie ein Alchimist verschiedene Ingredienzien zusammenschütten und darauf warten, bis das explodiert. Er wohnte in Gnadau, einem Dorf bei Schönebeck in einem winzigen Häuschen ohne Ofen. Das Wasser holte er sich aus dem Garten. Mit dem bürgerlichen Dasein hatte er gebrochen, was mir natürlich imponierte. Meistens saß er an einem wackligen, mit Wachstuch bespannten Campingtischlein und arrangierte für die »Tornados«, ließ sich zuwachsen, ernährte sich von Stachelbeeren. Aber ab und zu duschte er sich mit dem Gartenschlauch, rasierte sich und ging mit dem Bassisten Burkhard Wanke auf Tour.

Wanke war das, was meine Oma mit »fieschelant« bezeichnet hätte. Irgendwie konnte ihn keiner so richtig leiden. Meistens schwieg er und lächelte leicht arrogant vor sich hin. Wenn er aber den Mund aufmachte, dann, um etwas schmierige, verschraubte Komplimente und Ergebenheitsadressen loszulassen. Wanke war aber wichtig für mich, sehr wichtig sogar. Für mein damaliges Verständnis wusste er sehr viel über den Jazz (Halbwissen, wie sich später herausstellte, ähnlich dem, was wir heute am Besserwessi so wenig mögen). Aber er sagte mir immer

mal, dass ich schon prima Klavierspielen kann – und so
was braucht der Mensch. Zu ihm hatte meine Mutter
einigermaßen Vertrauen. Wanke entfaltete ein Unmaß
an Beredsamkeit in unserer Küche, lobte den Kaffee der
Mutter, in dem er genießerisch seine dicke Nase über der
Tasse kreisen ließ, sprach von »Verantwortung« und »Sorg-
faltspflicht«, die er mir, dem Fünfzehnjährigen, gegenüber stetig walten lassen wollte, und machte meiner Mutter, der »sehr verehrten, lieben, reizenden Frau Lakomy«
unglaublich holprige Elogen. Aber das zog.

So durfte ich mit ihm auf seinem Motorroller öfter
nach Gnadau zu Theo Lüddecke fahren, und eines Tages
eröffnete Theo mir, er wolle eine neue Band gründen, ob
ich da wohl die Tasten drücken möchte. Da Theo selber
Kontrabass spielte, brauchten wir natürlich Burkhard
Wanke nicht, und somit rückte dieser zunächst einmal
mehr oder weniger aus meinem Blickfeld.

Die neue Band war besetzt mit Piano, Gitarre, Bass,
Schlagzeug, Tenorsaxophon und Trompete. Kaum hatten wir uns ein einigermaßen umfangreiches Repertoire
erarbeitet, spielten wir auch schon das erstemal im »Stadtpark« in Schönebeck und hatten auch gleich Erfolg. Deshalb kam es zu einem weiteren Engagement in der Bar
vom »Stadtpark«. Da wurde allerdings nur ein Trio gebraucht. Seppi, der Gitarrist, Theo am Bass und ich bildeten dieses Trio. Nun war plötzlich ich der musikalische
Frontmann.

Und eines Abends stand ich, gerade 16 geworden, im
schummrig-nuttigen Licht auf dem kleinen Podium in der
Schönebecker Nachtbar »Stadtpark« und begann meine
Karriere als quasi Profi-Musiker.

Sie begann mit nachhaltigen Einblicken in die Ab-
gründe von Biedermeiers Nachtleben. Schönebeck war
wahrlich keine Weltstadt, aber hier, so schien mir jung-
fräulichem Knaben, war das Sündenbabel. Wie man de-
zent den Busen einer Dame touchiert, was es bedeutet,
wenn ihre Halsschlagader zu pochen beginnt und wohin
dann sein heißer Atem wehen muss – das alles lernte man

im »Stadtpark« – »meine Universitäten« um mit Maxim Gorki zu sprechen. Sündiger konnte es in Leipzig zur Messe auch nicht sein. Die Kollegen lehrten mich die Dramaturgie eines Barabends – dass man Schmusetitel nicht am Anfang spielt, sondern Heiter-Unverbindliches, bei dem sich die Dame verspielt und der Herr neckisch präsentieren können, und ab wann der Schmelz einfließen muss, dass dann gegen drei alles seinen guten Gang gehen kann. Man ahnt ja gar nicht, wie tief der Barmusiker in das Paarungsverhalten des Kleinstädters verwickelt sein kann!

Oft bespielten wir mit der größeren Besetzung auch den Saal. Da tanzten vor allem die Sprengstoffwerker und -werkerinnen, tranken den Korn im Stehen und schlugen sich um die Frauen. Es war gewissermaßen Dynamit in der Bude. Mit Mädchen anzubändeln war höchst gefährlich, denn die jungen Sprengstoffwerker bildeten eine hochexplosive Mischung aus proletarischer Großmannssucht und Beschützerinstinkt. Einmal verfolgte mich eine scharfgemachte Rotte von ihnen im Morgengrauen bis zum Bahnhof, so dass ich, der nichts mehr hasste als die Volkspolizei, bei der Trapo Schutz suchen musste, als rot die Sonne über der Kirche aufging. Sehr beeindruckt hat mich auch Silvester 1963, wo ein in Handarbeit liebevoll hergestellter, aber wohl etwas überdimensionierter Feuerwerkskörper mitten auf der Tanzfläche hochging und minutenlang nicht klar war, ob alle überlebt hatten, da ca. drei qm Deckenputz heruntergekracht waren.

Inzwischen war der sechzehnjährige Lakomy kein gänzlich Unbekannter mehr, vor allem schon deshalb, weil er bei den Bands regelmäßig rumnervte, wenigstens mal eine Runde mitspielen zu dürfen.

In Magdeburg gab es noch eine Band – mehrfach zum besten Amateurorchester der DDR gekürt – das »Jürgen-Heider-Swingtett«. Diesen Musikern bin ich in besonderem Maße dankbar bis heute, und ganz besonders dem Saxophonisten Hans-Albert Möwes.

Sie spielten nicht nur feinsinnige Tanzmusik mit originellen Arrangements, sie spielten auch Jazz, gaben hin und wieder Konzerte, und logischerweise zog es mich zu denen hin wie die Biene zum Honig.

Nie haben sie mich weggeschickt, sie musizierten mit mir, hatten wohl auch einigen Spaß mit der kleinen Großfresse, und eines Tages passierte es:

Louis Armstrong, der Jazzer schlechthin, gab in der Magdeburger Hermann-Gieseler-Halle zwei Konzerte anlässlich einer DDR-Tournee.

Im Foyer des Hotel »International« sollte das »Heider-Swingtett« für Armstrong zum Empfang spielen. Ich war natürlich auch da.

Der Ankunftstermin war weit überschritten, der Pianist wurde immer nervöser, denn er musste zurück in seinen Betrieb. Nach einer weiteren Stunde entschied Heider mit einem stummen Kopfnicken in meine Richtung – Lakomy saß auf dem Klavierhocker.

Plötzlich – wir spielten »I can't give you anything but love, baby«, gingen die Türen auf, Armstrong und seine Musiker und seine Frau Lucelle kamen herein. Luis knallte seinen Trompeten-Koffer aufs Klavier, nahm die Trompete heraus und spielte einfach mit.

Ich hatte das Gefühl, im nächsten Augenblick ohnmächtig dahinsinken zu müssen, so durchzog mich eine Mischung aus Ehrfurcht, Stolz und unbändiger Freude. Das Leben hatte offensichtlich noch allerhand mit mir vor!

Alle Blicke waren auf Armstrong und mich gerichtet, denn er blies über das Klavier direkt zu mir herüber, seine Musiker und seine Frau standen um uns herum und schauten zu. Bis heute kriege ich bei der Erinnerung an dieses Erlebnis eine Gänsehaut!

Zwischen dem »Stadtpark«, gelegentlichen Auftritten mit dem »Heider-Swingtett«, Übungsstunden am häuslichen Klavier und Hubertus' genussvoller Kramerei im Vorkriegsjazz hatte ich eine Begegnung – für mich eine weitere Begegnung der dritten Art –, die meinem musikalischen Interesse nicht nur einen ungeheuren Impuls, sondern auch eine Richtung gab. Eines Tages, es muss am eiskalten Jahresanfang 1963 gewesen sein, erlebte ich die Klaus-Lenz-Big-Band im Magdeburger »Kristallpalast«. Lenz war damals eine der ganz wenigen Bands, die konzertierten.

Ich saß da wie gebannt. Lenz' Musik war für mich die Offenbarung, die Kunst, die ich können wollte. Ich schloss die Augen und spürte nur einen Wunsch in mir brennen – irgendwann auch einmal in so einer, in dieser Band spielen zu dürfen. Zugleich litt ich und beneidete all die anderen Menschen um mich herum, die einfach nur euphorisch waren: Ich dagegen spürte, was ich doch noch für ein Stümper war, wie lang der Weg sein würde, den ich noch zurückzulegen hatte.

Nach dem Konzert rannte ich raus auf den Hof, wo die Truppe im Schnee die Instrumente verstaute. Ich schwitze vor Aufregung und Begeisterung und fror, glühte und klapperte mit den Zähnen. Die Musiker zogen ins Café »Impro«, und ich einfach hinterher. Dort legten sie wieder los, eine Session bis tief in den Morgen. Ich war plötzlich unter Profis, die mit mir dahergelaufenem Fan sprachen und tranken und – spielten. Ja, ich durfte mitspielen! Am liebsten hätte ich Magdeburg, die Schule, Schönebeck einfach sausen lassen und wäre ihnen hinterhergezogen wie einem weiterreisenden Zirkus. Aber die Zeit und ich waren dafür noch nicht reif. Klaus Lenz sollte in meinem Leben noch eine große Rolle spielen.

Meine künstlerische Karriere blieb der Schule nicht verborgen. Und wenn – ich wäre weiß Gott der erste gewesen, der sie publik gemacht hätte. Ich hatte einfach nicht die charakterliche Größe, das Geld, das ich des Nachts verdiente – in meinen Augen ein Vermögen – still zu genießen. Wenn die Klasse ins Theateranrecht ging, um sich den »Fliegenden Holländer« anzuschauen, lehnte ich, angetan mit meinen schnöseligen Klamotten aus dem Schönebecker Milieu, im Foyer, lässig eine Peter Stuyvesand zwischen den Lippen. Ich wünschte nichts sehnlicher, als dass ihr Duft dem Knoche in die Knochen fahren möge.

Das war einer der wenigen erhebenden Augenblicke in diesen Monaten der musikalischen Nachtschichten. Ansonsten waren sie eine Tortur; normalerweise hätte ich eine Schwerstarbeiterzulage verdient. Nach Hause kam ich fast gar nicht mehr. Die wenigen Schulbücher, die ich noch verwandte, deponierte ich im Klassenzimmer. Im Unterricht fiel mir mit einem dezenten Klopfer der Kopf auf den Tisch, und ich musste, wie meine ganze Schulzeit über, immer in der ersten Reihe sitzen, stets unter besonderer Kontrolle.

Einmal wurde ich von Frau Fahl zur Tafel gerufen, die Entwicklung des Pferdes seit dem Urknall zu erläutern und mittels eines mir anspornend entgegengehaltenen Stückes Kreide zu skizzieren. Zwei Elemente wogten, ach, in meiner Brust, bzw. in meinem Hirn: Einerseits mochte ich Frau Fahl, denn sie war eine gar reizende Bördeschönheit. Andererseits wirkte in mir der Restalkohol, denn es war bei Lüddecke und Co usus, die öde Wartezeit bis zur Abfahrt des Zuges nach Magdeburg in der MITROPA Schönebeck mit diesem und jenem Kognac zu veredeln.

»Das Pferd!«, rief ich. »Seit alters her hat es einen großen Kopf.« Als Tafelbild gelang mir allerdings nur eine stattliche Mickey-Mouse. Frau Fahl sah mich leicht schwanken und reagierte prompt, indem sie mir ihre zarte Hand auf die Stirn legte: »Reini, du hast Fieber! Geh sofort nach Hause! Aber lass dich nicht von Schurich erwischen!« Schurich war der Direktor, und das Fräulein Fahl machte sich öffentlich zur Mitwisserin meines asozialen Lebenswandels, war mithin eine Lehrerin im Widerstand gegen die kommunistische Erziehungsdiktatur (nur damit meine westdeutschen Leserinnen und Leser diese Episode in ihr Weltbild einordnen könnnen).

Auch in mir regte sich früh und keck der Revoluzzer. Er nährte sich von meinem cholerischen Temperament; Duldertypen werden keine Bürgerrechtler. Außerdem: wenn man die Nächte in einer Bar verbringt und dann noch als einziger in einem Pulk von Blaublusen ganz in Weiß vor dem Fahnenappell steht, weil sich die FDJ für mich von selbst verbot, war die Karriere eines politischen Außenseiters vorbestimmt. Meine Fast-Relegierung von der Penne bereitete ich mit einer Unterschriften-Verweigerung vor.

Damals hatten wir so häufig irgendwas zu unterschreiben, dass man sich eines Unterschriftenstempels hätte bedienen sollen: Protestnoten gegen den Imperialismus in aller Welt, Danksagungen an Walter Ulbricht, Selbstverpflichtungen zur Teilnahme an der Ernteschlacht usw. Einmal sollten wir unterschreiben, dass wir fürderhin nicht länger Westfernsehn sehen würden, weil wir dem Klassenfeind nicht Ohr noch Auge leihen mochten. Wir hatten aber gar keinen Fernseher, so gut ging es uns nicht, um mein Ohr und mein Auge brauchte sich also niemand zu sorgen. Ich lehnte ab, mit der Begründung, es sei doch sinnlos zu unterschreiben, was niemand nachprüfen könne. Oder ob vielleicht Frau Fahl abends bei mir erscheinen wolle, denn darüber ließe sich natürlich reden ...

In diesen Tagen besudelte ich auch ein staatliches Dokument und entfremdete es zweck. Und das kam so: Es war ein lauer Frühlingstag. Wir hatten Erdkunde bei Dr. Gumpert, der immer mephistophelisch grinste, weil ihm ein Splitter einen Gesichtsnerv lahmgelegt hatte. Er hatte aus dem Weltkrieg sozusagen ein Lächeln mit nach Haus gebracht. Ich las, hinter einem Lehrbuch getarnt, wie ich meinte – ein spannendes Buch über abenteuerliche Entdeckungen, das mir mein Freund Schlampi geborgt hatte. Nun muss man wissen, dass ich seit jeher ein ehrfürchtiges Verhältnis zu Büchern habe. »Ehrfürchtig« ist das richtige Wort. Denn jedes Buch – von Dagmar Frederics Memoiren einmal abgesehen – behandle ich bis heute fast so sorgsam, wie ich es bei Vater gesehen habe, wenn er seine Hausbibel aus dem Schrank nahm. Plötzlich tauchte über mir Mephisto auf, entriss mir das Buch und schleuderte es aus dem offenen Fenster. Ein geliehenes Buch! Ohne auch nur eine Sekunde zu zögern, stand ich auf, ging gemessenen Schrittes zum Lehrertisch, nahm das Klassenbuch, warf es Schlampis Buch hinterher und verließ den Raum, nicht ohne zuvor einen dankbaren Blick von Freund Schlampi empfangen zu haben.

Von dieser Minute an war jede Seele in der Schule, bis hin zur Reinemachfrau, überzeugt, dass ich gefeuert werden würde. In einem dramatischen Auftritt vor Schurich gelang es mir aber, meine Abscheu gegen Leute, die Bücher in den Dreck werfen, glaubhaft zu machen. Mein Plädoyer gipfelte in dem Ausruf: »Wer Bücher aus dem Fenster wirft, sollte hinterher geworfen werden!«

»Na, na, na«, sagte Schurich. Aber ich durfte bleiben.

Als Rache für das, was ich ihr all die Jahre zugemutet habe, hat mich die Lehrerschaft beim Abitur in fünf (!) Fächern mündlich geprüft. In Mathe fiel ich erwartungsgemäß durch. Eine Nachprüfung wurde angesetzt, zuvor genoss ich eine Konsulation bei Georg Knoche. Ich versicherte ihm, dass ich es schon irgendwie schaffen würde, nur eine Bitte hätte ich, eine kleine Bitte, die ihn nichts kosten und ihn nicht zum Spießgesellen eines notorischen Mathematikversagers machen würde: Ob er es vielleicht, bitteschön, ob er es eventuell ermöglichen könnte, mich mit Fragen in analytischer Geometrie, ein Gebiet, das mir so fremd war wie die Steuergesetzgebung auf dem Mars, zu verschonen?

Die Klasse machte eine Fahrt an die Ostsee, um zu zelten und die erlangte Abiturreife mit der Ausübung des Geschlechtsverkehrs zu krönen. Es war stechend heiß, vier Tage und Nächte lang. Ich saß vor einem Zelt und hörte Herrn Knoche nebenan in seinem Zelt mosern, brabbeln und rumoren: Jemand müsse jetzt eiligst zum Parkplatz laufen, um Pappen an die Räder seines neuen Trabis zu legen, damit die Reifen in der Sonne nicht platzen, sagte er zu seiner Frau. Es klang, als wollte er sie um diesen Dienst bitten. Aber sie sagte: »Schick doch diesen Lakomy, der hat doch noch eine Nachprüfung bei dir!«

25-jähriges Klassentreffen 1991, begann in unserem alten Klassenzimmer, Knoche liest gerade die Originale seiner Beurteilungen aus der 11. Klasse vor

Mathematicus Knoche (1991) Mitte

In solchen Situationen bin ich leider nicht zu bremsen, nicht durch gutes Zureden, nicht durch Anbinden. Ich brüllte über den ganzen Zeltplatz, Knoche solle seine Alte rausschicken, damit ich sie in den Hintern treten könne. Nein, ich drückte mich nicht gewählt aus. In Knoches Zelt war es plötzlich mucksmäuschenstill. Mein Anerbieten war also verstanden worden.

Ein paar Tage später war die Nachprüfung in Mathe, genauer gesagt – der fixe Leser ahnt es längst – in analytischer Geometrie! Aber nicht das hat mir die höheren Weihen des sozialistischen Reifezeugnisses versaut. Knoche hat mich zu allem Überfluss auch noch mit einer vernichtenden Beurteilung ins werktätige Leben geschickt. Um sich die zu verkneifen war er eben einfach zu ehrlich. Meine Perspektive hieß also nun nicht – trotz bestandener Aufnahmeprüfung – Musikhochschule Dresden, sondern: Bewährung in der sozialistischen Produktion.

Herrn Knoche bin ich seither oft begegnet, wir sehen uns zu jedem Klassentreffen und sind ausgesprochen nett zueinander. Obwohl ich ja nun nicht Kaffeehausmusiker oder Kellner geworden bin. Er mag mich aber trotzdem. Und ist mir obendrein sehr dankbar. Warum, das erzähle ich an anderer Stelle.

Die Glatze

Es gehörte zu den Perversitäten unserer liebreizenden DDR, den Aufenthalt bei der machthabenden Arbeiterklasse als Straf- und Besserungsmaßnahme, als Reue- und Sühnezeit zu verordnen. Zu bereuen und zu sühnen, zu bessern und zu strafen war eine gewisse in der Jugend gezeigte Renitenz, Großmäuligkeit, ein Hang zum selbstständigen Denken, Sprechen, Widersprechen, eine Abneigung zur Einordnung ins Kollektiv, Unpünktlichkeit, ungeputze Schuhe, Vergessen von Hausaufgaben und Eselsohren im Muttiheft. Charakterstählung in diesem Sinne erreicht man heute wieder, indem man Knaben in katholische Internate steckt, die beste Karrierechancen versprechen. In der DDR schien dafür die Arbeiterklasse die beste Besserungsanstalt, ein Straf-Bataillon, ein Jugendwerkhof der effizienten Art. Sie wirkte als Abschreckung. Der Delinquent sollte erschüttert in seinem sündigen Lebenswandel innehalten und sich fragen: Lieber Freund, willst du wirklich so enden?

Bis heute ist mir unbegreiflich, wie Arbeiter sich gefallen lassen konnten, daß die »Sphäre der materiellen Produktion«, in der sie die (nicht allzu üppigen) Reichtümer der Gesellschaft schufen, als Strafvollzug gegenüber höchst unfertigen, aber bildungshungrigen jungen Leuten fungierte. War es denn »das Letzte«, ein Prolet zu sein? Die Antwort ist wohl: Die Arbeiter übten in der DDR ihre Macht gegenüber Partei und Regierung auf eine besondere Weise aus – durch demonstratives, für die Oberen sehr schmerzliches Desinteresse an den Angelegenheiten des Staates, insbesondere durch Ignoranz gegenüber jedem idelogischen Gebimmel. Und so war ihnen auch das egal.

Auf »Bewährung in der sozialistischen Produktion« war

ich von den drei Geschworenen in der Aufnahme-Jury der Musikhochschule Dresden verurteilt worden. Aber wie wollten sie mich haben? Wie sollte eine angehende sozialistische Musikerpersönlichkeit sein, die würdig war, an ihrer hochmögenden Bildungstätte die Kunst der Fuge zu begreifen? Ich wusste es nicht. Ich wusste nur eins: Wer studieren darf, hat dankbar zu sein. Nicht dem Herrgott – bewahre! – auch nicht Walter Ulbricht oder Nikita Chrustschow persönlich. Nein, ganz allgemein: Die Dankbarkeit, die er im Herzen zu tragen hatte, war eine Art innerer Selbstverpflichtung, mit sich tun und lassen zu lassen, was immer das Vaterland mit ihm vorhatte. In meinem Fall war es nun so: Ich sollte diese Fähigkeit zur tiefempfundenen Dankbarkeit nicht erst nach dem Studium beweisen, sondern schon vorneweg, gewissermaßen als Anzahlung in Dankbarkeit. Das war verlangt, nicht mehr und nicht weniger.

Ich ging in mich und in den Betrieb meiner Mutter. Mutter wusste aus jeder Situation das Beste zu machen. In ihrem Betrieb mit dem für eine junge Seele überaus einladenden Namen »VEB Erdbau« hatte sie mich in der Nähe, unter liebevoller Moralkontrolle, jederzeit zu dem Satz bereit: »Junge, willst du mich im Betrieb unmöglich machen?« Von nun an hatte ich nicht nur die Aufgabe auf meinen Ruf zu achten – was schon schwer genug war –, sondern auch auf ihren.

Ich fing als Vermessungsgehilfe an, d.h. ich hielt die Latte. Das war ein Außenposten, und der bot meiner labilen Persönlichkeit leider zu viele Versuchungen – Bier trinken gehen, Mädchen anquatschen, den Arbeitstag nach Gutdünken beenden -, kurz, einfach Latte hängen lassen, um es in der Sprache der Vermessungsgehilfen zu sagen.

Ich wurde Lagerarbeiter. Wenn ich heute, wie das Mode ist, meine DDR-Widerstandsbiografie erzählen wollte, könnte ich mit Fug und Recht sagen: In der DDR war ich im Lager! (Ich weiß, mit so was macht man keine Scherze!) Ich registrierte und sortierte alles, was man für Bagger, Dumper, Trecker und andere Ungetüme brauchte.

Damit die Weltrevolution gewonnen wird, muss man zeitig aufstehen. Deshalb begann im Sozialismus der Werktag in aller Herrgottsfrühe. Im Erdbau konkret und exakt um sechs. Aber Abends machte ich ja Musik bis in die Nacht, und zwar bei den »Jazz-Youngsters« in Halle. Ganz aus freien Stücken – ich kann mich nicht entsinnen, dass mir das von der Hochschulleitung zur Bewährungsauflage gemacht worden war. Ob ein künftiger Diplom-Musiker weiter musiziert, war offensichtlich nicht so wichtig, Hauptsache, er bewährt sich.

Es kam vor, dass ich im Lager ein Getriebeteil in die Hand nahm, darüber anfallartig einschlief und erst erwachte, wenn es mir auf den Fuß gefallen war. So schrecklich müde war ich. Vielleicht wäre mir der Bewährungs-Alltag leichter gefallen, wenn ich in Halle nicht an so trinkfreudige Musikerkollegen geraten wäre wie meinen Freund Herbert Dreilich, später Sänger von »Karat«.

Nebenbei reifte ich, wie es poetisch heißt, vom Jüngling zum Manne. Das heißt, ich traf bei einer Mugge mit den Hallenser »Jazz-Youngsters«, an die ich übrigens durch besagten B. Wanke geraten war, erstmals auf eine Frau, die mit ihren Fähigkeiten das schöne Wort von Woody Allen bestätigte, welches ich später fand: »Gibt es guten Sex? Natürlich, wenn er schmutzig ist!« Angebahnt und stracks vollzogen wurde diese saftige Verbindung übrigens auf dem Weimarer Studentenfasching – damals »ein Muss« für vagabundierende Knaben, die ihre Unschuld verlieren wollten.

Zur Not konnte ich nun also, wenns verlangt sein sollte, auch diese Bewährungssituation bei der Aufnahmekommission in Dresden angeben.

Nein, es war mir physisch und psychisch unmöglich, mich ein Jahr lang zu bewähren. Vor der Arbeiterklasse schauderte mir zunehmend. Diese trägen Kleinbürger mit ihrer Abduckmentalität – sie waren oft schneller verschwunden, als ich –, die aus dem Betrieb schleppten, was nicht niet- und nagelfest war, die sollten in diesem Staat die Macht haben? Dann gute Nacht, DDR! Über meine

Mutter baute ich mir einen vertrauensvollen Kontakt zu einer Sachbearbeiterin in der Betriebsgewerkschaftsleitung auf. Die sollte mir verraten, wann der Betrieb sein Schreiben an die Musikhochschule schickte, in dem er feststellte, dass ich mich erdbaumäßig einigermaßen bewährt hätte. Eines Morgens – ich hatte noch einige Monate Bewährung vor mir – rief die Kollegin mich zwischen meinen Baggerteilen an und flüsterte geheimnisvoll die vereinbarte Parole: »Eben ist es zur Post!«

Ich stand augenblicklich auf, zog den Kittel aus und ging. Der Pförtner am Erdbaueinundausgang schreckte kurz hoch, als er mich gehen sah, und schüttelte traurig den Kopf. Mutter machte zu Hause eine ausgewachsene Wohnküchenszene. Aber soweit, das Wort »Dankbarkeit« in den Mund zu nehmen, ging sie doch nicht. Ich kann Muttertränen nicht ertragen. Aber ich blieb standhaft. Schließlich hatte ich eine harte Schule der Bewährung hinter mir; sie hatte mich eindringlich gelehrt, dass das »Vernünftige« noch lange nicht das Richtige für mich ist. Ich wollte jetzt ganz Musik machen – und nur das war richtig für mich. Meiner armen Mutter blieb es überlassen, im Betrieb dafür zu sorgen, dass kein Schreiben an die Musikhochschule ging, in dem mein Ausbruch aus der Bewährung gepetzt wurde. Später sagte sie zu dieser Episode immer den Satz: »Junge, ich habe für dich mein ganzes Ansehen in die Waagschale geworfen!«

Und was kam nun auf mich zu, was hatte ich nun gewonnen? Ein Leben als Berufsmusiker, ein Leben mit verdammt wenig Geld in der Tasche und mit oftmals leerem Magen, ein Leben, in dem wir allerdings einigermaßen zu rauchen hatten – denn wir sammelten Kippen. Und doch – ich möchte es nicht missen! Es war abenteuerlich, schnell, bindungslos und voller Musik, wilden Nächten, Tagträumen und Menschen – Frauen insbesondere.

Vorher aber galt es zu üben. Boijko, der bulgarische Trompeter aus der Lenz-Big-Band, der mich aus jener wilden Nacht im Café »Impro« schätzte, suchte einen Pianisten. Er und der Bassist Eugen Hahn wollten eine Combo aufmachen. Wir probten in Eberswalde bei Eugens Mutter, die uns wunderbar bekochte, schrieben Arrangements, probierten, waren verzweifelt, betrunken, euphorisch. Es gab kein Klavier zum Komponieren, nur ein orgelähnliches Gebilde, was ein elektrisches Akkordeon darstellen sollte – eine Entgleisung in der Geschichte des Instrumentenbaus. Alles, was mir einfiel, klang nach asthmatischer Quetschkommode: Brecht von Karl Dall gesprochen – so ähnlich. Und Eugen konnte den Bass wunderbar denken, aber nicht so gut spielen. Es kostete Überwindung, ihm zuzuhören. Aber wir wollten es ihm nicht so direkt sagen, schon um es uns nicht mit seiner Mama, unser kulinarischen Wunderwaffe, zu verderben. Eugen redete lieber, als er spielte. Das gelang ihm auch hörbar besser. Er wusste alles über Jazz, hatte tolle Platten, kannte jeden Jazzer dieser Welt. Irgendwann hatte Bojko die Faxen dicke. Er sperrte Eugen in dessen eigene Wohnung ein und versicherte ihm glaubhaft, wie sehr die Mutter auch barmte, dass er die Freiheit erst dann wieder erlangen werde, wenn er seine Bassstimmen könne. Das half etwas. Später stießen dann noch ein Saxophonist und der Schlagzeuger zu uns. Fertig war das »Modern-Dance-Quintett«.

Ab an die Ostsee, Bansin! Dann gleich Berlin! Berlin ruft nach uns! Was für ein großartiges Gefühl der Freiheit, der Selbstständigkeit! Wir waren wer, wir machten Musik! Wir spielten in der »Großen Melodie« beim Friedrichstadtpalast (wo ich eines Abends eine Gaby kennen lernte, die in einem der folgenden Kapitel eine zeitweise tragende Rolle spielen wird).

Und dann war schon wieder Schluss. Denn ich wollte ja – obwohl mich alle Kollegen für bescheuert erklärten – studieren. Wir machten noch eine Reise nach Weimar, um den neuen Pianisten, der als Ersatz für mich vorgesehen war, aufzustöbern. Wir trafen ihn, wie erwartet, in seinem Stammlokal, der Milchbar. Sein Name: Ulrich Gumpert.

Wie kommt man in Dresden an, wenn man kein Anfänger mehr ist, sondern ein in der »Großen Melodie« in der Hauptstadt geschätzter Profipianist, um nicht zu sagen Virtuose? Wie lässt man sich zum Studienbeginn an der Hochschule herab, die einen dereinst zur Bewährung geschickt hatte? Genau, man lässt sich herab! Ich wählte das Flugzeug – aus Termingründen, versteht sich – und landete, vom Rektorat und meinen zukünftigen Kommilitonen leider völlig unbemerkt, einsam auf dem zugigen Rollfeld von Dresden-Klotzsche. So kam ich in Dresden an, einer Stadt, die ich in ihrer herablassenden Bildungsbürgerlichkeit, in ihrem staubtrockenen »Alte-Meister«-Stolz nie recht ins Herz schließen konnte und deren biedere Ehrfurcht gegenüber diversen Landesvätern von August dem Starken bis Biedenkopf mir ziemlich auf den Docht geht.

Die schulmeisterliche Provinzialität der musikalischen Lehranstalt lag mir Tag und Nacht wie ein Stein auf der Brust. Und ich konnte bis zum letzten Tag meines studentischen Aufenthalts das Erstaunen, ja Erschaudern darüber nicht verbergen, dass es Leute gab, die sich einbildeten, so etwas wie Swing, Drive und Groove in notistische Einheiten fassen zu können! Das wäre ja so, als ob man einen Liebesakt dadurch erklären wollte, indem man die Tempi, die Körpertemperaturen und die diversen Drücke misst.

Meine Ankunft aus der Luft legte zugleich den Grundstein für einen Zustand, in dem ich mich ab jetzt permanent befinden sollte: Ich war ab sofort pleite. Sonderbarerweise hatte ich die Vorstellung, dass sich mein Hosentaschenkapital nach der furiosen INTERFLUG-Landung schon irgendwie wieder von selbst erholen würde. Das tat es jedoch mitnichten. Im Gegenteil: Jetzt stand der Einstand an, und der nahm mir und gab mir den Rest.

Mich erwarteten Thommy Schlage, ein alter Internatshase, und Günther Sommer, Lenz' begnadeter Schlagzeuger, den ich auch in dieser Nacht im Café »Impro« kennen gelernt hatte. Die hatten die Kumpels im Hellerauer Internat auf mich vorbereitet. Offensichtlich eilte mir ein recht problematischer Leumund voraus, denn es wurde sofort eine Riesensauferei angesetzt. Erst ging es zum »Zinke« und danach zum »Cello«, wo ich zum ersten – und wohl auch zum letzten Mal einen Stiefel trinken musste – ein stumpfsinniges Saufen, bei dem man in einer Tour pinkeln gehen muss. Gut, den Einstand hatte ich hinter mir – mir war schlecht, sehr schlecht sogar.

Ich möchte dieser Einrichtung und den Dresdener Tanzsinfonikern unter Günter Hörig nicht ihre Verdienste absprechen. Sie hatten sich für den musikalischen Nachwuchs eine Kopie der Berkley-School in Amerika einfallen lassen. Gut gemeint. Später gab es solche Tanzmusikklassen auch in Weimar, Leipzig und Berlin – und im Westen hat man es bald nachgemacht. Aber Dresden hat sie immerhin als erstes etabliert.

Doch den Jazz hat man, oder man hat ihn nicht! Und das ist gut so. Wenn man ihn »lernen« könnte – was für ein elendes, seelenloses Gestümper würde uns umspülen. Was heißt »würde«! – Es nagt an unseren Hirnen, überall und zu jeder Minute! Die Computermusik träufelt aus den Lautsprechern unter der Deckenverkleidung im Supermarkt, im Spaßbad, in der Bahnhofswartehalle, aus den Radiogeräten. Der Sieg des Rechners über die Musik. Die Musik ist tot, noch töter ist nur der Musiker, es lebe der Musikingenieur!

Ich hatte Günter Hörig als Lehrer. Das hat nicht gutgehen können: Für Hörig waren Studenten eben Studenten, und die brauchten alle ungefähr dasselbe, vor allem seine Triolenlehre. Ich war aber ich, war durch eine harte Schule gegangen, in der ich mich selbst kontrolliert und gefordert hatte. Ich war wissbegierig und neugierig. Wie hatte ich darum gekämpft, auf diese Schule zu gelangen! Nun wollte ich aber auch die kostbare Zeit nicht damit verschwenden, mich in Dingen unterweisen zu lassen, die ich schon besser wusste.

Feinfühlig im Gespräch bin ich vielleicht nur manchmal – es kommt auf die Gelegenheit an. Aber die Achtung vor Günter Hörig gebot es mir, taktvoll vorzugehen; ich wollte ihn nicht kränken. Mit zuckersüßem Stimmchen versuchte ich ihn davon abzubringen, mir allerhand Zeugs über Jazz zu erzählen. Er möge mich doch lieber bei der Erarbeitung von Beethoven-Sonaten und Bach-Fugen kontrollieren. Das schien ihn zu überraschen.

Dann gaben Günther Sommer, ein Studienkollege am Bass und ich ein Konzert in der Hochschule. Das war der Trick, den wir uns ausgedacht hatten: Wir dachten, wir zeigen denen einfach, was wir draufhaben, vielleicht wird ihnen das so in die Nase steigen, dass sie uns richtig in die Mangel nehmen und uns zeigen, wo der Hammer hängt.

Im Saal brodelte es, der Funke sprang über, die Studenten swingten mit, es hielt sie kaum auf ihren Stühlen. In den ersten Reihen saßen die Magnifizenzen und lächelten mild. Spätestens an diesem Abend hätte Hörig spüren müssen, dass seine Improvisationslehre mir gegenüber fehl am Platze war, schon gar seine Triolen-Theorie, denn bei Coltrane und McCoy Tiner, was so meine Richtung war, ging es nur triolig zu. Aber es änderte sich nichts. Aus heutiger Sicht tut er mir leid, dass er so einen Studenten wie mich haben musste.

Nun wurde ich nörgelig. Irgendwie hatte ich auch das Gefühl, meinen geliebten Beethoven gegen eine in der Klavierpädagogik um sich greifende Luschigkeit verteidigen zu müssen. Mein Musikschullehrer in Magdeburg, Dieter Nathow, wäre sicherlich mit meinem Beethoven-Spiel noch nicht zufrieden gewesen, sagte ich trotzig, als Hörig wieder mal rasch durchs Material gehen wollte. Den Professor mit einem Lehrer an der Magdeburger Bezirksmusikschule zu vergleichen – das war natürlich ein dickes Ding! Hörig berief sich auf das Ausbildungsprofil. Wir sollten Tanzmusiker werden und den Beethoven nur »kursorisch zur Kenntnis nehmen«, also gewissermaßen verinnerlichen, dass es einmal einen Komponisten dieses Namens gab. Darauf ich: »Das ist doch kein Grund, Beethoven wie ein Wildschwein durchzunehmen!« Und das wars dann. Aber Beethoven war vorerst gerettet.

Meine Vorstellung war ohnehin gewesen, aus dem Studium so viel herauszuholen, dass ich nicht lebenslang am Piano klebenbleiben würde. Ich wollte ein ernst zu nehmender Komponist werden. Im Grunde war das genau die Taktik, die mir Dieter Nathow in Magdeburg mit auf den Weg gegeben hatte: Ein Jahr intensiv am Piano – dann ist der Wechsel in die Kompositionsklasse gewiss kein Problem mehr. Schade war nur, dass aus dem Jahr am Piano für mich nicht viel geworden war!

Nach dem Zerwürfnis mit Hörig war die Zeit überreif, aus der Not eine Tugend zu machen. Also bat ich darum, von der Tanzmusikklasse zu den Komponisten wechseln zu dürfen. Einige Lehrer waren dafür, vor allem einer, auf den es in dieser Sache ankam: Manfred Weiß, einer der Kompositionslehrer. Das war ein Mann, der neugierig auf Talente war, der niemandem seine Technik aufzwang und dem Kompositions-Schüler die Seele ließ. Alles schien sich zum Guten zu wenden.

Im Wohnheim hatten wir den Maler. Man musste ständig umziehen, um den Handwerkern Betätigungsraum zu schaffen. Mir war das zu stressig, und ich verzog mich für zehn Tage zu Günther Sommer nach Radebeul. Als ich nach dieser Zeit ins Internat zurückkam, fand ich mein Zimmer zwar frisch gemalert, aber in einem unsagbar verwahrlosten Zustand vor – Kleidungsstücke, Nahrungsreste, Noten, Flaschen, Zigarettenkippen, eine Rotweinlache auf dem Fußboden, und ans Fenster war wahrscheinlich ein Milchbeutel geworfen worden. Auch an den frischen Wänden waren böse Spuren. Ich stand einigermaßen erschüttert vor dieser Sauerei. In diesem Moment tauchte hinter mir die Heimleiterin auf, wir nannten sie »das Huhn«, weil sie in Erregungszuständen den Kopf bewegte, als wollte sie auf den Gegenüber einhacken. Sie schrie und hackte, »asoziales Schwein«, »Säufer« waren die Worte, die fielen. Natürlich hätte ich sofort sagen können, wer den Schlamassel verursacht hatte – bestimmte Kleidungsstücke waren dem Täter zweifelsfrei zuzuord-

nen. Aber warum? Sollte ich, nur um selber sauber da-
zustehen, dem Huhn ein Opfer liefern? »Ich bezahle hier
Miete – also raus!«, brüllte ich. Ich kriegte Hausverbot im
Internat, und über mir braute sich alles Unheil zusammen, das die Disziplinarordnung der Hochschule in solchen Fällen gegen ein einzelnes Menschenkind zu akti-
vieren vermag. Die Schlampe, die mein Zimmer verwü-
stet hatte, ein Cellist, ein guter Kumpel von mir, streicht
übrigens seit vielen Jahren am Mozarteum in Salzburg.

Das Konzil wurde einberufen, nein nicht das große va-
tikanische – aber so ähnlich. Im großen Rund des Rek-
torzimmers saßen alle Köpfe, die sich an der Hochschule für bedeutend hielten, Vertreter der FDJ waren hinzu-
gebeten, die Parteileitung führte im Hintergrund diskret
Regie. Der Delinquent Lakomy wurde durch eine Ne-
bentür hereingeführt. Ich war passend gekleidet, hatte
mein »Büßerhemd« an, einen Pullover, den meine Mutter mir wohl in der Erwartung gestrickt hatte, dass ich mit
fast zwanzig noch wachsen würde. Ich liebte ihn und trug
ihn so oft, dass er die Gestalt eines knielangen Ketten-
hemdes angenommen hatte.

Der Rektor, Herr Professor Uszkureit, fragte aus dem
Präsidium herab milde: »So, so – Sie wollen also Komposition studieren? Da wissen Sie doch sicherlich auch, welches bedeutenden deutschen Tonschöpfers wir in diesen
Wochen gedenken.«

Ich wusste es: Der Reger, Max, war just fünfzig Jahre tot,
was für die Nachwelt durchaus auch von Vorteil war, denn
Reger war ein sagenhafter Schnell- und Vielkomponierer
gewesen, nichts und niemand hat ihn im Komponieren
stoppen können, eben nur der Tod.

Ich wisse doch, sprach der Rektor weiter milde auf mich
hernieder, dass der große Reger, Max, »außerordentlich
produktiv« gewesen sei. Wieviel ich, der ich ein Komponist zu sein begehrte, denn schon komponiert habe, wollte er wissen. Ich machte eine ungefähre Handbewegung
vom Boden aufwärts, etwa so hoch, wie in der Kneipe das
Pinkelbecken hängt. Empörtes Raunen erhob sich im

Saal. Offensichtlich glaubte man, ich staple hoch. Deshalb setzte ich bescheiden hinzu: »Der Reger war natürlich reger.«

Mein Antrag, Komponist lernen zu dürfen, wurde abgelehnt, denn Komponisten im Sozialismus achten das Volkseigentum, insbesondere wenn es frisch gemalert ist, und machen mit dem uns anvertrauten musikalischen Erbe keine Scherze. Günter Hörig nutzte die Gelegenheit, meine weitere Unterrichtung abzulehnen. Ich war praktisch vogelfrei.

Aber dieser Tag hatte seine Höhepunkt noch nicht erreicht. Als ich aus dem Hauptgebäude wankte, hing an der Scheibe der Pförtnerloge ein Telegramm für mich: »Ich bin schwanger. Gaby.«

Auch das noch! Es sah nicht so aus, als ob das Leben mich langweilen wollte.

Zum Glück waren jetzt erst einmal Sommerferien, und die Disziplinarverfahrensmaschinerie ruhte sich ein wenig aus. Ich hatte eine Galgenfrist, konnte hoffen, dass sich bis zu Semesterbeginn die Emotionen gegen mich etwas gelegt haben würden und einige bedächtige Leute im Rektorat dafür plädierten, mich einfach in Ruhe mein Ding machen zu lassen.

Aber es waren leider ganz besondere Ferien. Junge Instrumentalisten, Bläser, Streicher, Pianisten, Sänger, Pauker in der DDR mussten auch im militärischen Handwerk bewandert sein. Wer das nicht versteht, dem kann ich es freilich auch nicht erklären. Es sei denn, ich verwiese darauf, dass der Imperialismus uns bedrohte, was er wahrscheinlich irgendwie auch tat. So rückten wir alle in ein Lager der Gesellschaft für Sport und Technik ein. Dort, in Schirgiswalde, sollte uns vor allem klar gemacht werden, dass uns – Kunst hin oder her – die Armee schon noch kriegen werde.

Im Lager ging es stupide zu, aber wir versuchten, die Sache so locker wie möglich zu nehmen. Den Lagerleiter, einen behäbigen, vom ewigen Lagerleben einigermaßen

GST-Lager in Schirgiswalde, ganz links Rainer Lischka, ganz rechts »Drengaloff«

verblödeten Sachsen namens Drengler, riefen wir »Drengaloff«, weil der immer sagte: »Ab in die Bungaloffs!«

Rainer Lischka, ein gutmütiger Kompositionsstudent, fungierte als unser Ausbilder, und das war ihm meist recht peinlich, vor allem dann, wenn er uns über die Sturmbahn jagen sollte. Irgendwie hatte der immer etwas väterliches, und alle Welt nannte ihn »Vaddl«, was auf sächsisch Vater heißt.

Die einzige Abwechslung war donnerstags. Da verhockten wir den Abend in der Kneipe, betranken uns und beschimpften Drengaloff – natürlich in dessen Abwesenheit –, der angekündigt hatte, dass wir bei glühender Hitze die Sturmbahn zu bezwingen hätten.

In irgendeiner Mittagspause, nachdem wir übers Feld gerobbt waren, hockten wir beisammen in praller Sonne. Alle hatten ihr Dasein an diesem öden Ort gründlich satt. Da fühlte sich jemand bemüßigt, lustig zu sein, und fragte: »Wer würde sich für 25 Mark eine komplette Glatze rasieren lassen? Gleich und sofort!«

Und irgendjemand fühlte sich bemüßigt, ebenfalls witzig zu sein und antwortete: »Ich.« Und dieser jemand war ich. 25 Mark, das waren zu jener Zeit 50 Glas Bier!

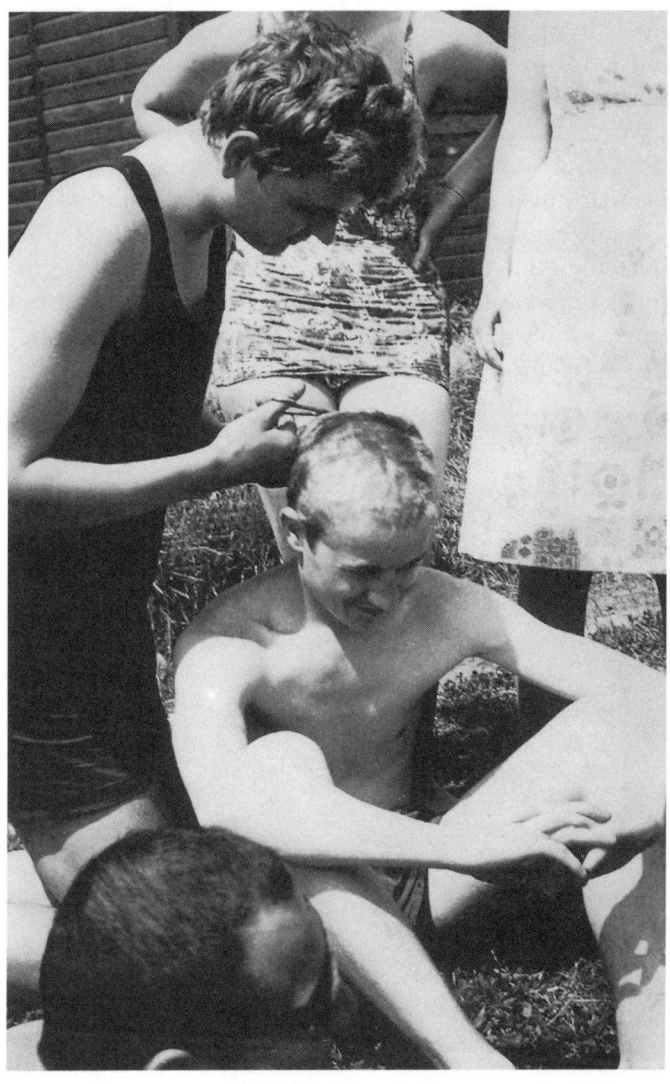

Der Kerl fing auch sofort an, mich zu scheren – ein Rie-
sengaudi, die Jungs wurden munter und feuerten den
Frisör an. Drengaloff näherte sich grinsend, stand eine
Weile immer noch grinsend daneben, kramte sicherlich
in seinem Kommissgehirn nach irgendeinem Paragra-
phen der Dienstvorschrift und befahl dann, als ich nur

noch Stoppeln auf dem Kopf hatte: »Lakomy, stehen Sie auf, ich fahre Sie jetzt ins Dorf. Dort werden wir ihnen einen ordentlichen Haarschnitt machen lassen.«

Wir ließen ihn einfach stehen, rannten ins Waschhaus mit Pinsel und Rasierapparat, um das Werk zu vollenden. Denn die Wette war ja: komplette Glatze gegen 25 Mark.

Kaum wieder in der Sonne, wurde meine Glatze Opfer derselben. Ich spürte, wie ich langsam vom Kopf beginnend verbrannte. Rasch wurde im Lager eine Mütze gesucht, eine Helmut-Schmidt-Mütze, mit der ich nun meine GST-Uniform komplettierte.

Am Abend waren der Herr Rektor und der Herr Hochschulparteisekretär im Lager zu Gast, um sich vom Fortgang der militärischen Ausbildung zu überzeugen und uns zum Durchhalten an der Schirgiswalder Front zu ermuntern. Zu Ehren des Lehrkörpers hatte die Hochschulband ein Konzert zu geben, Alkohol war auch im Spiel. Ich legte mich schwer ins Zeug, brillierte auf der Orgel – damit aber nicht genug! Ich lüpfte auch nach jedem Titel meine Mütze, um den Professoren gebührend zu huldigen. Der Beifall und das Gelächter meiner Kameraden zeigte mir, wie außerordentlich gut das ankam.

Am nächsten Morgen baute sich Drengler beim Frühstück neben mir auf und gab mir den Befehl, das Lager unverzüglich zu verlassen, damit mein »aufwieglerisches Wirken nunmehr beendet« sei. Das kam einem Rausschmiss aus der Hochschule gleich, denn ein Student, der die Reifeprüfung des GST-Lagers nicht bestanden hat, durfte nie und nimmer ein diplomierter Musiker werden. Die Jungs klopften mir noch eine Weile die Schultern krumm, doch dafür konnte ich mir nun auch nichts mehr kaufen.

Übermäßig traurig war ich nicht – ich wollte auch nicht mehr. Dresden, Hörig, das Internat, der konventionelle Mief der Ausbildung, die Gängelei und Kontrolle und zu allem Überfluss auch noch die Kriegsspiele, das alles stand mir bis oben. Nur meine arme Mutter tat mir leid, die doch so gern einen Musikdirektor aus mir gemacht hätte.

Mein erster Gedanke war: Gaby! Der zweite war: Berlin! Ach, was hatte ich Heimweh nach Berlin! Nach der Stadt, wo die Leute Tempo und Witz hatten, wo man sich fallen lassen konnte in der Menge, herumlaufen konnte, wie man wollte, ohne von Leuten mit dem Weiße-Hirsch-Dünkel taxiert zu werden. Aber mit dieser spiegelglatten Glatze, die so blank war, dass man bei großer Hitze ein Spiegelei auf ihr hätte braten können? Die war vielleicht selbst Berlin und vor allem Gaby nicht zuzumuten.

Und so auferlegte ich mir eine der schwersten Wochen meines Lebens, denn ich zog noch einmal für zehn Tage in dieses widerliche, nun allerdings wegen der militärischen Inanspruchnahme meiner Kommilitonen verwaiste Internat (schließlich war die Miete bis Monatsende bezahlt). Ich tat es aus Liebe und Einfühlung, hoffte ich doch, den Schrecken meines Anblicks für meine Gaby zu mildern. Nur ein einziges Mal ging ich in die Kneipe, dann reichte es mir, von den braven Dresdnern angestarrt zu werden.

Infolge intensivem guten Zuredens und jeder Menge Streicheleinheiten mit einer Drahtbürste zeigten sich am zehnten Tag winzige Stoppeln auf meiner Kopfhaut. Wenn man gutwillig war, konnte man sie bereits Haare nennen. Mir schien die Voraussetzung gegeben, dass Gaby keinen Schreck bekäme. Davor hatte ich wirklich Bammel. Mir war nämlich eingefallen, daß Großmutter mir einmal erzählt hatte, ein Kind, dessen Mutter in der Schwangerschaft erschrickt, würde mit einem Muttermal zur Welt kommen.

Fünf Mark hatte ich noch. Auf dem Fußweg zur Autobahn kaufte ich mir im KONSUM für 10 Pfennige eine Schachtel Streichhölzer und klaute eine Packung F6. Dann stand ich an der Autobahnauffahrt. Die Glatze machte das Trampen beinahe unmöglich, doch nach zwei Stunden hatte ich endlich Glück. Er fuhr durch bis Berlin.

Die Füße auf preußischem Boden, fühle ich – wie Milch in die Mutterbrust – kräftig die Lebenssäfte in mich schießen! Meine Glatze war hier so wenig ein Problem, wie wenn ich auf Händen laufen würde. Ich klingele in der Prenzlauer Allee an jener Tür, hinter der ich die Geliebte wusste. Schritte ... Gaby – ein süßes, rundes Bäuchlein unterm Hemd! Sie stutzt, sieht die Glatze und mein verlegenes Grinsen und schreit: »Lass dich hier nie wieder blicken!«, und schlägt mir das Brett vor der Nase zu.

Da stand ich nun in diesem verpissten Treppenhaus und wünschte mich zu Muttern. Wenigstens etwas zu essen hätte ich bei ihr bekommen.

Pralles, sattes Leben

Nach meinem ruhmlosen Abgang von der Dresdener Kaderschmiede und der kurzen, aber schmerzhaften Trennung vor Gabys Wohnungstür hauste ich illegal in Berlin. »Illegal« hieß ohne Zuzugsgenehmigung, ohne polizeiliche Anmeldung, für die Behörden nicht auffindbar. Dass ich für den Staat nicht zu orten war, hatte mehrere Vorzüge. Vor allem den, dass er mich nicht so einfach »ziehen« konnte, also in die NVA pressen. In meinem heimatlichen Wehrkreiskommando in Magdeburg wurde fieberhaft nach mir gesucht. Mein Mutter, die tapfere, versicherte glaubhaft, keine Angaben machen zu können. Sie musste dazu nicht einmal lügen – tatsächlich wusste sie nie so genau, wo ich gerade abgeblieben war, obwohl zwischen uns die Verbindung nie abriss.

Außer Kontrolle der Behörden hieß aber auch: Der Asozialenparagraph konnte mich nicht erwischen. In der DDR musste nämlich jeder nachweisen, einer geregelten Arbeit nachzugehen. Künstler war man nur mit abgeschlossenem Studium und Berufsausweis. Und richtiger Künstler war man erst durch die Mitgliedschaft in einem entsprechenden sozialistischen Künstlerverband. Wenn ich etwa auf Nachfrage des Staates meinen sozialen Status mit »freier, genialer Musiker und Komponist« angegeben hätte, hätten sich die Sesselfurzer sicherlich totgelacht und die Abteilung Inneres hätte mich in die Produktion zwangseingewiesen, vielleicht an die Ordens-Stanze.

Das hört sich heute, wo sich Hunderttausende sehnlichst wünschen, einer geregelten Arbeit nachgehen zu dürfen, sicherlich komisch an. Tatsächlich hatte der Assi-Paragraph auch etwas sehr Fürsorgliches: Keiner sollte hungern oder betteln müssen, jeder sollte kranken- und

Bojko Christoph und ich

Modern-Dance-Quintett, v.l.n.r.: Achim Schmauch, Eugen Hahn, Winne Reichelt, Bojko und Lakomy

Klaus Lenz Band, v.l.n.r.: Klaus Lenz, Heino Seyfarth, Günther Fischer, Lakomy, Günther Sommer (oben), Henning Protzmann, Hermann Anders, vor dem Schlagzeug sitzend: Henry Kotowsky

Die erste Besetzung des »Günther-Fischer-Quartetts«, v. l. n. r.: Günther Fischer, Lakomy, Zicke Schneider, Hans Schätzke

Etwa 1976

Riesenfete in der Böse-Buben-Bar (1972)

Das Hemd

Lakomy Ensemble, v.l.n.r.: Rainer Riedel, Winnie Pfannenstein, Angelika Mann, Hansi Biebl, Lakomy, Winnie Eichhorn, Manne Möller, Sabine Rotherberg

Im Amiga-Studio bei der Arbeit an »Daß kein Reif ...« 1976, v.l.n.r.: Angelika Mann, Fred Gertz, Tonmeister Siegbert Schneider, Lakomy

Das Ur-Lakomy-Ensemble 1973 bei RUND, wo ich anschließend den Ober-FDJ-nik Jahn »vollnölte«

sozialversichert sein und Rentenansprüche erwerben. Das alles war, das alles hatte ich nicht.

Uli Gumpert und ich vegetierten in der Schönholzer Straße 7 – ein berühmtes Haus: Vom Keller dieses Gebäudes aus wurde einer der längsten Fluchttunnel nach Westberlin gegraben, im Hof gab es eine Schießerei, die noch in den neunziger Jahren die Staatsanwaltschaft beschäftigte. Die Straße war in der Mitte durch einen Zaun geteilt, der Zaun, hinter dem für mich quasi schon das Land meiner Musikanten-Träume, Amerika, begann. »Vegetieren« ist nicht zu stark gesagt – wir hungerten um die Wette. Um die Ecke, in der Brunnenstraße »Bei Erich« gab es den Teller Erbsensuppe mit einem grauen Würstchen für 70 Pfennige. Und ich schwöre, wir hatten an manchen Tagen nicht einmal diesen lächerlichen Betrag, um uns zusammen einen Napf von diesem Fraß zu leisten.

Wenn mir heute jemand den Begriff »Freundschaft« aufruft, muss ich an Uli denken. Ich behaupte, von Freundschaft kann man erst reden, wenn man sich zusammen einen Teller Suppe teilen musste. An der Art, wie man teilt, erkennt man den Freund. Uli teilte mit schöner Selbstverständlichkeit. Wir hatten eine absolut verlässliche Methode, Gerechtigkeit herzustellen. Das Würstchen wurde von je einem Ende angegangen, dazwischen für jeden zwei gleichvolle Löffel Suppe.

Hatte Uli irgendwo eine Mugge (ein Musikalisches Gelegenheits-Geschäft), wartete ich schon vor der Haustür in der Schönholzer auf seine Rückkehr. Wir fuhren sofort ins »Sofia«, um uns zu überfressen und die herrlich Wärme zu spüren, die einen Mann erfüllt, wenn er satt ist. Brachte ich einmal Geld von einem Auftritt heim, war das natürlich genauso.

Die Wohnung – höhlenartige Küche, ein feuchtes Zimmer – hatte ein Bulgare gemietet, der aber inzwischen bei seiner Dame untergekrochen war. Das Ganze war riskant, denn immerhin lebten wir im Grenzgebiet und mussten mit Kontrollen rechnen. Und das illegal! Wir fühlten uns räudig. Wir waren nichts, wir waren noch weniger als heute Flüchtlinge in Deutschland sind. Aber wir waren voller Lebenslust, Neugier, Geilheit und Stolz. So wenig waren wir also nun auch wieder nicht!

Eines Abends im Herbst 1966 hockte ich mit Uli Gumpert in unserer feuchten Bude in der Schönholzer. Wir tranken billiges Zeug, hatten nichts zu heizen, und das Leben war an einem ziemlichen Nullpunkt angelangt. Schon seit zwei Wochen keine Mugge!

Da wummerte es gegen die Tür, Lenz polterte rein, hinter ihm her, wie zwei Bodyguards Günther & Günther – Günther Sommer und Günther Fischer. Sie warfen einen abschätzigen Blick auf das Gesöff, das auf dem Tisch stand. Mit so was hätten die sich nicht einmal die Schuhe geputzt. Lenz setzte sich, ohne den Parker abzuwerfen, die beiden standen hinter ihm – ein General auf der Durchreise mit seinen Ordonnanzen.

»Hör zu!«, sagte Lenz. Uli hörte zu, und ich hörte zu. Für uns war er der Inbegriff der Musik, die wir machen wollten. Für uns war er auch der lebende Beweis, dass man mit der Musik, die wir machen wollten, Geld verdienen konnte!

»Hör zu«, sagte er, und als er das Flackern in Ulis Augen sah, setzte er mit einem kleinen, wie mir schien, gemeinen Lächeln hinzu: »Lakomy! Wir brauchen einen Pianisten. Die beiden hier«, er hob leicht die Arme und zeigte auf die Kerle hinter sich, ohne sich umzublicken, »haben gesagt, du bist gut. Naja, wir werden sehen. Morgen um zehn, Saalbau Friedrichshagen. Nüchtern und mit warmen Pfoten.« Und schon war das Trio wieder verschwunden, wie eine Erscheinung.

Ich tanzte wie irre um den Tisch herum: Lenz! Der Lenz ist da! Mensch, Uli, der Lenz hat mich engagiert!

Wer Lenz und seine Musik nicht kennt – und es sind leider immer weniger, die seine Musik noch kennen, denn mit ihr lässt sich nicht auf der schmierigen Ostalgiewelle gewisser Heimatsender reiten – wird wohl glauben, ich sei durchgedreht gewesen. Aber Uli verstand mich: Lenz war für uns die Weihe eines jeden Musikanten, in seinem Sextett zu spielen das Größte, was ein Jazzer in der DDR damals erreichen konnte. Er machte einen genialischen, durch und durch beseelten Jazz – »das groovt«, sagt man heute, das ist ein Reizangriff auf alle Sinne und zusätzlich auf das Hirn, den Bauch und den Schließmuskel. Lenz' Jazz hatte nichts zu tun mit dem gefälligen, stupiden Einerlei des Schlagers oder der so genannten volkstümlichen Weisen, die alltäglich aus dem Radio ringelreihten. Lenz lebte seine Musik, sie verzehrte ihn, und er verzehrte sich für sie ohne Rücksicht auf sich und andere. Lenz hat – das konnte man damals schon hören und aus heutiger Sicht wird es erst recht klar – Musikgeschichte geschrieben.

Er war ein begnadeter Arrangeur, und zwar einer, der es verstand, jeden nach seinen technischen Möglichkeiten zu fordern. Er war auch ein hervorragender Trompeter von außerordentlicher stilistischer Sicherheit. Aber vor allem war er als Band-Chef ein instinktsicherer Herausforderer von Begabungen. Alle, die jemals bei ihm gespielt haben, sind in der U-Musik des Ostens was geworden. Ein Engagement bei ihm war gewissermaßen das Billet für den Jazzer-Olymp. Wer bei ihm spielen durfte, wuchs weit über sich hinaus. Legendär wurde die Geschichte von Detlef Kessler, den Lenz von den Magdeburger »Klosterbrüdern« wegholte. Detlef war damals eher ein Trommler als ein Schlagzeuger, was aber für die »Klosterbrüder« völlig ausreichte. Ein halbes Jahr später fragten alle Kenner verzückt: Verdammt, was für ein Teufelskerl sitzt denn da an der Maschine? Wenn man es nicht selber gesehen hätte – keiner hätte geglaubt, dass das der brave Detlef Kessler ist! Künstlerisch war es eine Gnade, mit Lenz arbeiten zu dürfen. Finanziell dafür eine Folter. Doch davon später.

Uli lächelte tapfer. Er konnte meine Freude nicht recht teilen. Er hatte mir zwar oft gesagt, dass es keinen besseren Jazzpianisten als mich in diesem Lande gäbe, aber jetzt kroch doch der Neid in ihm hoch wie die Kälte in unserer klammen Behausung. So was halte ich nicht aus. Dafür sind wir Bördemenschen nicht gebaut, das macht uns krank. Schnell sagte ich, ich müsse noch mal weg. Wohin? Tja, wohin denn mal schnell? Egal, nur nicht diesen Abend mit dem düsteren Uli verbringen. Ach, wäre ich doch nur geblieben – was wäre nicht alles an mir vorübergegangen! So aber sagte ich: »Zu Gaby.«

Uli, Alter, ich habe an diesem Abend aus Feigheit vor deiner Enttäuschung meinen besten Freund allein gelassen. Das war gemein. Aber dass ich wirklich, statt in der nächsten Kneipe anschreiben zu lassen, wieder zu Gaby kroch, das war einfach dämlich. Denn deinen Frust zu ertragen wäre ein Leichtes gewesen gegen das, was ich dann durchmachen sollte. Aber Strafe muss bekanntlich sein ...

Vorspielen bei Lenz – eine Diplomprüfung ist ein Kinderfurz dagegen. Die Kollegen schauten mich mitleidig an und tätschelten mir beruhigend den Rücken wie einem kranken Pferd. Nur Günther Sommer, der seit den gemeinsamen Dresdener Sessions wusste, zu welcher Form ich auflaufen kann, war optimistisch. Er flüsterte mir zu: »Pass auf, der Klaus zählt nur zwei Takte ein – da musst du schon loslegen.«

Auf dem Klavier lag ein Zettel mit der Harmonienfolge – daraus sollte sich eine der schönsten Sessions ergeben, die wir je gemacht haben – leider ohne Publikum.

Nach zwei Takten Einzählen musste man bei Lenz schon ahnen, wohin die Improvisations-Reise gehen könnte. Er wollte einfach wissen, ob man den Blues im Blut hat. Im Jazz ist jeder Ton reine Individualität, du spielst dir die Seele in den Raum. Lenz unterschied streng drei Kategorien von Kollegen – eine Einteilung die sich bis heute bewährt hat: Musiker, Musiker und Musikant.

Musiker spielen dir alles nach, oft nur nach dem Gehör. Sie haben immer das Instrument dabei, aus dem sie alles mögliche herausholen, und sind die Könige auf jeder Fete. Aber sie erfinden nicht. Es kann dir passieren, dass sie dich, wenn du nach einem atemberaubenden Improvisations-Solo zu ihnen zurückkehrst, fragen: Kannst du auch »Er gehört zu mir« von Marianne Rosenberg?

Musiker können kluge, gut ausgebildete Leute sein, mit dem perfekten Gehör, notistisch sicher. Sauber und tapfer spielen sie im Orchester große, schwierige Stücke. Aber du kannst sie nicht zu einem Abenteuer verführen, zu einem Ausbruch – sie folgen dir nicht, suchen die Noten und rufen dir zu: Wo steht denn das?

Musikanten haben keinen Hochmut vor der Note. Sie sind blattsicher und lieben es, dem Komponisten gerecht zu werden. Aber wenn es an der Zeit ist, spielen sie sich selber. Adrenalin schießt ein, und die Phantasie verabschiedet sich in andere Welten. Dann brauchen sie nur noch ganz karges »Material« – zwei, drei Harmonien, ein Motiv, einen Rhythmus, um die tollsten Dinge zu zaubern, Unikate, die in dem Moment, wo sie in der Luft klingen, schon verschwenderisch der Vergangenheit geschenkt sind. – Keine Frage, wozu wir Lenzer uns zählten!

Das Lenz-Sextett war meiner Erinnerung nach die einzige Band, die damals Konzerte gab. »Konzert« – der Begriff war eigentlich dem Symphonieorchester, dem Platzkonzert der Feuerwehr oder dem Streichquartett in der Ochestermuschel der Strandpromenade von Heringsdorf vorbehalten. In unserer Branche war das noch selten.

Das Geld jedoch wurde ganz ordinär auf dem Tanzsaal verdient (wo man heute natürlich nur noch selten was verdienen kann): Tango, Wiener Walzer, Foxtrott, Shanty, Polka – »Ganz in Weiß«, »Weiße Rosen aus Athen«, »Siebzehn Jahr, blondes Haar«.

Wir zogen über Land und durch die Kulturhäuser – allein in Berlin: EAW-Treptow, Narva, Kabelwerk Oberspree, Knorr-Bremse – elende, nach Arbeiterkantine riechende Säle, Namen aus einer längst versunkenen Welt.

Es war ein tolles, freies, intensives Leben. Wir waren ganz auf uns selbst gestellt, lebten von der Hand in den Mund, tranken dünnes Bier, liebten schlanke Frauen, brachten den Saal zum Kochen – und das alles mit der beruhigenden Gewissheit, morgen Abend schon längst wieder woanders zu sein. Wir waren mit ganzem Herzen asozial, und eigentlich verachteten wir kalt die Leute, die sich in den Schraubstock eines Arbeitsalltags zwängen ließen, und manchmal vergaßen wir in diesem Höhenrausch, dass das ja unser Publikum war. Die Blicke der Mädchen – das war die Würze: Nach zwanzig Minuten Musik durch den Saal zu schlendern und dir von Mädchenaugen erzählen zu lassen, wie gern sie dich an ihre nackte Haut ließen – das war das Glück, zumindest für einen wie mich, der weder eine Weltrevolution vollbringen, noch Romane schreiben, noch auf den Mond fliegen konnte. Das Lebensgefühl der Beatgeneration – uns hatte es schon gestreift, wenn auch leider mit Titeln wie »Wenn auf Capri die rote Sonne ...« Wenn meine Mutter gewusst hätte, was das für ein Beruf ist, sie hätte mir die Finger unterm Klavierdeckel gebrochen!

Wir hatten eine beachtliche Anhängerschaft. Es gab Leute, die zogen uns waggonweise bis in die Oberlausitz hinterher. Fans würde ich sie nicht nennen. Fans betreiben einen Kult um ihre Lieblingsmusiker. Wir waren als Person aber ziemlich nebensächlich. Diese jungen Leute waren einfach scharf auf gut gespielte Life-Musik. So was wird ja heutzutage im Fernsehen als musikalisches Wunder vorgestellt, so selten ist es geworden. Damals war life musizieren selbstverständlich.

Natürlicherweise fuhren auch Frauen bei unseren Anhängern mit. Und einige von denen kamen weniger wegen der Musik: Sie brauchten Idole, Stars, und haben sie sich gemacht. Sie kamen bereits in euphorischem Zustand in den Saal, fest entschlossen, sich augenblicklich zu verknallen – in die Musik, in die Musikanten und auch noch in den Notenständer. Ein Ausweichen war schlechterdings oft unmöglich.

Die Mädchen, die nach dem Konzert einfach dablieben, als sei das verabredet, waren zielstrebig und selbstbewusst, keine Flittchen. Sie waren nicht immer hübsch. Sie wussten, was sie wollten, und holten es sich. Es gab überhaupt keinen Grund, schon gar keinen moralischen, sie zu enttäuschen.

Damals brach in der DDR der Sexus los, ausgelöst durch

den Beat und den Rock'n' Roll. Der Sex gehörte, genauso wie die Musik, zu der angenehmen Art, in der Welt zu sein. Das war ein großer Sprung nach vorn für die Zone. Noch meine Eltern zeigten sich nie, niemals nackt vor ihren Kindern. Sie vermieden alles, woraus man hätte schließen können, dass es zwischen ihnen irgendwelche körperlichen Kontakte gab. Jetzt endlich wurde gebumst. In der DDR übrigens – im Vergleich zum Westen – ohne jede Ideologie, ohne den politischen Druck, vor der WG regelmäßigen Gruppensex abzurechnen, ohne den Beischlaf zum Bestandteil der Weltrevolution und den Orgasmus zur Befreiungstat hoch zu stilisieren. Man ging einfach miteinander ins Bett, ins Heu oder auf die letzte Reihe im Kino.

Später wurde es dann zunehmend schwieriger, als wilde musizierende Horde unser stolzes Leben zu leben. Der Staat, und somit die Veranstalter, wünschten sich sozialistische Persönlichkeiten auf der Bühne, sauber frisiert, natürlich nüchtern und gewandet in adretten Zweiteilern aus der sozialistischen Massenproduktion. Man erfand Kontrollinstitutionen – Komitee für Unterhaltungskunst, Gewerkschaft, die die Musikanten zu Musterknaben nach dem Moralkanon der DDR-Volksbildung erziehen wollten. Plötzlich sollten wir nicht einfach nur geile Musik machen, sondern uns als »Vorbilder für die junge Generation« unser Geld verdienen.

Was bin ich froh, dass ich die tollen Zeiten noch miterleben konnte! Die schöne, nackte Freiheit ist leider passé – der Westen ist verkopft und prüde. Und seit wir in einer Gesellschaft leben, in der man mit Liebe auch Geld verdienen kann, ist die Spontaneität bloßem Geschäftsgebaren gewichen. Sexuelle Kontakte laufen ab wie Fusionsverhandlungen großer Unternehmen, feindliche Übernahmen. Liquidität gilt mehr als Libido.

Das dritte Element unserer künstlerischen Tätigkeit war »Programmbegleitung« – das gefürchtetste Fach überhaupt. Auf den beliebten bunten Abenden saßen wir hinter den Pulten und legten den Klangteppich für eine jong-lierende Dame aus, produzierten Urwaldklänge zu einer Affennummer oder spannungsvolles Raunen, wenn der Zauberer die Jungfrau zersägte. Manchmal klappte in so einer Nummer etwas nicht, und alle Tempi kamen durcheinander. Den Schlussakkord mit Tusch oder Fanfare kann man eben erst spielen, wenn die Seiltänzerin wieder auf dem Bühnenboden gelandet ist, nicht, wenn sie noch da oben ihr Gleichgewicht sucht.

Das Material für diese Auftritte wurde praktisch aus dem Stand vom Blatt gespielt, eine »Einrichtungsprobe« höchstens, dann musste das sitzen. Manchmal hatten ehrgeizige Arrangeure für gutes Geld alberne Schwierigkeiten eingebaut, die sie selber nie hätten spielen können. Hier tobte Lenz sich aus, hier zeigte sich, durch welch harte Schule er selber gegangen war.

Die meisten Klasse-Musiker und »Kapellmeister« der fünfziger und sechziger Jahre kamen von der Berliner Stadtpfeife, einer Musikerschule, die für ihre brachialen Ausbildungsmethoden bekannt war – eine Zuchtanstalt der Unterhaltungsmusik. Lenz gab diese »schwarze Pädagogik« an seine Musiker weiter und verlor bei Fehlern jedes Zartgefühl. Im Beisein der japsenden Artisten oder kichernder Ballettmädels schoss er eine Kaskade von Beschimpfungen und Drohungen ab. Die waren bei uns gefürchtet, aber auch heilsam. Ich selber habe davon profitiert: Die Scham, vom großen Lenz ertappt zu werden, hat mich zu ernsthafter, konzentrierter Arbeit gezwungen. Später, als ich eigene Bands hatte, kriegten meine Musiker es auch manchmal zu spüren, dass Lenz in mancher Hinsicht mein Vorbild war. Was Ansprüche an Professionalität betrifft, bin ich ohne jede Abstriche für Diktatur!

Wenn es um den Job ging, herrschte bei Lenz Disziplin wie in einer Kadettenschule. Er war ein Feldwebel, der seine Musiker für die künftigen Grabenkämpfe im musikalischen Geschäft ausbildete. Wer den von ihm vorausgesetzten technischen Standard auf dem Instrument nicht gleich erreichte, hatte ein Martyrium zu durchlaufen. Und wie jeden ordentlichen Terroristen interessierte ihn eins nicht – ob man ihn liebte. Tatsächlich gab es genug Gelegenheiten, ihn zu hassen.

Das ging schon beim Organisatorischen los. Wer sich am Treff zur Abfahrt, wo Lenz' riesiger SIM, eine russische Kreuzung aus Panzer und Stretch-Limousine für neun Personen plus Kontrabass, warmlief, um fünfzehn Minuten verspätete, musste zum Auftrittsort mit dem Taxi fahren, und wenn es in den Harz war. Ich litt jahrelang unter dem Albtraum, die Abfahrt zu verpassen.

Einmal passierte es dann doch. Ich hatte die Abreise zur DEFA nach Babelsberg verpennt, wo wir Filmmusiken einspielen sollten. Mit dem Taxi, das ich erwischte, gelang es mir, den SIM samt Anhänger auf dem Adlergestell einzuholen. Ich winkte, gestikulierte, aber keiner meiner Kollegen würdigte mich auch nur eines Blickes. Da sah ich: Auf meinem Notsitz hockte schon ein Neuer, die Aushilfe; ich war so gut wie gefeuert. So gut es aus dem Taxi ging, warf ich flehende Gesten gegen den SIM. Doch ich war offensichtlich Luft für die Kerle. Schließlich stellte sich das Taxi vor sie, und sie mussten anhalten. Ich habe an diesem Tag mein Taxi bezahlt, die Gage für die Aushilfe berappt, der Aushilfe ein Taxi spendiert und natürlich auch noch eine Runde geschmissen. Ich hätte, finanziell gesehen, genauso gut zu Hause bleiben können.

Außerhalb des Jobs aber war Lenz eine sagenhafte Schlampe, Trinker und Anarchist. Man musste ihn vor sich schützen. Einmal kam ich, vor lauter Angst mich zu verspäten, zu früh zu ihm – Treff war in seiner Wohnung in der Thaerstraße. Aus einer Schublade zog er gerade sein »Auftrittshemd«. Der Kragen war so dreckig, als hätte er in dem Hemd Kohlen ausgetragen.

»Das geht nicht, Lenz«, sagte ich.

»Doch«, sagte er »das wird jetzt gewaschen.«

Er nahm ein Stück Kreide und strich damit den Hemdkragen ein, befahl mir, mich fünf Meter entfernt zur Begutachtung aufzustellen. »Siehste noch was?« fragte er.

»Nee«, antwortete ich. »Na also«, resümierte er, und die Diskussion war beendet.

Legendär geworden ist auch Lenzens »Görlitzer Flugschau«. Görlitz hatte damals 21 Hotels. Nur in einem hatten wir – vor allem dank Lenz' schweren Ausfällen – noch kein Hausverbot. Das war ein alter Kasten und etwas verbaut. Unmittelbar hinter der Theke führte eine alte, verdammt steile Stiege hoch in den Flur, an dem die Zimmer lagen. Lenz erschien, leicht schwankend, oben auf dem Treppenabsatz. Ein Ahnung durchzuckte mich, und ich schrie: »Tu's nicht, Klaus!« Da saß er aber schon auf dem Geländer und wollte runterrutschen. Er lief aber gewissermaßen aus dem Gleis, kam leicht nach rechts ab und landete bäuchlings auf der Theke, wobei er sämtliche Flaschen und Gläser mit sich riss. Die Rechnung, die er zu begleichen hatte, lag in der Höhe eines ordentlichen Inlandflugpreises, und Görlitz war für uns abgeschrieben, wir hätten sonst in einem Mannschaftszelt übernachten müssen.

Wenn es mit ihm durchging, war er nicht zu bremsen. Nach einer erfolgreichen Tournee an der Ostsee waren wir einmal auf der Landstraße nach Berlin über Pasewalk unterwegs. Es war eine herrlich helle Mondnacht. Der ganze SIM-Inhalt war ordentlich betrunken, und Lenz fuhr singend schwungvoll Schlängellinien. Dass er fast eine Tonne Ausrüstung im Hänger mitzog, hat er dabei vergessen. In einer großartigen Linkskurve gab es erst ein Knacken und dann machte unser Panzerauto einen spürbar erleichterten Sprung nach vorn. Die Hängerkupplung war abgerissen. Als wir den Einachser an der hinteren Stoßstange festzurrten, merkten wir, er war leer. Wir fuhren zurück fanden jeweils im Abstand von ein, zwei Kilometer eine Box, einen Verstärker, die große Trommel usw. auf der nächtlichen Landstraße stehen. Glücklicherweise fuhr damals niemand nach Mitternacht Richtung Pasewalk – was sollte man auch dort?

Das war dann wieder typisch Lenz: Während wir pennten, hatte er morgens um sechs in Pasewalk einen Schmied aufgetrieben, der ihm die Kupplung anschweißte. Als wir, die Band, verkatert beim Frühstück im Hotel saßen, kam er reingepoltert und schiss uns an, ob wir nicht mehr wüssten, daß die Abfahrt definitiv auf neun Uhr festgelegt sei.

Es war schwer mit ihm. In den reichlich anderthalb Jahren, die ich bei ihm spielte, habe ich bestimmt drei Mal gekündigt. Meistens stritten wir uns um die Gage – er war Meister im Verdrängen von Zahlungsterminen. Einmal packte ich nach einem Streit bei einer Mugge im Magdeburger »Impro« meine Orgel zusammen und schleppte sie und mich zum Bahnhof. Dann spielte ich erstmal wieder in einer anderen Band, wie z. B. im Görlitzer »Manfred-Ludwig-Sextett«, in das mich der bis heute berühmte und von mir verehrte Saxophonist Ernst-Ludwig Petrowsky holte. Dort trommelte auch der Meisterschlagzeuger Wolfgang »Büchse« Winkler. Der ging aber bald nach meinem Einstieg zum Rundfunktanzorchester Gollasch, Petrowsky folgte ihm wenig später, und ich ging wieder zurück zu »Bulle« Lenz. Irgendwie zog es mich dort immer wieder hin.

Nur einmal nicht, da war es endgültig – und da ging es nicht um die Gage, sondern um andere Belange.

Mit Klaus Lenz nahm es ein Ende wie so oft in der provinziellen DDR. Für ein paar Auftritte im Westen hatte man ihm 1977 für drei Monate einen Pass gegeben. Als Lenz wieder da war, ging er ins Kulturministerium, um für irgendwas eine Unterschrift zu holen. Da kam ihm der Herr Schwarzmüller auf dem Flur entgegen: »Ach, der Herr Lenz«, rief der gemütliche Herr Schwarzmüller erfreut, »jetzt ist ja unser Pass bald abgelaufen, nicht wahr? Na, da bleiben wir erst mal hübsch wieder zu Hause.«

Lenz geriet sofort in Panik. Die lassen mich nie wieder raus! – so interpretierte er den Funktionär, der zwar dafür gar nicht zuständig war, sich aber gern so ähnlich verstanden wissen wollte. Lenz raffte an einem einzigen Tag alles zusammen, was er für lebensnotwendig hielt, und fuhr wenige Stunden vor Ablauf seines Passes, am 16.8.1977, mit drei Koffern über die Grenze. Damit hatte die DDR einen Klasse-Trompeter und ihren begabtesten Bandleader verloren.

Im Westen erging es ihm so, wie es vielen erging: Zuerst reißen sie sich um dich, du bist ein Exot. Zwei, drei Mal kannst du die Säle füllen. Aber wehe, du willst einen Fuß in ihr Nest setzen, dann weicht die Herzlichkeit einem kalten Konkurrenzinstinkt.

Lenz hielt sich mit allem Möglichen über Wasser, und es dauerte Jahre, bis er seine neue, seine zweite Berufung entdeckte. Er war schon immer ein hervorragender Kenner von Antiquitäten gewesen. Im Unterschied zu anderen in der Szene, z.B. Krug, interessierte er sich für die alten Stücke aber nicht nur, um damit Geld und immer mehr Geld zu machen. Lenz liebt diese Stücke, er ist nicht nur ein Experte in Kunstgeschichte, der es mit jedem professionellen Gutachter aufnehmen könnte, er kennt und beherrscht auch selber einige alte Handwerkstechniken.

Eines Tages hat er sich eine alte Wehrburg mit viel Land gekauft, die Burg Mauel bei Windeck, südlich von Köln, und sie außen originalgetreu, innen modern ausgebaut. Eine Burg mit Wassergraben und Rittersaal und Burg-Restaurant, mit Tochter Mareike. Sein Betrieb restauriert alte Türen, Tore und Fenster. Um die Burg herum hat er Fachwerkhäuser, die er zuvor irgendwo im Lande Stück für Stück demontiert hatte, original bis auf den letzten Nagel wiedererrichtet. So wie sich andere ein Haus bauen, baut sich Lenz ein Dorf, aus alten Fachwerkhäusern. Moni und ich haben ihn 1998 auf seiner Burg besucht. Seitdem gibt es in unserer Familie ein geflügeltes Wort: Das schafft kein Mensch, das schafft nur Lenz.

Oft denke ich über einen Satz von ihm nach: »Komisch, Lacky, du bist der einzige von damals, der noch nach mir fragt.« Das war gar keine Klage. Das war nur eine fröhliche, herzliche Feststellung.

Und diesen Satz höre ich auch immer öfter von Leuten, nach deren Befinden ich mich hin und wieder mal erkundige.

Ist selbst das inzwischen schon eine Besonderheit?

Gaby und andere Umstände

Es gibt im Leben Situationen, da hast du keine Wahl mehr. So ein Situation ist die Liebe. Wer liebt – oder besser »wirklich liebt«, wie das jeder einigermaßen routinierte Schlagertexter wohl sagen würde – ist alternativlos. Sonst wäre es ja keine Liebe.

Eigentlich halte ich mich in Liebesdingen durchaus für einen Spezialisten. Schade nur, dass diese spezielle Qualifikation so gar nicht auf dem Dienstleistungsmarkt zur Stärkung des Wirtschaftsstandorts Deutschland zu verwerten ist. Wenn es anders wäre, würde ich vielleicht in den Gelben Seiten annoncieren: Reinhard Lakomy, Spezialist in Liebesdingen – Beratung, Gutachten, Expertisen (mit angeschlossener Werkstatt).

Ich habe den Unterschied zwischen Liebe und beiläufigem Sex in meinem bisherigen Leben weidlich ausgelotet und bin dabei nicht zum Zyniker geworden. Frauen sind mir so wichtig wie die Musik – sie sind Musik –, und da vor allem meine beiden, Moni und Klara-Johanna, sie sind das Beste in meinem Leben. Und Liebe ist das Größte – man kann sie mit nichts vergleichen, so elementar ist sie. Solche flotten Vergleiche, wie man sie manchmal in Zeitgeistmagazinen lesen kann – Sex sei wie Fastfood-Fressen, Liebe wie ein erlesenes Sieben-Gänge-Menü – sind mir zu albern. Liebe kann man nicht konsumieren und verdauen wie einen Schweinebraten.

Das war die philosophische Abteilung. Im Leben geht es viel einfacher zu: Sie war schwanger! Vielleicht war da auch mal Liebe. Ehrlich gesagt, ich weiß das nicht mehr so genau.

Wenn ich Gaby wirklich jemals geliebt haben sollte, so ist die Erinnerung daran in dem Wust von Enttäuschungen, Beschimpfungen, Gemeinheiten, Desinteresse und

Berechnung – und zwar ihrer und meiner – rettungslos untergegangen.

Sie war schwanger – und das ist heutzutage natürlich überhaupt kein Grund, den Kopf zu verlieren. Ich würde nie den Satz sagen, der an dieser Stelle manchmal in der Seifen-Oper kommt: »Lass es wegmachen.« (Laut Drehbuch schmeißt die junge Dame dann immer nach ihrem Beischläfer mit harten und spitzen Gegenständen, und zu Recht!) Als Gaby schwanger war, verengten sich für mich alle Lebensmöglichkeiten nur auf einen Weg – die Ehe.

Sie war von Anfang an eine Lüge, und das wussten wir beide. Dass wir aber in stillschweigender Übereinkunft so taten, als wüssten wir das nicht – das ist es, was ich mir vorwerfe, diese neckische Rolle: »Liebst du mich?« – »Mehr als alles auf der Welt!« Alte Menschen brauchen manchmal ein, zwei Lebenslügen, um überhaupt weiter und zu Ende leben zu können und nicht an einer Schuld zu zerbrechen. Aber ich war grad zwanzig! Kein Kind mehr, aber doch ein Kindskopf!

Ich hätte mich meiner Mutter und vor allem auch meinen Großeltern nicht mehr unter die Augen trauen können, wenn ich die von mir geschwängerte Frau nicht geheiratet hätte. In unserer Sippe wusste man, was ein Kind bedeutete – wieviel Kraft und Mühe es kostete, es satt zu kriegen, zu kleiden und zu einem »ordentlichen Menschen« zu erziehen. Großvater pflegte zu sagen: »So was frisst eine Menge Kartoffeln« – die Kartoffel war gewissermaßen seine Leitwährung. So viele »Kartoffeln« ranzuschaffen, das hätte ich Gaby einfach nicht allein aufbürden können.

Man darf dabei auch nicht vergessen, welch unerbittliche soziale Kontrolle auf dem Dorf herrschte. Mutter hätte sich nicht nur für mich in Grund und Boden geschämt, wenn ich Gaby »in Umständen« sitzen gelassen hätte in Berlin, sie und sogar meine im Dorf sehr respektierten Großeltern hätten das Tuscheln hinter ihrem Rücken zu spüren bekommen, und zwar nicht nur ein paar Tage lang.

Wenn ich es heute recht bedenke, hatte die »Stimme des Volkes« durchaus ihren Sinn – wenn die Frau nicht frei über ihre Schwangerschaft entscheiden kann, muss die Gesellschaft auf dieses »Versehen« mit moralischem Druck auf den Erzeuger antworten, damit das kleine Leben eine Chance zum Überleben hat.

Der Sozialismus hatte die ohnehin unter den Bauern und Kleinbürgern herrschende soziale Kontrolle noch

Mutter Else (Mitte) bei einer Auszeichnung in ihrem Betrieb

verschärft. Familienangelegenheiten waren in der DDR nicht Privatsache. Die Gewerkschaft und die Betriebsleitung wären ihr auf die Pelle gerückt und hätten gefragt, was denn mit ihrem Söhnchen los sei.

Ihr Ansehen im Betrieb war meiner Mutter sehr wichtig, seit Vater verschwunden war. Der Betrieb war für sie nicht nur Arbeit. In der Art, wie die Kollegen über sie dachten und sprachen und sie um Rat baten, sah sie sich auf einmal für Charakterstärken belohnt, die bisher niemand, schon gar nicht der etwas egomanische Bernard, bei ihr gewürdigt hatte – ihr Gerechtigkeitssinn, ihre Gutmütigkeit, ihre zupackende Art, die man mit einem altmodischen Wort »tüchtig« nannte. Für die Leserschaft aus der anderen Welt muss das jetzt klingen, als sei Else Lakomy eine Ombudsfrau, eine Betriebsrätin gewesen. Sie war aber nur eine einfache Büroangestellte und wegen ihres ausgeprägten Gerechtigkeitssinnes für die FDGB-Ferienplätze verantwortlich. Heute ist es natürlich völlig egal, ob jemand bei der Arbeit »Gerechtigkeitssinn« oder »Gutmütigkeit« zeigt. Das sind Eigenschaften, die nicht mehr abgefordert werden. (Man stelle sich eine Frau vor, die sich mit der Beurteilung, sie habe einen hohen Gerechtigkeitssinn, als Chefsekretärin bewirbt. Die würde doch ausgelacht!) Der Betrieb war aber in der DDR der Ort, an dem Verhaltensnormen ausgetestet wurden – für das Private wie das Öffentliche. Gab es Probleme, rannte man nicht gleich zum Anwalt, sondern suchte Rat im Betrieb. So ein »Kummerkasten« war Mutter Else; sie war es, obwohl sie niemand dazu ernannt hatte, und sie trug ihre Reputation mit Würde, wie ein Ehrenamt.

Dass Gaby schwanger war, war Mutter auch noch aus einem anderen Grunde wichtiger als mir: Ein Enkelkind sollte her, und es sollte ein Junge sein, und er sollte Armin heißen! Armin. Wie der 1940 verstorbene Sohn. Da gab es keine Diskussion. Vielleicht, dass der Schmerz so doch noch vergeht ...

Gaby war zwar als Gattin eine Niete. Aber in einer Beziehung war sie der Hauptgewinn! Und für meinen Egoismus mag mich nur verfluchen, wer noch nie in der Tombola des Lebens nach einem fetten Fisch geangelt hat: Durch die Ehe wurde ich endlich Berliner. Man stelle sich vor: Ich war nicht mehr illegal, nicht mehr aussätzig in dieser Stadt! Was das für mich bedeutete, kann höchstens der mit einer »Duldung« versehene Asylbewerber verstehen. Der Himmel über der Stadt ist plötzlich anders. Es ist dein Himmel. Ohne Berlin wäre ich wahrlich als Musiker nichts geworden. Vielleicht hätte ich in Magdeburg irgendwann die Stelle von Hugo Werner im »Café Prag« einnehmen dürfen und täglich 15.30 Uhr die Barcarole

Hochzeit mit Gaby (das Bild wurde ein wenig vom Bernhardiner angefressen)

zu Schwarzwälder Kirsch und Eierlikör intoniert. Vor diesem Schicksal hat mich Gaby bewahrt.

Im November 1966 hatte geheiratet zu werden. Gaby war dick geworden, nicht nur von der Schwangerschaft. Nicht mehr wiederzuerkennen als das Mädel, in das ich mich einst verliebt hatte. Seitdem rate ich allen Jungs, sich die künftigen Schwiegermütter und älteren Schwestern anzuschauen – da sehen sie die Zukunft vor sich, klar und unerbittlich. Gaby näherte sich in ihrem Habitus rasant ihrer dicken, trägen Schwester aus Berlin-Spandau. Man konnte regelrecht zusehen, wie sie sich langsam verwandelte.

Gabys Eltern bedachten mich mit ehernem proletarischen Hochmut. Ein Musiker! Die allerschlechteste Möglichkeit – aber immerhin eine Möglichkeit, also besser als ganz ohne Mann. Die Welt dieser beiden war dumpf, voller Misstrauen, Enttäuschung und praktisch ständigem Beleidigtsein. Am Anfang fragte ich mich noch verwirrt, womit ich sie wohl gerade beleidigt hätte. Aber das gewöhnte ich mir mit Gabys Hilfe bald ab – gekränkt zu sein, war der normale Aggregatzustand der beiden. Die brauchten das irgendwie. Das Leben selbst war es, das sie kränkte, und dass es vorbeifloss, ohne sie wahrzunehmen.

Gaby und ich wohnten in dem halben Zimmer der elterlichen Zweieinhalb-Raum-Wohnung. Mir muss also niemand beschreiben, was die Hölle ist. Das Schreckliche an der Hölle ist, dass sie profan, so alltäglich ist. Gabys Vater hatte im Krieg einen Arm verloren. Zu seiner Masche, die Familie zu terrorisieren, gehörte es, stumm und vorwurfsvoll auf seinen Stumpf zu blicken. Die Wohnung roch nach den Salben, die er auf die schmerzende Narbe strich. Wenn ich die Augen schließe und an jene Jahr denke, rieche ich die Salben und sehe den Stumpf vor mir.

Der Mann war Pförtner in der Staatsbibliothek, ein Versehrtenposten, den er verachtete und doch mit der Aggressivität eines Unteroffiziers ausfüllte. Er betrank sich regelmäßig in der dem Wohnhaus gegenüberliegenden Kneipe und brüllte und polterte dann die ganze Nacht durch die Zimmer. Die Mutter jammerte und lamentierte quasi ununterbrochen und hielt Gaby und mir immerzu ihr verpfuschtes Leben vor, zu dem noch ein nichtsnutziger, verfressener und hinterhältiger Typ von Sohn gehörte.

In dieser Familie kannte man keinen Humor, mit freundlicher Ironie war gar nichts anzufangen. Wenn doch einmal gelacht wurde, dann war das ein hässliches Lachen aus Schadenfreude. Schwiegerpapa stieß immerzu Grobheiten aus, die wir in unserer 4,5 mal 2,5 Meter großen Kammer unweigerlich mit anhören mussten, Beschimpfungen von der einfachen Art. Er nahm nie meinen Namen in den Mund, so als hätte ich gar keinen. Ich war immer nur »Der«. »Der soll sich erst mal richtig waschen, der!«, brüllte er, oder »Liegt der immer noch in seiner Suhle?«

Gaby sah mich mit ihren großen Augen an, und die baten mich, zu schweigen. Ich verstehe bis heute nicht, warum ich mir das alles habe gefallen lassen. Vielleicht liebte ich sie doch. Aber vor allem waren wir auf diese Herberge angewiesen, eine eigene Wohnung stand nicht in Aussicht.

Nun mus man zur Verteidigung der beiden Alten aber auch sagen, was das für eine Zumutung für sie gewesen sein muss, das Leben zu sechst – den kleinen Armin, geboren im Januar 1967 schon mitgezählt – in dieser winzigen Wohnung verbringen zu müssen, mit einer Badewanne und einem Klobecken. Auch wenn ich mich fast unsichtbar zu machen versuchte – ich war eben einfach zu viel.

Ich war buchstäblich jede Nacht mit dem Lenz-Sextett unterwegs. Morgens gegen sechs schlich ich mich in die Höhle, wo die Sippe hauste, und kroch ins Bett zu Gaby, stinkend nach Rauch, krank vor Müdigkeit. Das war genau die Minute, in der Armin wach wurde, als hätte er nur auf mich gewartet. Er stank auch, weil er sich zu dieser Morgenstunde gewöhnlich bis zur Halskrause eingeschissen hatte und Gaby oft zu faul war, daran etwas zu ändern.

Das Schreien des Knaben war für die Familie das Signal, ihren cholerischen Ausbrüchen freien Lauf zu lassen: Das Kind verfault in seinen Windeln und der Herumtreiber will schlafen! Die ganze Nacht durchgesumpft, der Kerl, auf Tanzsälen herumgelungert, sich amüsiert. Von meiner Arbeit haben sie überhaupt nichts begriffen. Wenn sie gefragt worden wären, wie denn der Schwiegersohn sein Geld verdiene, hätten sie wahrscheinlich geantwortet: »Geld? Viel bringt er nicht!«

Armin schrie. Ich wollte schlafen. Ich brüllte. Nicht wegen Armin – was konnte der Junge dafür, dass er eingeschissen hatte? Nein, Gabys Gleichgültigkeit machte mich rasend. Sie rührte sich nicht, öffnete nicht einmal die Augen. Sie war innerhalb weniger Wochen stumpf geworden. Sie schien innerlich zu faulen, wobei sie sonderbarerweise dennoch unablässig zunahm. An manchen Morgen gruselte es mich, ihr ins Gesicht zu sehen.

Was ich verdiente, hätte gerade mal für mich gereicht, reichte aber nie und nimmer für eine Familie. Lenz war nicht etwa geizig – er zahlte eben nur verdammt wenig. Manchmal zahlte er gar nicht, nämlich wenn er sich mal wieder irgendwo in eine Barocktruhe verliebt hatte (er war damals schon ein kenntnisreicher Sammler). Man musste ihm andauernd wegen der Gage »auf den Sack gehen«. Ich glaube, er ahnte, was es für uns bedeutete, bei ihm arbeiten zu dürfen, und er nutzte das ziemlich schamlos aus; wir hätten ja noch Geld mitgebracht – wenn wir welches gehabt hätten!

Er hatte ein perfides System von Gagenabzügen entwickelt. Wenn ein Musiker bei ihm kündigte, dann war er eine Unperson, und das wurde durch Einbehalt der letzten Gage geahndet. Wer sich verspätete oder dramatisch patzte, kriegte weniger. Selbstverständlich musste man die Auftrittskleidung selber kaufen, aber auch die Instrumente. Gerade als es zu Hause besonders knapp war und ich die ständigen Sticheleien der Schwiegereltern ertragen mußte, weil ich kaum Geld mit nach Hause brachte, verdonnerte mich Lenz dazu, eine Orgel anzuschaffen. Das Monstrum kostete 3200 Mark! Das war für mich eine unvorstellbar hohe Summe. Aber Lenz wusste einen Weg: Er kaufte das Instrument und zog mir gnadenlos von jeder Mugge so viel Gage ab, dass ich mir eigentlich einen Strick hätte nehmen können, wenn ich mir den nicht auch noch hätte kaufen müssen.

Also lagen Gaby, Armin und ich den Eltern auf der Tasche. Das ist nicht gerade eine Basis des Zusammenlebens, auf der man sich Grobheiten von Schwiegervater oder Spitzen von Schwiegermutter verbitten kann. An einem Silvesterabend spielten wir acht Stunden am Stück im Kulturhaus in Hennigsdorf, und ich brachte statt der vereinbarten 450 gerade mal 50 Mark nach Hause! Um Mitternacht hatten meine Schwiegereltern und Gaby zu Hause mit einer Tasse Kaffee auf das neue Jahr angestoßen – Sekt konnten sie sich nicht mehr leisten. Ich möchte gar nicht wissen, was sich Gaby da über ihren Ehemann alles anhören musste.

Ihre Eltern leben schon lange nicht mehr, und – wie schwierig auch alles war – ich habe Grund, ihnen dankbar zu sein.

Inzwischen war ich von Lenz künstlerisch akzeptiert, aus der Test- und Anlernphase erfolgreich entlassen. Der Umgangston in der Band war auch einigermaßen auszuhalten, man hätte ihn beinahe »kollegial« nennen können. Aber der große Lenz kam langsam an seine Grenzen: Sein Stil, der Sound waren immer noch erstklassig. Aber Fischer und ich waren nicht mehr recht glücklich damit, wir waren rausgewachsen. Unsere Kompositionen nahmen sich zwischen dem traditionellen Material irgendwie fremd und exotisch aus. Wir wollten einen anderen Jazz spielen, und ein bisschen wollten wir uns sicherlich auch von unserem (immer noch schlechtzahlenden) Übervater befreien. Das war die Geburtsstunde des Fischer-Quartetts. Wir gingen, es gab ein bisschen Krach, und Lenz behielt die letzte Gage.

Fischer hatte den Abgang gut gewählt. Er ist überhaupt ein Taktiker. Er hatte auf Wolfgang »Zicke« Schneider gewartet, der von der Armee zurückkam. Zicke Schneider war ein ostzonales Wunderkind, der musikantischste Schlagwerker der kommunistischen Hemisphäre. Schon mit sechzehn machte er sein Hochschuldiplom, mit achtzehn war er Schlagzeuger im Metropol-Theater und bediente jegliches Schlagwerk, von der Pauke bis zum Xylophon, souverän. Er war auch ein ausdauernder und unterhaltsamer Biertrinker. Ich weiß noch, wie er uns ins Café Nord in der Schönhauser einführte. Der Türsteher wollte uns nicht einlassen, weil er uns nicht kannte. Wir waren aber damals überzeugt, daß uns eigentlich jeder kennen müsse. Zicke sagte zu dem Mann: »Ick bin der Schniieder, und det ist der Lacky!« In Zickes Augen war das genug Erklärung für unseren VIP-Status.

Einmal kamen wir von einer Zechtour, und ich lieferte Zicke zu Hause ab. Seine Frau fing sofort an zu zetern. Zicke ließ sich in einen Sessel fallen und rief in ehrlichem Zorn: »Da is ma nu jeden Tach besoffen – und keenen Dank hat man!«

Günther Fischer hatte als einziger Telefon. Deshalb haben wir das Quartett nach ihm benannt. Ich bewunderte ihn für seine organisatorischen Fähigkeiten: Es gab nicht wenige Tage, da zogen wir ab morgens zehn Uhr, wo ein Musiker eigentlich noch gar nicht arbeiten kann, bis Mitternacht von einem Studio zum anderen – Synchron, Schallplatte, Rundfunk, Fernsehen. Wir waren alle durch die harte Schule von Lenz gegangen und spielten die Noten, die uns hingeblättert wurden – aber immer mit Seele. Außerdem machten wir einen exotischen, eigenen Jazz, der sehr von Fischers Saxophon inspiriert war. Die Kritiker waren sich einig: »Hochmodern, aber nicht kaputt.« Wir tummelten uns auf Festivals in Prag und Warschau unter der jazzenden Weltelite und verfeinerten einen ganz eigenen Stil als Begleitband von Armin Mueller-Stahl und Manfred Krug.

Zu Hause herrschte inzwischen das blanke Elend. Gaby und ich waren endlich bei Papa und Mama ausgezogen. Regulär über das Wohnungsamt war nichts zu

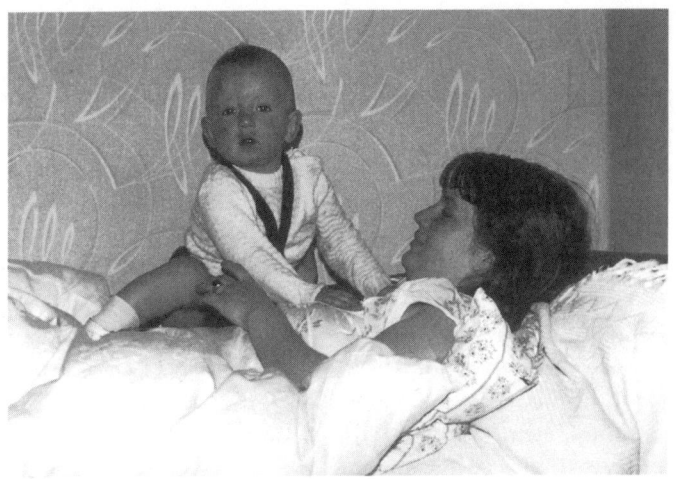

Gaby und Armin 1968

kriegen gewesen. Aber Gaby fand schließlich eine sogenannte Ladenwohnung, eine Bäckerei – also ungenutzer
Geschäftsraum, den man beim Wohnungsamt beanspru-
chen konnte. Das war noch schrecklicher als die Bleibe
damals mit Uli in der Schönholzer. Die Bude war 4,20
Meter hoch und einfach nicht warmzukriegen. Das heißt,
etwa in drei Metern Höhe hatten wir eine angenehme
Raumtemperatur. Aber ich konnte Armin und Gaby ja
nicht auf Leitern setzen. Das Kind fiel von einer Erkäl-
tung in die andere, und Gaby lief stumm und mit trübem,
vorwurfsvollen Blick zwischen den beiden bullernden
Kachelöfen hin und her.

Ich gestehe es: Ich war inzwischen viel lieber auf Tour
als zu Hause. Auf den Tanzböden gab es Mädchen mit
schönen, offenen Gesichtern, die Kameradschaft der Kollegen, die Musik, den Alkohol – pralles, sattes Leben. Das
war die Gegenwelt zur häuslichen Tristesse.

Die gelegentlichen Ausflüge in die Arme anderer Frau-
en hatten übrigens mit meiner Ehe nichts zu tun. Das waren für mich zwei völlig getrennte Welten. Die Kategorie
»Treue« gehörte gar nicht in diesen Zusammenhang. Die
Mädchen waren schnell vergessen, und es war still-

schweigende Verabredung bei diesen raschen Kontakten, dass es hinterher keinen Stress, keine tränenreichen Szenen und keine Anrufe gab.

Nur einmal war es wirklich ernst, und das hat Isa geschafft.

Da man auch vom feinsten Jazz allein nicht leben kann, spielte jeder von uns auch noch in anderen Gruppen. Ich war Pianist und Organist bei den »Berolina Singers«, einer Berliner Band, die sich vor allem durch sehr guten Satzgesang à la »Beach Boys« und »Bee Gees« hervortat. Besonders befreundet war ich mit unserem Bassisten Bernd Emich.

Eines Tages, es war im Herbst 1968, sagte Bernd zu mir, morgen fahren wir nach Rostock, wir sollen da mal einer Band ein bisschen musikalisch unter die Arme greifen. Die hatte eine Sängerin – Isa.

Isa war ein aufregendes Mädchen, hatte Sexapeal und Witz und war eine starke Sängerin. Da kam allerhand zusammen, was mich in einen gefährlichen Zustand versetzte. In Rostock ahnte natürlich niemand, dass ich, was Isa betraf, diese Aufforderung allzu wörtlich nehmen würde.

Wir probten ein bisschen mit der Band, dann war der Tanzabend – sie sang allein für mich, ich hatte nur Blicke für sie und – um das Eigentliche in ein und demselben Satz unterzubringen – wir verhalfen uns zu unserem Glück an nämlichem Orte, hinter einem Bühnenvorhang. Dann irrten wir durch das nächtliche Warnemünde auf der Suche nach einem Bett, fragten bei Kumpels von Isa, aber keiner nahm uns auf. Jeder normale Mitteleuropäer wäre stracks auf ein Hotel zugelaufen. In der DDR aber herrschte – oh, diese verdammte Diktatur! – an jeder Hotelrezeption eine strenge Moralkontrolle, polizeiliche Meldepflicht mit Ausweis vorzeigen und all dem Kram. Selbst wenn wir zwei Einzelzimmer gebucht hätten, wäre der Argwohn des Sitten-Portiers geweckt worden. Außerdem war das sowieso illusorisch: Isa war erst siebzehn.

Schließlich entschloss sich Isa zum Äußersten – es war

inzwischen auch empfindlich kalt geworden: Wir gingen zu ihr nach Hause. Sie teilte sich das Zimmer mit ihrer zwölfjährigen Schwester, die auf einen Wink hin ohne Murren morgens gegen zwei ihr Kopfkissen raffte und verschwand. Danach kam Isa nach Berlin, und wir verbrachten drei wundervolle Tage im Bett meines Kumpels, Bernd Emich, der uns ab und an diskret Nahrung hereinreichte (danke, Bernd!).

Diese drei Tage werde ich wohl nicht vergessen. Und eigentlich hätte ich an diesem Punkt zwischen Gaby und mir Klarheit schaffen sollen. Viel böses Schweigen, Gezeter, Tränen und dramatische Szenen – und dazwischen immer der kleine, plappernde Armin – wären uns erspart geblieben.

Vom Wehrkraftzersetzer zum absoluten Nichts

Biermann war Schuld! Für die da oben war Biermann sowieso immer Schuld. Kulturpolitisch wehte in diesen Jahren ein scharfer Wind: Eh man sich versah, galt man als dekadent, bourgeois, ästhetizistisch, nihilistisch – oder schlichtweg antisozialistisch. Es herrschte ein Formen- und Themenkanon, den man nicht zu unterschreiten hatte. Nicht, dass mich das damals sonderlich interessiert hätte! Ich hatte anderes im Kopf. Ich fühlte mich von aller politischer Querele unangefochten – ich war ja bei Lenz, ich war im Musiker-Olymp. Aber natürlich war der Name Biermann in aller Munde.

Eines Tages traf ich bei irgendeiner Mugge Uli Gumpert wieder: »Mensch, Lacky, gehn wir doch mal zu dem Biermann!« Uli kannte Biermann flüchtig, aber immerhin so gut, um glaubhaft versichern zu können, dass bei dem was Leckeres zu trinken zu kriegen wäre. Wenn ich mich recht erinnere, war das mein treibendes Motiv für den Besuch.

Natürlich war Biermann damals für uns schon ein Begriff. Die Partei hatte auf ihn eingenölt, also musste der doch ein prima Kerl sein. Unvergessen aus meiner Zeit in Dresden waren mir die plumpen, bestellten Leserbriefe gegen ihn in der »Sächsischen Zeitung«. Einer ist mir besonders in Erinnerung geblieben. Der war nämlich unterschrieben mit »Paul soundso, Drahtzieher aus Riesa«. Ein Drahtzieher – manchem gibt das Leben eben den passenden Beruf!

Wir zogen los in die Chausseestraße, es war lausig kalt. Natürlich fuhren wir schwarz mit der Straßenbahn; wir wären auch schwarz gefahren, wenn wir Geld gehabt hätten. Aus Prinzip. Wenn man zu einem Staatsfeind geht, bezahlt man doch nicht in der staatlichen Straßenbahn!

Ein kleiner Kerl mit flinken braunen Augen, Stalin-schnauzer und Russenfrisur öffnete uns, erkannte Uli und sagte zu uns blaugefrorenen Gestalten: »Kommt rein!« Und so spielt das Leben: Wäre Biermann nicht zu Hause gewesen oder hätte keine Lust gehabt, die Tür zu öffnen, vieles, fast alles wäre anderes gekommen in meinem Leben.

Biermann also sagte: »Kommt rein!«, und wir traten ein in das Reich des Widerstands. Er griff sofort, gewisser-maßen ohne Vorwarnung, zur Klampfe: »Soldat, Soldat in Uniform ...« Wenn ich es recht beobachtet habe, macht er das bis heute so – er lässt keinen ungeschoren. Damals war er vielleicht froh, dass ihm zwei junge Kerle an den Lippen hingen, denn er war wohl schon ziemlich isoliert, kaltgestellt. Die, für die er dachte und sang, hatten sich gegen ihn gestellt – die Arbeiterklasse, genauer: ihre klein-bürgerlichen Funktionäre, von denen die meisten nicht eine Zeile von ihm gelesen, geschweige denn gehört hatten.

Er hatte die faszinierende Aura des unerschrockenen Einzelkämpfers in vermintem Gelände. Ich konnte gar nicht genug von ihm kriegen. Ich fühlte mich auf einmal dazugehörig, aufgenommen in den kleinen, kühnen Kreis derer, die wider den Stachel löckten. Seine Texte jagten mir Schauer über den Rücken. Nicht weil sie so mutig wa-ren – mutig fand ich mich alleine. Nein, weil sie so genau waren, unerbittlich genau, bildhaft, leicht, singbar, schön. Wenn er sang, brüllte, höhnte, flehte, erlebte man, was für ein herrliches Lebensgefühl es ist, kein Feigling zu sein! Wieviel Kraft das gibt, welchen Witz das auslöst. Das erste Mal habe ich jemanden über Liebe und Politik in einem einzigen Vers singen hören.

Und wie er das machte! Er war damals bereits ein Vieh auf der akustischen Gitarre, schon immer auch eines mei-ner Lieblingsinstrumente, das ich aber leider nie so pro-fessionell beherrschte. Allein in seine Fingertechnik konn-te man sich vergucken. Doch erst, wie er Text behandel-te, dieser Genuss an der Überredung des Publikums – das waren Uli und ich, die ihre Hintern an seinen ollen Kachelofen pressten und an seinen Lippen hingen! Er hatte das beim Brecht gelernt – Brecht nannte diesen raffinierten Umgang mit Material »gestisch«. Mir brachte Biermann nicht nur Biermann, sondern auch den Brecht gleich mit bei.

Er war ein Gott für mich, ich liebte ihn. Ich teilte ihn mit Uli – und zu dritt teilten wir uns billige bulgarische Rotweine vom Schlage »Feuertanz« und »Gamza«.

Ich ging immer wieder hin. Manchmal schlugen wir einfach nur die Zeit tot. Denn die Zeit lief besonders langsam in jenen Jahren. Es schien, als hätte sie sich zu besonderer Trägheit entschlossen: Die Mauer, die Systeme, oben und unten, hinten und vorn – alles versuchte den Eindruck zu erwecken, als sei es auf die Ewigkeit eingerichtet. Auch Biermann war nicht vierundzwanzig Stunden hindurch charismatisch. Manchmal war auch er nur öde. In solchen Momenten hatte ich Muße, mich zu wundern, wieso der Berufsrevolutionär von allem mehr hatte als unsereins, und zwar West: eine aufwendige Studioanlage, zwei Revox-Bandmaschinen, Sennheiser-Mikrofone. Wie kriegte man so was in die Bude, wenn einen der Staat auf dem Kieker hatte?

Manchmal spielten wir halbe Tage lang in seiner Wohnung Billard, oder wir tranken uns vom Nachmittag in die Nacht hinein. Bei Vollmond schossen wir dann mit Wolfs Knicker Tauben, die fliegenden Ratten, von der Regenrinne. Ich traf um so besser, je betrunkener ich war.

Einmal kam ich in die Chausseestraße, und da saß auf dem Sofa schon ein hagerer, sehr gerader alter Herr – alt war für mich jeder über fünfunddreißig – Robert Havemann. In seiner Gegenwart war Biermann seltsam elektrisiert, nachdenklich, gar nicht großmäulig und von einer fast zärtlichen Höflichkeit seinem Gast gegenüber. Ein Sohn, der seinen alten Herrn sehr verehrt, so kam er mir vor. Havemann musterte mich mit flinken, harten Augen. Es schien ihm nicht gleichgültig zu sein, wer bei Wolf einund ausging. Biermann stellte mich mit den Worten vor:

»Hier Robert, das ist auch so einer.« – »Aha!«, rief Havemann freudig. Und das klang wie: Du kommst mir gerade richtig! Da wolln wir doch mal sehen, was wir mit dir
anfangen können!

Was für »einer« war ich denn? Die beiden waren offensichtlich gerade dabei, die Freunde von den Feinden
zu scheiden. Das taten sie gern, das war ihr Denksport. Es
galt nämlich, die richtigen Freunde und die falschen und
die falschen Feinde und die richtigen auseinanderzuhal-
ten. (Die SED sah damals gern überall Feinde – darunter
auch Revisionisten, Trotzkisten, Westemigranten, Zioni-
sten, Sozialdemokraten.) »Dialektik«, sagte Havemann
und es hörte sich an wie »kleines Einmaleins«. Ich war weder ein richtiger noch ein falscher Freund. Ich war noch
gar nichts – mir ging die DDR am Arsch vorbei, das war
alles! Ich kriegte Kotzkrämpfe, wenn ich die Parolen hörte oder im Radio die Marschmusik. Ich fand, dass die Zeit,
die allhier auf Erden uns gegeben ist, besser mit Musizieren, Saufen und Vögeln zu verbringen sei, als auch nur
einen Gedanken auf das Politbüro zu verschwenden.

»Naja«, sagte Havemann, »produktiv ist das noch nicht.«
Produktiv? Hatte ich auch nicht die Absicht. Ein saugut-
er Jazzer zu sein hat mir gereicht.

Jetzt ging das los: Die Bonzen da oben dürfe ich doch
nicht mit dem Sozialismus verwechseln. Die hätten die
Revolution verraten – und zwar alle, von der Pariser Kom-
mune angefangen. Die Clique der Arbeiterbürokraten,
die machtversessenen Säcke hätten nicht die Bohne von
der Marxschen Idee einer freien Gesellschaft verstanden,
in der die freie Entwicklung des einzelnen Grundbedin-
gung für die freie Entfaltung aller ist. Ich guckte kariert.
»Was hast du denn gelesen?«, fragte Havemann.

»Ich? Karl May. Und Noten.«

Erschüttert sagte Wolf zu Robert, als müsse er ihm die
Mitteilung machen, dass ich von einer sehr ernsten
Krankheit befallen sei: »Der hat noch nicht einmal das
Manifest gelesen!«

Tatsächlich hatte ich bis dahin von diesem Zeugs schon

aus Prinzip fast nichts gelesen. Ein Junge, der die Jahre seiner größten Neugier auf den Tanzsälen der Börde-Dörfer verbringt, jede freie Minute am Klavier über Harmonien tüftelt und dann auch noch jedem Zopf hinterherrennt – wann soll der ausgerechnet Marx, Engels und Lenin gelesen haben!

Sie deckten mich ein: Gramsci, Trotzki, Brecht, Lenin, Marx und – das »Neue Deutschland«. »Unbedingt das ›Neue Deutschland‹«, sagte Havemann, »damit du weißt, wo der Hammer hängt!« Havemann erzählte von Spanien, von Trotzki, den stalinistischen Säuberungen. Auf einmal sah ich auch die Russen in einem anderen Licht. Das waren für mich bisher die bäurischen Besatzer gewesen, die ihre Kartoffeln im Wasserklosett wuschen und in ihrem Magdeburger Ghetto die Fensterscheiben mit der »Prawda« verklebten. Havemann war natürlich ein ganz anderes Kaliber als die öden Stabü-Pauker, die mich bisher belämmert hatten. Er machte Lust auf Veränderung in dieser bleiernen Zeit, in dieser eingemauerten Stadt. Wenn er sprach, hatte die Gegenwart plötzlich jede Menge sehr offene Ausgänge. Wenn ich heute an ihn denke, fällt mir immer der händeringende Vorschlag von Peter Hacks ein: Lasst doch, um Himmels willen, den Sozialismus die Klugen machen! Ach, hätten wir nur!

Ich mache es kurz, was aus langen Diskussionen herausgekommen ist: Die beiden haben mich »umgedreht«. Der Gefühls-Antikommunist Lakomy ist mit fliegenden Fahnen auf die Seite derer übergegangen, die Freiheit, Gleichheit, Brüderlichkeit für alle wollen, auf die Seite der Veränderer. Ich hatte plötzlich eine brennende Neugier auf den Sozialismus. Plötzlich war ich verwickelt in das große Experiment, ob es denn gelingen könne, aus der kleinlichen, grämlichen, bürokratisch vermufften Provinz-DDR eine Gesellschaft zu machen, in der das Leben eine Lust ist, in der die Wahrheit das Sagen hat, in der das Bier besser ist als anderswo und die Mädchen noch viel schöner sind. Und in der so verdammt begabte Musiker wie ich den Ton angeben.

Ach, hätten die beiden mich nur in Ruhe gelassen! Es wäre mir viel erspart geblieben! Manche Illusion, viele Irrtümer, viele Enttäuschungen und jede Menge Ärger. Doch ich wäre heute nicht der, der ich geworden bin. Vielleicht hätte ich mich, wäre ich Biermann nicht begegnet, irgendwann Anfang der siebziger Jahre durch einen Fluchtkeller in der Schönholzer in den Westen gegraben. Oder ich hätte große Töne gespuckt, mich wegen Asozialität verhaften und dann in den Westen abschieben lassen. Dort säße ich dann heute mit einer astreinen antikommunistischen »Widerstandsbiografie« und als leidlich guter Klavierspieler und würde erzählen, was die Ossis für stumpfgesichtige Wesen sind. Wer weiß, wer weiß. Vielleicht aber wäre ich auch vor der Zeit satt, faul und bequem geworden, ein Muggenkönig, eine Stimmungskanone – irgendwas zwischen »Das war ein Meisterschuss« und »Erna kommt« (zumindest meine ostdeutschen Leser ahnen, wovon ich spreche): Ein Kerl, der für Geld und Privilegien zu jeder musikalischen Schandtat bereit ist. Das alles hat Biermann verhindert.

Allerdings ist die Episode Biermann damit noch nicht zu Ende. Sie hat noch eine Fortsetzung, mindestens eine. Und eine bittere Pointe. Aber der Reihe nach!

Die kriegen dich nie, dachte ich frohgemut – ich war ja schon dreiundzwanzig. Aber sie kriegten mich! Was hätte man auch von einem Staatswesen halten sollen, das nicht in der Lage gewesen wäre, seine Rekruten einzuziehen! Nicht alles funktionierte in der DDR nicht. Das funktionierte.

Ich vermute, mich hat einer beim Wehrkreiskommando verpfiffen. Was heißt, ich vermute! Ich weiß sogar ziemlich genau, wer es war. Aber ich sage es nicht. In solchen Dingen heikel zu sein, das hat mich die Zeit nach der »Wende« gelehrt. Wie oft wurden Menschen grundlos beschuldigt, wie gierig haben die Medien Leute kaputtgeschrieben – nach Aktenlage, die Stasi als ewiger und einzig verlässlicher Zeuge. Wie oft haben sich Leute als

»Opfer« präsentiert, um ihrem kümmerlichen Dasein Glanz zu verleihen oder ihr Mütchen an Nachbarn, Vorgesetzten, Kollegen zu kühlen! Und wie durchsichtig war das Spiel oft genug – wer zu weit die Klappe aufriss, dem wuchs plötzlich eine Akte an den Hals, oder der Verdacht auf eine Akte, oder der Verdacht auf den Verdacht.

Und es ist ja heute auch egal, wer dafür gesorgt hat, dass ich meinen »Ehrendienst« nicht verpasse. Die achtzehn Monate »bei der Fahne« waren die bittersten und sinnlosesten meines Lebens. Ich wollte, ich hätte sie mir ersparen können. Aber vergebens waren sie nicht.

Nein, nicht die Ausbildung hat mich geschlaucht, nicht das Eingesperrtsein in der Kaserne gequält, nicht die Langeweile, der Stumpfsinn haben mich zermürbt. All das zusammen war natürlich furchtbar. Aber das Schlimmste war, ich selber war mir Feind: Achtzehn Monate lang, vierundzwanzig Stunden am Tag dagegensein, immer dagegenhalten, immer aggressiv, immer auf Störung, ja Krawall aus, immer das Gesicht zur Faust geballt – das höhlt einen aus, da macht man sich kaputt, da wird man böse. Boykott strengt an. Mit den bei Havemann und Biermann erworbenen kommunistischen Idealen im Kopf sah ich überall nur die Verräter am Sozialismus, die Kommissköppe und Leuteschinder in den Uniformen, die fast genauso schon die Nazis getragen hatten. Ich war ein kommunistischer Antimilitarist, aber erklär so was Seltsames mal einem Unteroffizier!

Ich war nach Burg eingezogen worden, ein Panzerregiment. Das war ein großer taktischer Fehler des vereinigten Oberkommandos des Warschauer Vertrages. Denn Burg war einfach zu nah an Muttern. Wenn das Kasernentor einmal einen Spalt offenstand, bei jedem Ausgang, war ich weg, nach Magdeburg. Oder nach Berlin, wo ich Kumpels und damals noch Gattin Gaby nebst Kindlein hatte. Das war jedesmal eine »unerlaubte Entfernung«, und darauf stand Knast. Degradiert werden konnte ich nie – und das wäre für mich auch keine Strafe gewesen. Ich blieb immer nur Soldat. Mein Ehrgeiz auf eine steile Karriere bis zum Gefreiten hielt sich in sehr engen Grenzen. Später wurde mir klar, warum ich nicht schon nach den ersten längeren »UE« (unerlaubte Entfernung) in den Soldatenknast nach Schwedt verschickt worden war: Sie wollten sich noch eine Strafe aufheben für mich, sie glaubten, der Lakomy macht noch mal ein dickes Ding.

Bei meiner Entlassung wurde mir eine Benzinrechnung präsentiert, die mir die Sinne schwinden ließ: Viele Kilometer waren meine Genossen insgesamt zwischen Magdeburg und Burg und Berlin, hin- und hergefahren, um mich zu suchen und wieder in die Kaserne zum Dienst zu bitten.

Wer einen NVA-Spind kennt, weiß, dass da drinnen erstens eine strenge militärische Ordnung zu herrschen hat und zweitens Bücher nichts zu suchen haben, mit Ausnahme der Dienstvorschrift und vielleicht eines sowjetischen Helden-Romans. Ich aber hatte meinen Spind bis zur letzten Ritze mit Biermann vollgestopft – alle seine Bücher, die er mir geschenkt hatte (mit Widmung!), seine Noten, seine Platten, Texte, Artikel von ihm und über ihn – der Spind war ein einziger Biermann-Container, eine Zeitbombe. Sie sollte auch bald hochgehen.

Zur Armee hatte ich eine alte Gitarre mitgebracht, die mir irgendwo in die Hände gefallen war. Eigentlich war es unsinnig, das Ding mitzuschleppen, denn ich konnte überhaupt nicht darauf spielen. Aber ein Klavier war nicht da, und der Stumpfsinn und der Hass auf alles und jeden drohten über mir zusammenzuschlagen. Und so fing ich an, auf der Gitarre zu üben.

Von Anfang an sollte es klingen wie bei Biermann. Viel habe ich dadurch gelernt, dass ich nachgeäfft habe. Einen eigenen Stil erarbeitete ich mir viel später, als ich – was die musikalischen Fertigkeiten und Erfahrungen betrifft – aus dem Vollen schöpfen konnte. Eine Zeit lang versuchte ich, wie Cat Stevens zu klingen. Ich war immer schwer enttäuscht, wenn Freunde, denen ich vorsang, das nicht erkannten und meinten: klingt wie Lacky. Wie Lacky zu klingen, das schien mir damals nicht erstrebenswert. Daran muss ich manchmal denken, wenn ich Post von Fans bekomme, die schreiben: »Ich habe mir ›Heute bin ich allein‹ draufgedrückt. Meine Freundin ist ganz begeistert und meint, ich klinge fast wie Lacky.«

Also, alles fing damit an, dass ich mein Vorbild Biermann imitierte. Ich suchte mir die Harmonien zusammen. Ich sang seine Texte, besser: ich rief sie, wie ich das bei Biermann gehört hatte, ich schleuderte sie den zwanzig Klobecken im Kompaniescheißhaus, wo ich manchmal übte, in die Fresse, sozusagen. Manchmal fand ich auch Kumpels, die mir mit wachsender Begeisterung zuhörten.

Das meiste Volk, was sie dort eingezogen hatten, war aber roh und auf üble Weise proletig. Es wurde nur geschnauzt, gezotet und gedroht, kaum dass mal ein normaler Satz in normalem Ton fiel. Mich nannten sie verächtlich »Mozart«, und man spürte, wie schwer es ihnen fiel, zu ertragen, dass es so etwas wie Mozartmusik überhaupt gab. Ich fragte mich: Womit sind die zu erreichen? Was hören die den ganzen Tag? Sie hörten den Deutschen Soldatensender 904, ein Propagandaradio der DDR in die Bundeswehr hinein. Die Sendeanlagen waren so nah bei unserem Regiment, dass man eine Taschenlampenbirne zum Leuchten brachte, wenn man sie an einen Antennendraht hielt.

Ich kriegte mit, dass es sinnlos, ja sogar kontraproduktiv war, zuviel »Ehrgeiz« in die Musik zu legen. Chöre, Schnörkel, sechzig Mann Orchester – und dazu singt dann Michael Hansen! Ich war als Komponist und Arrangeur kurz davor gewesen, mich in Spielereien und Finessen zu verlieben. Meine Zuhörer hier ließen mich merken: Worauf es ankommt in der Musik, das ist ausschließlich die Idee, der überraschende Einfall.

Ich kriegte an mir selber mit, was es bedeutet, einigermaßen geradeaus ein Lied zu singen, und dass das oft mehr mit Verstand und Haltung zu tun hatte als mit schöner Stimme (die habe ich bis heute nicht). Das war in doppelter Weise nützlich: Bisher hatte ich mich als Musiker hinterm Klavier verschanzt und in geistvollen Improvisationen verstiegen. Jetzt lernte ich, etwas zu erzählen. Und zweitens: Wenn ich nicht die Musik gehabt hätte, wäre ich vielleicht in dieser Kaserne Amok gelaufen.

Zeitweise war ich übel dran und hielt mich vorrangig im Med-Punkt auf. Ich konnte bald selbst nicht mehr recht unterscheiden, ob ich dort war, weil es mir schlecht ging, oder weil ich simulierte. Zu simulieren begann ich, indem ich Zuckerkristalle in den Morgenurin streute, der zur Analyse abzugeben war. Aber dann stand ich am Fenster und glaubte ganz fest, Zicke Schneider und Gaby dort auf dem Hof zu sehen, die gekommen waren, mich zu holen.

Nach vier Wochen qualvollen Aufenthalts schickte mir der liebe Gott ein geradezu unglaubliches Privileg. Fischer und Kollegen wollten die Krug-Platte »Es war nur ein Moment« einspielen und hatten doch tatsächlich die Plattenfirma dazu überredet, für diese Zeit um meine Freistellung zu bitten. Es führte natürlich kein Weg rein. Bis mir eines Tages – ich war beim Hofkehren – der Regimentskommandeur über den Weg lief. Ohne Umschweife bot ich ihm an, das gesamte Honorar der Plattenarbeit im Regiment abzuliefern, »für kulturelle Zwecke«.

»In bar?«

»In bar.«

»Und vertraulich?«

»Absolut vertraulich.«

So kam ich für sechs Wochen zu einer tollen Arbeit mit großartigen Kollegen in die Freiheit – und kehrte noch wehrunwilliger zurück. Als ich einrückte, ging ich ohne Anmeldung zum Kommandeur und legte ihm einen Packen Geld auf den Tisch. Er zählte es nicht, ja, sah es nicht einmal an. Er sagte nur:

»Sie waren nie hier, Lakomy.«

Ich gründete, um mich abzulenken, eine Regiments-Combo, denn auch der stupideste Offizier braucht ab und zu etwas Firlefanz. Aber das war auch pures Gift für mich und meine militärische Disziplin. Wer einmal Zeuge wurde, wie sich Obristen besaufen, weiß, wovon ich rede. Nie in meinem Leben – und Umtrünke habe ich wahrlich selten ausgelassen – ist mir noch einmal so viel versammelte Primitivität, so ein stumpfes, faschistoides Herrenreiter-Denken, verklemmte Geilheit, schmierige Sentimentalität und erniedrigende Kumpelhaftigkeit begegnet wie bei abgefüllten Militärs. So sahen sie aus, die stolzen Verteidiger des Sozialismus! So sehen sie bestimmt überall in der Welt aus, die Spezialisten fürs Schießen und Töten, vereint in der verpupten Kasernen-Stuben-Atmosphäre einer so genannten Kameradschaft.

Und dann passierte es: Auf einem Regimentsball nannte ich den Stabschef leider »ein großes Arschloch«. Das war natürlich die Wahrheit, nichts als die Wahrheit! Aber eine sehr billige. Ich hätte sie nicht gesagt, wenn ich nüchtern gewesen wäre. Ein Fehler, der mir nicht nur einmal unterlaufen ist. Der Genosse Generalfeldmarschall, oder wie er sich auch immer nannte, sah mich lange aus wässrigen, blassen Augen an und schwieg. Ich fürchtete, er habe mich in seinem Suff nicht richtig verstanden und wiederholte höflicherweise betont langsam: »Sie sind ein großes Arschloch, Genosse.«

Kurz darauf hatten sie mir den Spind ausgeräumt. Die Wattejacke hatte plötzlich viel Platz zum Atmen. Ich wurde in den Stab befohlen, zum V 1, das war jener Offizier, den das ganze Regiment als den Verbindungsgenossen zur Staatssicherheit kannte (und auch kennen sollte).

Zuerst wurde ich gefragt, welches Verhältnis ich zur Deutschen Demokratischen Republik habe. »Keins«, antwortete ich rückhaltlos ehrlich. Wozu dem Mann was vormachen?

Der versuchte es natürlich auf die Kumpeltour. Er sei ganz sicher, dass auch in mir missratenem Landser ein guter Kern stecke, sagte er. Er glaube nämlich an das Gute im Menschen, das sei seine Weltanschauung. Dummerweise hätte ich da jede Menge »feindliche Druckerzeugnisse« in meinem Schrank, was ich natürlich nicht ahnen könne.

116

»Wissen Sie überhaupt, Genosse Lakomy, wer dieser Biermann ist? Nein?«

Nein. Aber ich war gespannt.

»Da will ich ihnen aber mal die Augen öffnen, Genosse Lakomy. Dieser Herr Biermann, das haben wir analysiert, ist ein Feind des Sozialismus, einer, der die Arbeiterklasse in der DDR lächerlich macht und sich für ein Butterbrot an die westdeutschen Imperialisten verkauft.«

Ich wusste nicht genau, ob ich lachen oder heulen sollte. Ich entschied mich fürs Heulen. Nicht ganz freiwillig, ehrlich gesagt. Ich blieb nämlich weit unter meinen rhetorischen Möglichkeiten. Vor Angst und Wut stieß ich nur hervor: »Dieser Biermann ist mein Freund, verstehen Sie! Mein Freund!« Mensch, dachte ich, was der Biermann aus so einer Gelegenheit, mit dem Stasi-Mann zu diskutieren, gemacht hätte! Blitzende Argumente, freche, witzige Hiebe, höhnisches Lachen, dass es dem Kerl den Atem genommen hätte. Und ich bringe nichts weiter hervor als diese Emotionskacke von »bester Freund« und so. Und das nach der harten Schulung bei dem berühmten Havemann! Mir trieb es die Tränen in die Augen.

Mein Vernehmer ließ mich flennen, ging erst einmal aus dem Raum, kam ohne Begleitperson zurück und wechselte abrupt zu einer schärferen Gangart über. Er rückte ganz nah zu mir heran und sagte lächelnd: »Reinhard, was du da im Spind hast, das ist Wehrkraftzersetzung. Du infiltrierst mit dem Zeug ja deine Genossen. Und das gerade jetzt, bei dieser internationalen Lage! Dafür wanderst du ab nach Schwedt, das gibt zwanzig Jahre.«

Ich dachte sofort: Mein Gott, da bin ich ja vierzig, bis ich wieder rauskomme. Angst stieg in mir hoch, ich kotzte mich selber an. Plötzlich packte mich die Wut, und ich schrie: »An den Biermann traut ihr euch nicht ran! Aber einem, der nur seine Lieder singt, dem rückt ihr auf die Pelle! Ihr seid ja so ein Schweinepack!«

»Brüllen sie nur, Genosse Soldat«, sagte der V 1, »wir sind nicht nachtragend. Wir glauben an das Gute im Menschen.«

Diese Leute sagten immer »wir«. Sie sprachen quasi im Namen der Kommunistischen Internationale und der siegreichen Arbeiterklasse in aller Welt.

Tränenüberströmt sprang ich auf, stieß einen Urlaut aus, kippte den Tisch um und rannte aus dem Raum. Na schön, dachte ich, wann kommt man sonst schon so bequem mal nach Schwedt!

Aber nichts geschah. Man ließ mich plötzlich in Ruhe, schob mich auf eine »Eierschaukel« ab – so hießen die Posten, wo man Unterhosen sortierte oder Karteikarten anlegte. Ich durfte von nun an die Lehr- und Lernmittel

Bei der Armee in Burg (Lakomy rechts)

für die Politschulung verwalten, Plattenspieler, Diawerfer, die Schallplatten des Erich-Weinert-Ensembles und auch einen kleinen Brennofen. Darin brannte ich kleine Figuren, die ich aus Ton geknetet hatte. Durchweg niedliche Schweinereien, sogenannte Perversitäten – man kann ja nicht auf allen Gebieten begabt sein.

So hätte ich die zweite Hälfte meines Dienstes fürs Vaterland verdämmern können – Diawerfer, erregierte Tonmännlein, immer raffiniertere Harmonien auf der Gitarre und ein inzwischen durchaus anspruchsvoller gewordenes, unterhaltungssüchtiges Stammpublikum in Gestalt meiner tapferen Wachsoldaten. Aber ich wollte mehr: Ich wollte dorthin, wo der Jazz spielt, ich wollte nach Berlin!

Eher aus sportlichem Interesse, um mir hinterher nicht vorwerfen zu müssen, ich hätte irgendwas unversucht gelassen, legte ich mir eine veritable Macke zu, wie sie der brave Soldat Schwejk nicht besser hingekriegt hätte. Schweijk hätte vermutlich dafür auch eine moralisch einwandfreie Begründung gefunden – etwa so: Ich kann meiner sozialistischen Heimat am besten dienen, indem ich mich nicht dort aufhalte, wo ich ihr nachgewiesenermaßen am meisten schade. Dass ich einen gefährlichen Hang zur Wehrkraftzersetzung hatte, war ja inzwischen sicherheitsdienstlich bekannt.

Mit so anstrengenden Sachen wie Durchfall und Erbrechen wollte ich gar nicht erst anfangen. Das muss man Ärzten ja alles irgendwie vorzeigen. Aber in den Kopf kann niemand gucken, und – bei allem medizinischen Fortschritt – das ist glücklicherweise auch so geblieben. Zuerst lief ich nur ein wenig Schlängellinie über den Kasernenhof. Als ich merkte, wieviel Mitleid man schon mit einer so einfachen tänzerischen Einlage erzielen kann, suchte ich neue Gestaltungsmöglichkeiten. Beim Mittagessen an den langen Kompanietafeln sprang ich plötzlich auf und rief: »Still, hört ihr nicht, Satchmo singt!«

Dem Feldscher, einem einfach gestrickten Mann, der eigentlich nur zwei Mittel kannte – Klistier und Penicillin – machte ich klar, dass mich infolge der unmenschlichen Anspannungen bei der ständigen Erhöhung der Gefechtsbereitschaft jede Menge Halluzinationen heimsuchten. Allerhand Leute hatte ich im Ohr, nur komischerweise Walter Ulbricht nicht.

»Warum nicht Ulbricht?«, wollten meine Genossen wissen.

»Den trage ich im Herzen«, beteuerte ich.

Um Mitternacht sprach gewöhnlich mein Vater Bernard zu mir. Ich bat den Medizinmann, diese Information unbedingt auf seine ärztliche Schweigepflicht zu nehmen – mein Vater war immerhin republikflüchtig; wenn ich halluzinierte hatte ich folglich eine »ungenehmigte Kontaktaufnahme« zu einem Bürger des nichtsozialistischen Wirtschaftsgebietes. Der Feldscher dankte mir für mein Vertrauen und bot mir im Gegenzug einen Einlauf an.

Für alle, die sich nicht rechtzeitig vor dem Bund drücken konnten, habe ich folgenden Rat parat: Durchhalten! Eine einmal gefundene Macke muss man pflegen wie eine Primel auf dem Fensterbrett. Und immer auf unerwartete Kontrollen gefasst sein! Beim Knarreputzen fragte mich einmal plötzlich mein Zugführer: »Lakomy, wer spricht denn gerade?« Und ich, wie aus der Kalaschnikow geschossen: »Meine Großmutter, Genosse Oberleutnant. Singt sie nicht schön beim Kartoffelschälen?«

Irgendwann war es ihnen nicht mehr geheuer mit mir, und ich wurde befördert – auf einen »Med-Transport« ins Zentrallazarett Bad Saarow. Mit mir reiste ein bedauernswerter Kerl, der vor seinem Eintritt in die bewaffneten Organe auf der Landwirtschaftlichen Nutzfläche bei Brieselang Pestizide ausgebracht und in Tateinheit mörderisch gezecht hatte. Beides für sich wäre bereits arg ungesund gewesen – aber erst zusammen! Er litt unter unsäglichen permanenten Kopfschmerzen, die ihm die Tränen in die Augen trieben. Wenn ich ihm ins schmerzverzerrte Gesicht schaute, hatte ich ein sehr schlechtes Gewissen. Und wenn er zu mir sagte: »Ach, Lacky, du mit deinem Leiden, du hast es ja auch nicht leicht!«, hätte ich vor Scham in den Boden versinken mögen.

Zwischenstopp war in Berlin-Ostbahnhof. Und obwohl ich, nur wenige Kilometer Luftlinie von meiner Gaby entfernt, vor Geilheit fast wirklich zu halluzinieren begann, ließ sich der Unteroffizier nicht erweichen, mir einen Kurzbesuch bei meiner Frau zu gestatten. Er ahnte wohl, dass ich, einmal losgelassen, sobald nicht wieder zurück in seinen Dunstkreis finden würde.

Im Zentrallazarett angekommen, musste ich mich sehr auf meine Krankheit konzentrieren. Vom Tor an trug ich ein leichtes Zucken im Antlitz, das ich mir bei Klaus Kinski abgeguckt hatte. Anstrengend war das schon! Der Doktor, ein noch junger Typ, befahl mir, mich auf eine Trage zu legen, die mit einem ekligen braunen Gummilaken bepannt war. Wahrscheinlich rechnete er bei mir nicht nur mit Irresein, sondern auch mit Inkontinenz. Aber dann machte er überhaupt keine Anstalten, mich zu untersuchen. Ich könne das Zucken ruhig sein lassen – »Zucken einstellen«, sagte er in der Sprache der Militärs – es passe vom klinischen Gesamtbild her nicht so recht zu der anderen Krankheit, die ich mir ausgedacht hätte.

Wir schauten einander tief und wissend in die Augen. »Ich versteh dich ja«, sagte er. »Wenn du willst, schicke ich dich mit einer sauberen lateinischen Begründung nach Hause. Aber glaub ja nicht, dass du dann raus bist! In zwei Jahren ziehen sie dich wieder. Nur, dann sitze nicht ich vor dir. Da musst du vor einer Kommission von Professoren vortanzen, und zwar virtuos und fehlerfrei. Um die zu überzeugen, musst du schon ein paar Semester auf Macke studiert haben.«

»Also so eine Art Staatsexamen?«, fragte ich.

»So ungefähr.«

»Und wenn ich da nicht gut genug bin?«

»Dann wirst du eben noch einmal gezogen. Aber, mein Lieber, dann fängst du wieder am Tage Eins an!«

Die ganze Fahne noch einmal? Mit Wachdienst und Spindkontrolle und Nachtschießen und Grußordnung, Totalzölibat und Arrest? »Nee, lassen Se mal!«, sagte ich und gesundete augenblicklich.

Auf der Rückreise stiegen wir wieder Ostbahnhof um. Den Genossen Kopfschmerz hatten sie in Bad Saarow gleich in ein Bett gelegt. Ich spendierte meinem Bewacher ein Bier, und das stimmt ihn milde. Er war aus Crimmitschau und kannte sich in Berlin nicht aus. Gaby, sagte ich – die sei gleich um die Ecke. Irgendwie stimmte das ja auch – ist nicht in Berlin alles irgendwie »um die Ecke«? Noch ein Bier – und er ließ mich »auf einen Sprung« ziehen.

»Auf einen Sprung« – so kann man das, was ich vorhatte, auch nennen. Oder wie wäre »Ab-Stecher«?

Unsere kleine Wohnung in der Kastanienallee war dunkel. Der kleine Armin lag brav in seinem Bettchen und
träumte den süßesten aller Babyträume.

Ich rauchte, wartete, rauchte.

Als es schon hell wurde, legte ich mich in den Korridor,
mit dem Kopf zur Wohnungstür, damit ich sofort knall-
wach wäre, wenn die Dame des Hauses erschiene. Doch
wer mich weckte, war Armin. Irgendwann hatte er seinen
Alten auf dem Fußboden entdeckt, und es verlangte ihn
danach, auf meinem Bauch herumzukrabbeln.

Kurz nach sechs kam seine Mutter reingetorkelt. Sie
machte auf Wiedersehensfreude, roch nach Fusel und
Kerlen. Es war zum Kotzen. Das Kind! Ich konnte doch
den Jungen nicht mit ihr alleine lassen, wenn hier die Beischläfer ein- und ausgingen. Ich schnappte Armin, rannte die Treppen runter, Gaby immer hinterher, immer an
meinen Fersen.

Im Zug setzte sie sich uns beiden gegenüber, lächelte,
als sei absolut nichts vorgefallen, und spielte »junge glückliche Familie«. Armin plapperte fröhlich und krabbelte
über die Reisenden hinweg. Die junge glückliche Familie reiste nach Burg. Gestern noch hatte ich all mein
Simulationstalent zusammengenommen, um für immer
aus der Kaserne zu kommen. Heute schleppte ich Frau
und Kind da hinein. Sieh her, wollte ich dem Kommandeur sagen, bei dieser Frau, die die Nächte durchhurt,
kann ich doch das Kind nicht lassen! Das Kind ist doch
jetzt das Wichtigste! Gebt mich frei, der Sohn braucht
mich zum Überleben!

Ach Gott, wie naiv! Da könnte ja jeder kommen. Es gibt
wahrlich wichtigeres als einen einzigen zweieinhalbjähri-
gen Staatsbürger! Den Klassenfeind zum Beispiel und die
Weltrevolution.

Ich hatte mal wieder eine »unerlaubte Entfernung« auf
meinem Konto, war zehn Stunden überfällig gewesen,
zehn Tage Bau waren mir also gewiss. Gaby und Armin

stellten sie vors Kasernentor. Dort standen sie eine Weile in der Mittagssonne, als warteten sie, auf irgendwas, auf irgendwen.

Und dann gingen sie weg.

Kurz vor dem Entlassungstag landete ich wieder einmal in der Arrestzelle. Warum, weiß ich schon gar nicht mehr. Die Unteroffiziere, die armen Kerle, machten sich ein sadistisches Vergnügen daraus, mich erst am Nachmittag zu entlassen, als die Kaserne längst leer war. Ich spielte den Verzweifelten, lief gegen Wände und rief nach meiner Mama. Ihr Hornochsen, dachte ich, wenn ihr wüsstet, was ihr mir für einen Gefallen tut! Denn erst ab dem Nachmittag des Entlassungstages, wenn die frischgebackenen Reservisten mit ihren bunten Kameradschaftstüchern längst zu Hause angekommen waren, gab es in den Zügen wieder Bier.

Übrigens: Ein Jahr später hatte ich einen sehr schweren Weg zu gehen, einen Canossa-Gang.

In meinem grünen Versicherungsausweis fehlte die Eintragung der NVA. Ich brauchte einen verdammten Stempel und musste also noch einmal die Kaserne in Burg betreten. Allein der Gedanke, einigen von diesen Fressen wiederzubegegnen, machte mir die Knie weich. Am Tor stand ein junger Unteroffizier, den ich nicht kannte. Er hielt mich an. »Lakomy? Sag mal, bist du das, dieser Lacky? Der Typ, von dem hier alle schwärmen, weil er so viel action in die Bude gebracht hat?«

Die Offiziere schwärmten garantiert nicht von mir, eher »das gemeine Volk«.

Man erzählte sich Geschichten über einen gewissen Lakomy, die den unweigerlich nach Schwedt gebracht hätten, der war auf einmal ein Rambo, made in GDR. Sollte etwa ich derjenige gewesen sein? Na ja, was soll's.

Nun war ich also »draußen«, stand mit meiner billigen Klampfe, die ich vor achtzehn Monaten mit in die Kaserne gebracht hatte, vor dem Tor. Von den Biermann-Effekten, meiner Spind-Ladung voller Konterbande, habe ich übrigens nicht eine Note, nicht ein Blatt wiedergesehen. Jemanden einfach etwas von seinem Eigentum wegzunehmen, im Namen des Sozialismus, das machte in der DDR eben wenig Umstände. Und doch: Ein frisch entlasssener Knastologe konnte sich nicht besser fühlen als ich. Und nicht elender: Frisch geschieden, ohne Aussicht auf Geld, ohne eigene Wohnung, ohne Ahnung, was ich nun beginnen wollte, stand ich da.

Von Wolf Biermann hatte ich anderthalb Jahre fast nichts gehört. Einmal kam von ihm ein Brief in die Kaserne, natürlich ohne Absender. Er enthielt ein paar flotte, radikale Sprüche über die Armee, an der er immer vorbeigekommen war, und war konspirativ unterschrieben mit »Dein Karl«. Mehr hatte ich auch nicht erwartet. Schließlich waren wir kein Liebespaar. Aber Freunde waren wir, dachte ich. Doch Einbildung ist bekanntlich auch eine Bildung.

Einer meiner ersten Wege als wiedergeborener Zivilist führte mich selbstverständlich an einem späten Abend in die Chausseestraße. Durch Biermanns Wohnung tobte gerade eine dieser tollen Feten, wie es sie wohl nur in der DDR, und wahrscheinlich nur in Ostberlin gegeben hat. Viel später behaupteten westdeutsche Feuilletonisten, diese orgienähnlichen Zusammenrottungen seien die Brutstätten einer »ostdeutschen Boheme« gewesen. Auf »unserem« geliebten Billardtisch versuchte ein Kerl, eine kichernde Blondine zu nageln. Daneben standen zwei blasse Studenten und nahmen den Adorno durch. Eva-Maria schwebte mit einem Schampuskelch in der Hand durch die Räume und fiepte die Lieder von Wladimir Wyssotzki mit, die der Plattenspieler von sich gab. Jemand rüttelte wie wild an der Klotür und flehte: »Ramona, komm doch wieder raus!« Ein Mädchen hockte am Fuße des Ofens und brach abwechselnd in Weinen und Lachen aus. Die Wohnung war mit Flaschen und Speiseresten möbliert und so verraucht, dass man dachte, der Teppich brennt. In der Mitte des Zimmers saß dick und dreist und taub Wolf Biermann, auf jedem Knie ein Mädchen, jede seiner Hände tief in einem Unterleib versenkt. Er sabberte ein wenig.

Ich floh die Treppe hinunter auf die Straße und wunderte mich über mich selber. Eigentlich ging (und gehe ich bekanntermaßen bis heute) kaum einer Party aus dem Wege. Abgedrehte Typen sind mir ein Vergnügen, Entgleisungen im Rausch, auch schwere, absolut nicht fremd, und prüde bin ich schon gar nicht. Aber da oben brach für mich eine Welt zusammen. Mein Idol, mein revolutionärer Vortrommler, der Denker, der scharfsinnige Analytiker hockte da oben, wühlte in Weiberfleisch und suhlte sich im Stumpfsinn. Und das ausgerechnet an dem Abend, wo ich nach langer intellektueller Abstinenz, nach qualvoller geistiger Dürre endlich mal ein gescheites Wort mit einem gescheiten Zeitgenossen wechseln wollte. Und was hätte ich dem Wolf nicht alles zu erzählen gehabt, von all den militanten Kreaturen, die er nur aus seiner Phantasie kannte, von meinen Heldentaten, meinem schwejkschen Überlebenswitz, meinen dunklen, kalten Karzerstunden!

Das Erlebnis in der Chausseestraße fraß in mir. Aber so leicht gibt man einen Freund nicht auf, nicht wahr? Zwei Tage später, an einem stocknüchternen, wolkengrauen Nachmittag, ging ich wieder hin. Ich stand in Biermanns Küche und sagte so nebenher wie möglich, eher entschuldigend als anklagend: »Du Wolf, dass ich neulich gleich wieder abgehauen bin, musst du verstehen. Fand ich nicht so gut, wenn ich dich so sehe, ausgerechnet dich.«

Er ließ eine kleine, effektvolle Theatersekunde vergehen, blies sich auf, brüllte los: »Was erlaubst du dir, mir zu sagen, wie ich mich verhalten soll! Du! Mir! Weißt du überhaupt, wer du bist? Du bist ein Nichts, Lakomy! Ein absolutes Nichts!«

Scheiße. Lieber wäre mir, ich könnte schreiben, wir hätten uns über die Frage des revolutionären Terrors in Lateinamerika zerstritten oder über die Verfremdungstheorie bei Brecht oder um eine Frau. Aber nicht auf diesem Niveau. Das war mir peinlich – für ihn.

Das Kapitel Biermann war für mich abgeschlossen. Dachte ich. Auf die allen einstigen DDR-Bürgern bekannte Weise hat er mich ein paar Jahre später aber doch wieder beschäftigt, und zwar langanhaltend. Aber das steht auf einem anderen Blatt.

Das Hemd

Jeder ist seines Glückes Schmied! – Diese Volksweisheit hat fast immer einen schadenfrohen Unterton. Ich hatte es ja so gewollt – ich war frei, freier ging es gar nicht mehr. Von Gaby, von jeder Art von Einberufungsbefehlen, frei von jeder Bevormundung, jedem Chef, jedem Druck. Wenn ich gewollt hätte, hätte ich mittags, nach dem Frühstück, ins Arboretum gehen können, um zuzugucken, wie der Gingko wächst. Oder in den Tierpark, wo die Orang Utans unanständige Dinge machen. Oder ich hätte ganz und gar im Bett bleiben können und selber unanständige Dinge machen. Kurz, ich hatte rund zwanzig Jahre vor dem Einbruch des Kapitalismus in ostdeutsche Gefilde jenen Zustand nach Freiheit schmeckender Seligkeit erreicht, den heute notgedrungen Hunderttausende erleben: Sie könnten auch im Bett bleiben, es steht ihnen frei, keiner fragt nach ihnen, es ist, als wären sie nicht da ...

Irgendwo habe ich neulich gelesen, Heimat sei dort, wo man gebraucht werde, wo man – falls man plötzlich den Löffel abzugeben habe – eine Lücke hinterlasse. So gesehen war ich eigentlich auch frei von Heimat, obwohl doch endlich in meinem geliebten Berlin angekommen. Denn womit hatte ich mich denn bis jetzt in meinem Leben geschafft? Ich war ein versierter und unter Jazzern geschätzter Tastenarbeiter und Arrangeur. Ich war Papa, und ich war geschieden. Und ich war fünfundzwanzig Jahre alt. Alles in allem keine schlechte Zwischenbilanz! Aber dafür hatte ich mich nicht aus Magdeburg Nordwest in die Wunderwelt der Musik aufgemacht, war ich nicht durch die Clubs getingelt, hatte mich für einen Studienplatz in Demut geübt und mich mit den Koryphäen der bedeutendsten musikalischen Lehranstalt überworfen, auf dass ich nun nichts anderes bliebe als ein wackerer

Handwerker am Fortepiano, den man gern zu jeder Studiomugge holt, weil er rasch begreift und keine Zicken macht. Nicht übel – aber zuwenig.

Für mich setzte der Kapitalismus schon vor dreißig Jahren ein. Ich vollzog meinen ganz individuellen Systemwechsel, und zwar, ohne es selber allzusehr zu merken. Ich brauchte dazu nicht einmal die Wohnung, geschweige die DDR zu verlassen (und vor allem blieben mir die aasgeierigen Wessis und ihre Belehrungen darüber erspart, welche Versicherungen man sofort abschließen muss, wenn man in den Kapitalismus kommt, und in welcher Höhe die Krawattennadel sitzen muss).

Ringsherum ging alles seinen sozialistischen Gang – das freie Unternehmertum im Lande war längst eliminiert. Nur ich war plötzlich sozusagen Existenzgründer, war mein eigener Unternehmer und Arbeitnehmer zugleich. Und weil es in der DDR ja nicht ohne ging, muss ich wohl auch noch mein eigener BGLer und mein eigener Parteisekretär gewesen sein (der mich aber nie überreden konnte, Genosse zu werden). Mein Trick war die Selbstausbeutung. Aber ich muss sagen, ich bin immer recht zartfühlend und nett mit mir umgegangen und kann mich nicht entsinnen, dass ich von mir je in Ausbeutermanier einen Tritt in den Hintern gekriegt hätte. Mein Motiv zu arbeiten war auch nicht das Geld. Komisch – so oft ich in den zurückliegenden Jahren auch Knast geschoben hatte, in den Kneipen anschreiben lassen musste oder Kumpel anpumpte – ums Geld habe ich mir in der DDR nie wirklich Gedanken gemacht. Das Leben kostete fast nichts, Miete, Essen, Kultur war quasi umsonst (aber nicht vergebens). Der unterentwickeltste aller meiner Sinne war der Erwerbssinn. Wenn es je Gezerre ums Geld gab – z.B. mit dem öfter mal stinkigen Kleinunternehmer Klaus Lenz –, dann nicht, weil ich um meine Existenz fürchtete oder weil ich rasch reich werden wollte, sondern weil ich mich ungerecht behandelt fühlte. Denn der Gerechtigkeitssinn ist der am weitesten entwickelte meiner Sinne. Ich hatte überhaupt kein Motiv zu arbeiten, sondern nur einen Trieb – den Spieltrieb. Und der Unternehmer in mir war klug genug, den Arbeitnehmer in mir nicht zu gängeln, sondern sich zu sagen: »Lass den mal spielen!«

Meine Freiheit war natürlich auch nur relativ. Beispielsweise musste ich wegen akuten Wohnungsmangels in Berlin noch in der ehelichen Wohnung wohnen. Dort ging Gabys neuer Freund ein und aus, ein Araber aus Westberlin. Er reiste morgens um sechs über Invalidenstraße ein, besetzte dann den ganzen Tag die winzige »eheliche« Wohnung in der Kastanienalle, musste gegen Mitternacht wieder über den Kontrollpunkt ausreisen und reiste morgens um sechs wieder ein. Es lag stets unerträgliche Spannung in der Luft, die sich stundenlang nur in Türenknallen und Wummern gegen Wände bemerkbar machte, sich ohne erkennbaren Anlass aber auch in ernsthaften Schlägereien in der Küche entladen konnte. Der kleine Armin mit großen Augen immer mittendrin.

Zum Teil gab es ausgeklügelte Methoden der psychologischen Kriegsführung, die auf Zermürbung des Gegners zielten – Vorhängeschlösser am Geschirrschrank zum Beispiel, oder ein benutztes Kondom hing über meiner Türklinke. Der Araber pflegte seinen Sex mit Gaby besonders laut auszutragen, speziell zu meiner Unterhaltung, wie ich mir einbildete. Ich ging dann dazu über, Bräute, die ich mit nach oben nahm, zu bitten, ihren Orgasmus, falls überhaupt, möglichst schreiend zu erleben – »ich brauche das«, behauptete ich.

Dann war der Sechstagekrieg im Nahen Osten, und ich stand – entgegen der DDR-Propaganda – ganz und gar auf Seiten Israels, denn ich hatte meinen speziellen arabischen Feind in der Bude. Um ein Haar wäre ich Jude geworden. Einmal hängte ich ein Plakat von Israels Kriegsminister Mosche Dayan – den mit der Augenklappe – von außen an meine Tür. Vorsorglich hatte ich allerdings einige mir wichtige Dinge – z.B. Instrumente – unter meinem Bett in Sicherheit gebracht, was sich dann auch als richtig erwiesen hat.

Die Atmosphäre in unserem gemeinsamen Haushalt schrie regelrecht nach Sinngebung, oder weniger pathetisch ausgedrückt: Wollte ich nicht dem Alkohol verfallen oder gelegentlich einen Mord begehen, musste jetzt was passieren. Inneren Spannungen begegnen gewiefte Sozialtherapeuten zumeist mit der Aufforderung: Lass es raus! Lass es raus! Aber was hatte ich schon rauszulassen? Eigentlich doch nur Musik. Und eigentlich hatte ich Gaby doch längst abgehakt.

Als dann wohl auch im Ergebnis dieses Eheversuchs »Es war doch nicht das erste Mal« Furore machte, auch noch von mir selber gesungen, bemerkte ich in meiner näheren Jazz-Landschaft einige Zeichen der Veränderung. In der Kantine im Rundfunk kriegte ich spitze Bemerkungen ab, in der Fischer-Band sagte ein Kollege plötzlich »Allroundartist« zu mir – alles noch witzig, ironisch. Aber wenn es immer wieder auf dasselbe Thema geht, wird auch die Ironie schal: »Dass sich der Schlagersänger überhaupt noch mit uns Jazzern die Ehre gibt ...!«, »Ah, da kommt ja der Schlagersänger ...!«, »Du schaffst doch sicherlich zwei Schlager am Tag, so einfach, wie sich das anhört ...!« usw. Die Jazzpolizei war unterwegs, und sie reagierte gereizt auf die Nachricht, einer der ihren sei abtrünnig geworden, sei zu den Schlageraffen übergelaufen, vom Jazzpianisten zum »Verräter am Jazz« geworden, wie ich das einmal einen Kollegen sagen hörte.

Man kann natürlich sagen: wie albern! Aber was da ablief, hatte seine Gründe. Der Jazz in der DDR dieser Jahre hatte einen hohen künstlerischen Standard, war sehr artifiziell, zuweilen schon elitär. Um diesen Standard zu halten, um dabei sein zu können, musste jeder Musiker nicht nur talentiert, nicht nur fleißig, sondern besessen sein. Außerdem galt es, gegen die Zumutungen von Produzenten und Redakteuren zusammenzuhalten, die Kitsch und Musikmüll oft höher schätzten, weil er billiger und rascher zu kriegen war und »irgendwie immer« passte. Zudem hatte der Jazz in der DDR für die Funktionäre immer noch den Geruch von konterrevolutionä-

rer Kunst an sich, obwohl der Publizist Karl-Heinz Drech-
sel es irgendwie geschafft hatte, diesen Holzköppen zu
vermitteln, dass der Jazz »die Musik der versklavten und
ausgebeuteten schwarzen Bevölkerung der USA ist«.

Jazzer hatten sich einander verschworen, wie eine musikalische Eliteeinheit. Sie vergötterten gemeinschaftlich
ihre großen Leitfiguren, kontrollierten sich gegenseitig,
damit die stilistischen Raffinessen nicht zugunsten von Ba-
nalitäten verschwanden. Und sie verehrten die Besten ihrer Zunft, die folglich – wie Lenz – jede Autorität genossen. Das Verrückte daran war, dass diese Rituale, die an
eine Sekte erinnern, nie abgesprochen waren, keine Hier-
archien existierten, keine Sanktionen. Die einzige Strafe
war, ausgeschlossen zu sein aus der Musik-Elite dieses Landes, aus der DDR-Jazzerfamilie.

Ehrlich gesagt, an manchen Tagen fühlte ich mich so.
Da war mir dann der Stolz vergällt auf meine Kompositi-
onserfolge im Liedhaften. Um so wichtiger wurde mir die
Arbeit mit Günther Fischer und Co, denn dort spielten

*Fred Gertz alias
Fritz Räbiger*

wir den modernsten Jazz dieser Zeit. Den musste uns erst mal einer nachmachen.

Dann kam »Heute bin ich allein«. Gleich als ich den Titel anbrachte, hieß es im Funk: Das singst du natürlich selber. Ich war glücklich – denn, ehrlich gesagt, ich hatte ihn von der ersten Note an für mich geschrieben, und Fred Gertz hatte sich mit seinem Text genau an die Geschichte gehalten, die ich erzählen wollte. Ich hatte nämlich inzwischen eine eigene Wohnung in der Choriner Straße ergattert und mich sofort in eine neue Beziehung gestürzt, zu einer Frau, die zuerst viel liebenswerter als anstrengend, dann aber immer anstrengender als liebenswert war. Ich genoss es, wenn ich mal einen Tag für mich allein hatte. Ich setzte mich ans Klavier, der Rest ist bekannt. Die Beziehung hielt nicht mal, bis das Lied fertig komponiert war, aber die Frau hat mir zu einem Evergreen verholfen.

Das Lied schlug großartig ein und wurde noch berühmter als »Es ist doch nicht das erste Mal«. Und es hat einer Kneipe zu unverhofftem Ruhm verholfen, denn in dem Lied heißt es:

Heute geh'n wir alle in die Böse-Buben-Bar,
und dann bestell'n wir uns ein riesengroßes Fass ...

Viele fragen mich auch heute noch, ob es die »Böse-Buben-Bar« wirklich gegeben hat. Ja, es hat sie gegeben, und Eddie Greiser, der Fischer-Bassist und ich, waren dort Stammgäste. Doch wenige Zeit, nachdem dieses Lied solch ein Hit wurde, gab der Pächter Domschke, ein ehemaliger Musiker, die Kneipe ab, und der neue Kneiper nannte sie um in »Prenzlauer Krug«. Ein besonders dämlicher Geschäftsmann!

Aus dem anonymen Studiomusiker und Jazzpianisten war nun »über Nacht«, wie es dann immer heißt, ein Star geworden. Ich wunderte mich natürlich, wenn man mir im Rundfunk oder bei der Schallplatte bescheinigte, dass ich mit meinen Titeln so populär sei wie Frank Schöbel mit seinen Schlagern. Ich wunderte mich nicht über die Zahlen, sondern dass ich mich plötzlich in der Schubla-

de »Schlager« wiederfand und mit den Kollegen Schlagersängern verglichen wurde.

Aber ich fand das nicht ehrenrührig; für mich war
»Schlagersänger« kein Schimpfwort, wie z.B. für Lenz. Das
Publikum würde außerdem merken, dass ich etwas anbot,
was im Schlager der DDR bisher nicht zu hören war, und
deswegen verlangte es ja nach dieser Musik. Es suchte bei
mir gerade das, was es im Schlager vermisste: Alltäglich-
keit, Nähe, und dass einer mit der Seele singt, und nicht
nur mit der Stimme, wie Moni später zu mir sagte. Die Titel hatten eben nur noch keine Rubrik. Fünf Jahre später, 1977 fand Moni im Zusammenhang mit meiner Musik für Kinder nach ihren Texten das richtige Wort dafür,
das schon auf meine ersten großen Erfolge gepasst hätte:
Geschichtenlieder.

Nach meiner ersten Langspielplatte »Reinhard Lakomy« hieß die zweite dann auch »Lacky und seine Geschichten«. Da hatten die Plattenredakteure doch das
Ohr nah am Publikum, denn »Lacky«, das hat nicht ir-

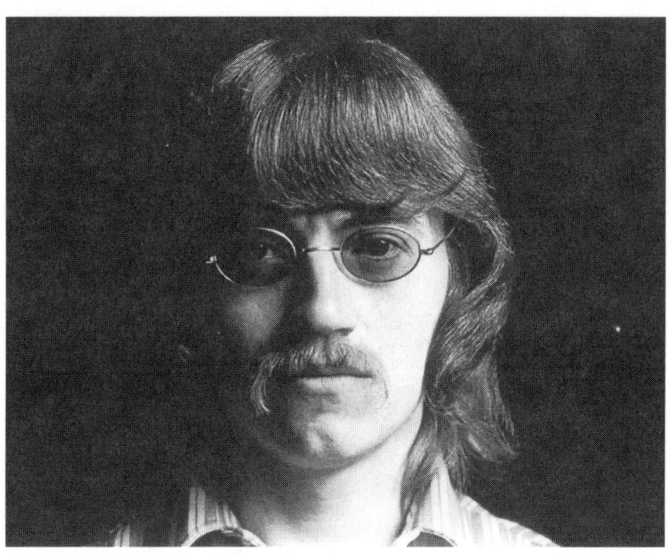

Coverfoto von der 1. LP

gendein PR-Heini erfunden, »Lacky« nennt mich von Anfang an mein Publikum. Allein die Nachauflage dieser Platte betrug 285 000 Stück!

Die erste Platte habe ich u.a. der immer waltenden Sparsamkeit der VEB Deutsche Schallplatte zu verdanken. Es fehlte stets an allem – an Venyl, an Farben, an Druckkapazität und an Pappe für die Plattenhüllen, die man heute Cover nennt. Eigentlich sollten die Interpreten Sonja Schmidt und Klaus Sommer je eine Platte kriegen, denn sie berechtigten zu der schönen Hoffnung, Cindy und Bert einzuholen, ohne sie erst überholen zu müssen. Die Ökonomen fassten nun aber einen kühnen Plan: Sonja und Klaus sollten den Gegner nicht jeweils auf einer ganzen langen Langspielplatte besiegen, sondern in einer Art gemeinsamen Schnellangriff, einer auf der A- und der andere auf der B-Seite. Die so eingesparte Platte könnte man ja diesem Lakomy geben und damit zur Abwechslung auch mal etwas Geld verdienen.

Sie sollten sich nicht verrechnet haben, die guten Ökonomen.

Auf der Treppe im volkseigenen Schallplattenunternehmen – geografisch keine zwanzig Meter, historisch noch knappe drei Jahrzehnte vom Reichstag entfernt – kam mir eines Tages ein netter Herr, Typ »unauffälliger Funktionär«, entgegengetrippelt. Als er mich sah, schaute er demonstrativ beiseite. Wir erkannten einander sofort: Es war Professor Uzskureit, der seinerzeit die Dresdener Hochschule von mir gereinigt hatte. Er war in Dresden rausgeflogen, weil er Studentinnen belästigt hatte, aber weich gefallen. Als Abteilungsleiter bei der Schallplatte versuchte er sofort nach unserer Begegnung auf der Treppe Stimmung gegen mich zu machen, nach dem Motto »Darf so einer wie Lakomy in unserer DDR Schallplatten aufnehmen?« Am liebsten hätte er wohl wieder ein Konzilium einberufen, aber auch in der DDR waren ökonomische Gründe wichtige Gründe, und der Lakomy war Gold wert. Wenig später stellte er sein Engagement für die ideologische Sauberkeit der DDR-Musik außerdem völlig ein, und zwar abrupt – er blieb bei einer Dienstreise im Westen.

Am 16. Dezember 1972 hatte ich auch meinen ersten großen Showauftritt im Fernsehen:»Einmal im Jahr« hieß die große öffentliche Gala des »Schlagerstudios« aus dem Kulturpalast Dresden. Manchmal träume ich noch davon – es sind Albträume.

Der Moderator Chris Wallasch federte erwartungsfroh auf den Zehenspitzen. Die riesige Bühne schien sich unter der Last des aufgebotenen musikalischen Humankapitals zu biegen: Rechts das Rundfunktanzorchester Günter Gollasch, links das Tanzstreichorchester Jürgen Hermann. Sie hätten jeweils Beethovens Neunte um die Wette spielen können, so gigantisch war das Aufgebot an Musikerkollegen. In der Mitte, lieblich drapiert entlang einer glitzernden, flimmernden und schier endlosen Showtreppe – die Damen und Herren des Michaelis-Chores in großer Abendgarderobe. Der Saal ausverkauft, und die ganze Republik saß auf dem Sofa und schaute zu.

Ich war ohne Hemd angereist. Das heißt, ich hatte natürlich ein Hemd an, eins von den Hemden eben, die ich immer anhatte. Insofern fühlte ich mich eigentlich angemessen angezogen und dachte auch, die Bürgerinnen und Bürger hätten ein Recht darauf, mich so kennen zu lernen, wie ich eben bin. Aber doch nicht an einem bunten Samstag-Fernseh-Abend!

Eilig wurde ich in ein fransiges, gardinenähnliches Gewirk gewickelt, es roch streng nach »4711«. – Es war ein abgelegtes Stück Bühnengarderobe des damals recht bekannten Schlagersängers Michael Hansen, und nur, wer weiß, was der schöne Michael für Hemden trug, kann ermessen, was ich litt. Ich sah aus wie damals der schwule Barkeeper aus dem »Stadtpark« in Schönebeck.

Ich tänzelte möglichst lässig die Showtreppe hinab und kam mir vor wie eine Rummelnutte kurz vor Schichtschluß und sang dabei ein Lied, das mir irgendwie bekannt vorkam. »Es war doch nicht das erste Mal«, hörte ich mich singen, und trotzdem bekam ich plötzlich ein Gefühl, als würde ich es zum allerersten Mal singen. Wie am Anfang meiner Geschichte schon beschrieben, hatte dieser Titel für die damalige Zeit ein recht kompliziertes Gefüge von unterschiedlichen Teilen mit Pausen dazwischen. Der erste Takt des neuen Parts setzte ein, und ich beobachtete an mir selber, wie ich neugierig, ja gespannt darauf war, wie der Titel denn nun eigentlich weitergehen würde. Und so, wie ich die Leute da unten vor mir sitzen sah, hatte ich den Eindruck, die wollten das auch gern wissen. Aber ich wusste es nicht, und ich war mir in diesem Moment vollkommen sicher, es noch nie gewusst zu haben.

Was für ein hübsches Lied!, dachte ich in die Musik hinein und spürte zugleich, dass ich ja nun wieder singen musste, ohne dass auch nur der kleinste Fetzen Text an die Pforte meines Hirnkastens klopfte. Im Fernsehen sah man in dieser Sekunde, wie ich einen überaus intelligenten Gesichtsausdruck annahm, ja, ich würde sogar behaupten: Niemand sieht kurz vor einer Katastrophe schlauer aus als ich. Schon begann die Frage, ob ich mich nicht einfach umdrehen und – die Showtreppe wieder hinanschreitend – auf Nimmerwiedersehen aus dem ostdeutschen Liedschaffen verschwinden sollte, um die Frage zu verdrängen, wie der Text weitergeht. Oder sollte ich vielleicht jetzt eine kleine improvisierte Ansprache an das geschätzte Publikum halten, darauf hinweisend, dass dieses Lied ja in voller Länge immer mal im Radio gespielt werde?

Mensch, dachte ich, da siehst du einmal im Leben aus wie Michael Hansen und wirst dem Meister so wenig gerecht!

Von irgendwoher kam das erste Wort der neuen Zeile doch noch angeflogen. Aber mich hat seitdem kein Mensch mehr mit einem Mikrofon in der Hand singend auf einer Bühne oder gar Showtreppe stehen sehen. Ich sitze immer hinter dem Flügel, auf dem meine Texte liegen. Ich habe die Noten für ein ganzes Orchester im Kopf und kann jedem sagen, an welcher Stelle er sich verspielt hat, aber ich kann seit dieser Showtreppe keine Zeile meiner Texte singen, wenn sie nicht vor mir liegen. Manchmal, wenn in irgendeiner Runde jemand ruft: »Lacky, sing doch mal das und das!«, und er nennt ein Lied von mir, antworte ich wahrheitsgemäß: »Tut mir leid, da kann ich den Text nicht.«

Ich kenne ihn wirklich nicht, auch wenn ich ihn tausend Mal gesungen habe.

Die arme Lütte! Auf unseren Touren hatte ich manchmal vergessen, die Gitarre mitzunehmen. Das war kein Unglück, man konnte das Fehlen des Instruments irgendwie am Klavier kompensieren. Lebenswichtig aber war der Gitarren-Koffer, denn der enthielt auch meine sämtlichen Texte. Ohne Texte kein Konzert. Und so schrieb die Lütte auf mancher langen Autofahrt alle meine Texte säuberlich in ihrer Mädchenschrift auf die Rückseiten von Autogrammpostkarten, denn sie kannte sie alle auswendig, jedes Wort.

Neulich habe ich mich mal einem Psychologen anvertraut. Ich träume nämlich oft nächtelang den selben Traum: Beethovens Klavierkonzert Nr. 1 ist angekündigt. Überall in der Stadt hängen die Plakate. Ich trete heran und lese: Solist Reinhard »Lacky« Lakomy. Klar, denke ich, wer sonst?

Der Saal ist überfüllt. Ganz vorn sitzen Leute, die mir wichtig sind. Moni macht mir aufmunternde Zeichen, Günther vom Bootsplatz am Werbellinsee hat sich einen Schlips umgebunden, Gregor Gysi schwatzt mit meiner Mutter Else, Klara-Johanna versteckt die Blumen für mich unter ihrem Platz, und irgendwo gackern unverkennbar die Lütte und Carmen Hatschi. Dann plötzlich der Aufruf des Inspizienten: Herr Lakomy, bitte zur Bühne für das Klavierkonzert Nr. 1 von Ludwig van Beethoven. Eine eisige Kälte packt mich – hat der gesagt Klavierkonzert Nr. 1 von Beethoven? Das habe ich nie gespielt, kann keine Zeile, bin doch nur bis zur »Appassionata« gekommen, ja ein paar Bach-Fugen vielleicht!

Danach wandert mein Schlafanzug jedesmal in die Wäsche.

»Ich fürchte«, sagte der Seelendoktor, nachdem wir uns lange unterhalten hatten, »das haben Sie alles dem Hemd von diesem Herrn Hansen zu verdanken.«

Im Herbst 1973 kamen dann die Tantiemen der AWA. Ich öffne den Umschlag und traue meinen Augen nicht. Auf dem Abrechnungsblatt für mich stand die Summe von 42 000,- Mark!

Bisher waren 2 500,- M das höchste, was ich je auf einem Haufen gesehen hatte. Ich stand für Minuten wie angewurzelt. So viel Geld, das wird nie alle, dachte ich, so viel Geld.

Jetzt komme ich endlich raus aus dieser Scheißbude in der Choriner, war mein nächster Gedanke. Jawohl, ein eigenes Haus, in dem ich spielen kann, wann und wie lange und wie laut ich will – das war endlich in greifbarer Nähe. Aber ein größeres Auto musste ich auch haben, waren doch ständig Instrumente zu transportieren, und der Trabant war schon lange viel zu klein.

Durch einen guten Bekannten in meiner Autowerkstatt bekam ich einen Tip, wo ein Wartburg-Tourist zu kaufen war. Es handelte sich hierbei um ältere Leute aus Berlin-Blankenburg. Der Wagen war sehr gepflegt, der Preis ziemlich hoch, aber wir wurden schnell einig, ich brauchte das Auto.

Ganz nebenbei ließ ich die Bemerkung fallen, dass ich auch noch ein Haus mit Grundstück suchte. Die Adresse, die sie mir dann nannten, ist noch heute mein Zuhause.

Das Leben wurde nicht leichter, denn es war auch ein Leben mit den Fans. Ich könnte mich immer kringeln, wenn ich in den Erinnerungsbüchern meiner lieben Kollegen Sätze lese, wie »Tief verneige ich mich vor meinen Fans. Ihnen habe ich zu verdanken, was ich bin. Ihre Treue hat mich erst groß gemacht.« – Geschenkt!

Um es gleich zu sagen – ich habe noch nie meine Unterhose ins Publikum werfen müssen; ich brauche meine Unterhosen selber. Was die Sympathien des Publikums betrifft, war ich auch nie auf Wolke 7. Denn so viel Bewunderung und herzliche Zuneigung ich bekommen habe, soviel Ablehnung und Hass habe ich auch zu spüren gekriegt. Die Reaktionen auf mich waren nie mittelmäßig, also nett oder lau, nie höflich; ich polarisierte das Publikum. Die Leute waren entweder ganz für oder ganz gegen mich. Meine rauhe Stimme, die Löwenmähne, der Bart, die ungewohnte Musik, das war halt damals für viele ein Kulturschock im Belcanto-Getöne der lieblichen Schlagerwelt. Deshalb traf ich nur auf Begeisterung oder totale Ablehnung – dazwischen war nichts. Schon aus diesem Grunde ist klar, dass ich weder damals noch heute in die Samstagsabendshow neben Dagmar Frederic und die Wildecker Herzbuben passe – höchstens mal als Einlage, damit die Leute zwischendurch aufs Klo gehen können.

Ich habe gelernt, dass die Kunst gerade darin besteht, es nicht allen recht machen zu wollen. Neulich habe ich einen schlauen Artikel darüber gelesen, was eigentlich ein »Kult« ist, wie er für die Mediengesellschaft alle Nase lang »kreiert« wird: Kult ist, wenn das Publikum in Streit gerät (und der wird heute vom Fernsehen industriell hergestellt). So gesehen, war ich »kultig«, aber nie »beliebt« wie etwa unser aller Frank Schöbel. Für mein seelisches Gleichgewicht brauche ich auch all diese jubilierenden Beiwörter nicht. Für meine Leute bin ich Lacky und basta.

Im DDR-Kleinbürgertum gab es eine knallharte Vorstellung davon, was als »ordentlich« zu gelten hatte und was nicht. Da hatten die Propagandisten der Kleinbürgerregierung, allen voran Karl-Eduard von Schnitzler, über Generationen hinweg ganze Arbeit geleistet! Es gab Leute, die schäumten vor Abscheu, wenn ich ihnen nur vor die Linse trat. Auf der Straße, vor allem in Karl-Marx-Stadt oder Suhl, wäre man vor einem Leprakranken nicht heftiger zurückgewichen als vor mir. »Scher dich zum Frisör!«, war das mildeste, was ich zu hören bekam, und zwar nicht etwa obwohl, sondern weil die Leute mich erkannten. Aber es waren zum Glück immer nur einzelne, die sich geifernd auf mich stürzten.

Bei einer Wanderung 1977 mit Moni im Riesengebirge kam uns auf schmalem Pfad einmal eine fidele Reisegruppe aus Thüringen mit ihren lustig benagelten Bergstöckchen entgegen. Je näher die Landsleute kamen, desto mehr verfinsterten sich ihre Mienen. Nicht viel hätte gefehlt und sie hätten »diese Sau Lakomy« ins Tal gestürzt. Benagelt und behämmert.

Dergleichen »Späße« alle naselang. Im Interhotel »Vier Tore« in Neubrandenburg bestellte ich eines Morgens in einem gähnend leeren Frühstücksraum ein Rührei, was der Kellner mit dem Satz quittierte: »Herr Lakomy, es steht Ihnen frei, zum Frisör zu gehen, wenn sie hier bedient werden wollen.«

Aber am meisten enttäuscht war ich von meinem Nachbarsvolk in der Choriner. Ehrlich, als meine Titel auf allen Sendern gespielt wurden, man über mich in der Zeitung schrieb, hatte ich gehofft, sie würden ein wenig netter zu mir sein. Das war eine Illusion: Als sie gewahr wurden, dass jemand mit diesem Aussehen, schlimmer als die Beatles!, und dieser lockeren Lebensführung auch noch Erfolg haben konnte, brach ihre kleine sozialistische Welt zusammen, und einige gingen zu offener Feindseligkeit über.

Nur die Kinder machten da eine Ausnahme und scherten sich einen Dreck um die Ordnungsvorstellungen der Alten. Sie lümmelten oft um meinen Flügel herum, den ich mir gekauft hatte, und hinterließen Spuren von Rotz und klebrigen Schnuten. Bald kriegte ich auch mit, dass sie einen schwunghaften Tauschhandel mit Autogrammpostkarten unterhielten. Ich musste aufpassen, dass ich nicht zu viele Autogramme emittierte, damit sich mein Kurs nicht verschlechterte. In meinen besten Zeiten musste man drei Monika Herz und zwei Schöbel hinlegen, wenn man einen Lakomy haben wollte.

Das Komponieren wurde mir in diesem Haus zunehmend schwer gemacht. Schlug ich nach 22 Uhr auch nur

eine Taste an, standen sofort ein oder zwei dicke, ange-
trunkene Herren in Trainingshosen vor meiner Tür und
boten mir umstandslos Schläge an. Dafür musste ich die
ganze Nacht mit anhören, wie sich ein Ehepaar in tiefer
alkoholischer Umnachtung alternierend schreiend schlug
und röhrend begattete. Das galt nicht als Ruhestörung.
Eines Tages erreichte ich durch die Intonierung eines
B-Dur-Akkordes, daß 6 Grüne Minnas in der Choriner
auffuhren und man mich für eine ganze Nacht in eine
Zelle des Polizeireviers in der Schönhauser Allee sperrte.

Das alles habe ich – liebevoll ironisch – in dem Lied »Das
Haus, wo ich wohne« beschrieben. Dieser Titel hat mir zugleich meine erste Erfahrung mit der Zensur eingebracht.
Der Text von Fred Gertz erzählt ja, dass man eigentlich als
Individualist, also als einigermaßen freier Mensch, in so
einer heruntergekommenen Kaserne voller Spießer nicht
existieren kann. Wir nahmen das Stück im Funk auf, mit
großem, damals »lakomy-typischem« Ensemble – Chor, 28
Streicher – und ich war nicht nur sehr zufrieden, sondern
auch vollkommen arglos, wäre nie auf die Idee gekommen,
dass es damit noch Ärger geben könnte.

Einige Tage später wurden Fred Gertz und ich dringlich in den Rundfunk einbestellt. Tatsächlich, »einbestellt« sagte die Stimme am Telefon! »Da gibt sich die Partei eine solche Mühe mit dem größten Wohnungsbau-
programm in der deutschen Geschichte, und ihr macht
alles nur mies«, hieß der Vorwurf. An die Partei hatte ich
beim Komponieren tatsächlich nicht gedacht und mein
Texter wohl auch nicht, musste ich eingestehen.

»Schreibst du mir auch mal 'n Lied, wenn ich 'ne neue
Waschmaschine brauche«, sagte der staatliche Leiter, an-
spielend auf den verständlichen Wunsch, eine weniger
stressige Wohnung haben zu wollen. Und: »So kann der
Titel nicht bleiben, so wird der eingestampft.«

Ich versprach, darüber nachzudenken, aber Selbstkritik allein reichte ihm nicht. An das schon produzierte Lied
musste noch eine optimistische Strophe drangedichtet
werden, und die geht so:

Das Haus, wo ich wohne, das steht nicht mehr lang,
es gibt ja bekanntlich ein Neubauprogramm.
Bis 1990, so sagt die Partei, sind wir alle
                                    wohnraumsorgenfrei.
Damit so was wie diesmal nicht wieder passiert,
wird für Musiker gleich ein Block reserviert.
Dann können wir spielen, so lange wir woll'n,
und keiner verlangt, dass wir leise sein soll'n.
Na, seht ihr, ich mecker nicht, wenn ich was sag:
Ich mach immer zugleich einen Verbessrungsvorschlag!

Das war im Wortsinne unerhört: Bisher hatte es noch nie einen Schlager gegeben, in dem das Wort »Partei« vorkam. Vermutlich glaubten die Funktionäre, sie hätten einen großen Sieg errungen und irgendeine Verbeugung vor der »führenden Rolle« würde jetzt die Norm in der sozialistischen Unterhaltungskunst.

Die Strophe wurde dann von AMIGA für die LP »Lacky und seine Geschichten« im Studio Brunnenstraße, damals dem modernsten Studio der DDR, produziert. Mit dem gleichen Aufwand an Besetzung wie im Rundfunk und mit einem Handicap dazu: kein Raum klingt wie der andere – der Sound des Studios in der Nalepastraße konnte nur annähernd simuliert werden, und so klingt diese letzte, angepappte Strophe heute immer noch eben wie angepappt.

Der Titel wurde im Radio kaum gespielt – der Text insgesamt war nicht sozialistisch genug, und der Eingriff der Zensur war zu deutlich hörbar. Außerdem hatte ich in das Wort Partei doch deutlich zu viel interpretatorische Inbrunst gelegt. Das ging nach hinten los. Aber kann man Ironie beweisen?

Dennoch wurde »Das Haus ...« zu einem der bekanntesten Songs in der DDR dieser Zeit. Ich spielte ihn mit Wonne in jedem Konzert, sammelte vor der letzten Strophe den Schlussbeifall ein, machte eine gehörige Generalpause und sang dann die Erfindung der Zensoren. Das war jedesmal ein durchschlagender Erfolg. Dem Lied lief seine Geschichte voraus, die Zensur war in die Falle getappt. Und noch heute wissen alle gelernten DDR-Bürger, was gemeint ist, wenn ich es singe. Manchmal gehe ich heute in meinen Solokonzerten sogar nach meinem »alten« Schluss einfach von der Bühne und wartete, bis die Leute rufen: »Wo bleibt die letzte Strophe?«

Fans in der Choriner Straße habe ich mir mit diesem Streich jedoch auch nicht gemacht. Aber es gab natürlich dieses »andere Publikum«, das kritische, intelligente, an diesem kleinen Land – so oder so – leidenschaftlich interessierte Leute, die sich in meiner Musik wiederfanden. Und manchmal gab es auch die sehr wenig fürsorgliche Belagerungen der Promi-Jäger. Sie betrachteten einen als Volkseigentum, pflanzten sich im Lokal neben dir auf und redeten auf dich ein, während du versuchtest, ein Eisbein zu verzehren, ohne dabei unhöflich zu wirken.

Viele, viele Briefe mit Fan-Post kamen nun.

Anfangs las ich fast jeden Brief, viel Rührendes war dabei.

Aber es wurde immer mehr. »Der Zauberlehrling« kam mir in den Sinn, mein kleines Heim wurde regelrecht von Post überschwemmt, meine Adresse war vom Rundfunk bekanntgegeben worden, leichtfertig hatte ich dieser Bekanntgabe zugestimmt.

Nun brachte die Post an manchen Tagen zwei Säcke mit Briefen, schon vorsortiert, in Zwanzigerpacken gebündelt, in die Choriner Straße. Im Unterschied zu Roland Neudert ist mir beim Anblick dieser Autogrammforderungen nie einer abgegangen. Besonders schwierig war die Entsorgung. Die Hausbewohner waren grantig, weil ich die Mülltonnen verstopfte, und behaupteten folgerichtig eines Tages gegenüber einem Fernsehteam: »Der Herr Lakomy schmeißt seine Fanbriefe gleich in unseren Müll – so wie er sie kriegt.« Ich hatte keine Agentur, kein Büro, wie das heute solche Leute haben. Wie sollte ich denn das bewältigen!?

Und doch ist es ein geiles Gefühl, wenn dich jeder kennt. Ich genieße es bis heute, und glaube sogar, ich habe ein besonderes Glück: Mich kennen und erkennen

drei Generationen, auch die Kinder und die heute Fünf-
zehn-, Siebzehn-, Zwanzigjährigen, denn in ihren Kin-
derzimmern (und durch die ihrer Eltern) war ich mit
unseren Geschichtenliedern zu hören! Das mag ich,
ungelogen! Und natürlich bin ich eitel genug, es zu
registrieren, wenn Leute, die mir wichtig sind, mir mit
Achtung begegnen.

Einmal, unmittelbar nach der »Wende«, wartete ich
hinter der zugigen Freilichtbühne vom FEZ auf meinen
Auftritt zu einem großen Benefizkonzert zugunsten von
ich weiß nicht mehr. Lippi machte nette Überleitungen,
Frank Zander kam schon das zweite Mal zum Büh-
neneingang herein, weil ihn beim ersten Mal keiner bemerkte, Moni kämmte dem kleinen Jungen einer merk-
würdig gewandeten Kelly-Family das verfitzte Blondhaar,
die Schauspielerin Steffi Spira wurde zur Bühne geleitet,
ihr angerauhter Unterrock guckte vor, wir froren alle jäm-
merlich, das Catering war miserabel. Aber ich hatte meinen Kleinbus dabei, inklusive Kaffeemaschine. So bot ich
dem gottserbärmlich bibbernden Kollegen neben mir einen Heißen an, und der sagte: »Das hätte ich mir nicht
träumen lassen, daß mir mal der Lakomy einen Kaffee
macht!« Er kannte alle meine Lieder.

Der Mann hieß Rio Reiser.

Menschen im Hotel

Der Westen hat die DDR nach und nach vergiftet, und er musste sich dafür nicht einmal anstrengen. Die Westreisen war das Privileg der Privilegien – ein FDGB-Ferienplatz in Bansin oder ein Wartburg aus dem Sonderkontingent oder Fliesen von der Baustoffversorgung – das waren doch Kinkerlitzchen dagegen! Die Verheißung einer Reise zum 100sten Geburtstag der Tante nach Buxtehude oder zur Konfirmation des Neffen nach Pforzheim hat die Bürger entzweit in solche, die »durften« und solche, die nicht durften. Die zu Hause bleiben mussten, haben die anderen dafür gehasst. Allein die Existenz der »verbotenen Gesellschaft« bewirkte eine grassierende Demoralisierung der Leute. Ein ganzes Volk war über Jahrzehnte gedanklich unterwegs im anderen System, die höchsten Funktionäre eingeschlossen. West-Standard war das Maß aller Dinge. Und als dann noch die D-Mark als inoffizielle Zweitwährung dazukam, war es ganz aus.

Der Dünkel der Privilegieninhaber war mir zuwider. Nicht nur, dass sie reisen durften – mussten sie damit auch noch angeben? Beim eigenen Publikum, meistens Leute, die selber nie auch nur in die Nähe des Reiseprivilegs gelangten, galt man erst was, wenn man im Westen aufgetreten war, und wenn man auch nur auf irgendeiner Kaffeefahrt zwischen Lamadecken und Besteck-Kästen ein Liedlein geträllert hatte.

Die Zeitschrift »Melodie und Rhythmus« hatte eigens eine Rubrik eingerichtet und vermeldete stolz »Im Ausland gastieren«. Da las das staunende Publikum, daß Michael Hansen und die Nancys Erfolge in Holland feierten. Es konnte ja nicht wissen, daß sich seine Stars in einem gewöhnlichen Puff gegen jämmerliche Gagen zum Affen machten.

Manchmal schickte unser Vaterland seine Lieblingsinterpreten auch zu großen internationalen Wettbewerben. Sie hatten dort einen Preis zu holen, der die Überlegenheit des sozialistischen Weltsystems einmal mehr beweisen würde. So reisten Monika Hauff und Klaus-Dieter Henkler nach Paris und sangen dort das wirklich sehr schöne Lied »Als ich dich heute wieder sah«. Das »Neue Deutschland« vermeldete einen Sieg in der internationalen Klassenauseinandersetzung – das sympathische Duo hatte den Grand Prix gewonnen, Preisgeld 10 000 DM!

Die Sache hatte nur einen kleinen Haken: Das Festival in Paris war gar kein Interpretenfestival, sondern ein Autorenwettbewerb gewesen. Und die Autoren hießen Reinhard Lakomy und Fred Gertz. Das Maß war voll. Wutentbrannt schrieben mein Texter und ich an Erich Honecker. Und das war wohl das erste Mal, dass zwei Leute aus unserer Szene, die nie »verreisen« durften, in der DDR einen Devisenbatzen von immerhin je 2500 DM verdienten, ausgezahlt in Forum-Schecks.

Vom Reisekader-Dünkel war auch bald die Fischer-Band befallen, der ich noch bis 1972 angehörte. Fischer und Kollegen reisten oft zu Auftritten »rüber« – nicht alle, oder genauer: einer nicht.

Ich blieb mit schöner Regelmäßigkeit zu Hause, obwohl ich doch in östlicher Himmelsrichtung nicht gerade unwesentlich zum künstlerischen Ruhm der Band beigetragen hatte. Aber plötzlich spielten künstlerische Erwägungen gar keine Rolle. Das Piano war auf einmal das entbehrlichste aller Instrumente in einem Quintett, zumindest der Pianist war überflüssig. Denn wenn Fischer mal nicht ins Saxophon blies, ging er eben mal für ein paar Takte rüber ans Klavier.

Wenn meine Kollegen zurückkamen, schwärmten sie mit glänzenden Äuglein, was für eine Weltstadt doch Düsseldorf sei und wie toll man »auf der Kö« sein »Alt« trinken könne! Inzwischen kenne ich Düsseldorf und kann mich der Schwärmerei ausdrücklich nicht anschließen. Noch mehr hasste ich den herablassenden Tröstungsversuch: »Lacky, ärgere dich nicht – man muss das alles nicht gesehen haben.« Ich wollte, verdammt noch mal, schon selbst sehen, was ich nicht gesehen haben muss.

Wenn ich Fischer zur Rede stellte, warum ich schon wieder »Stubenarrest« hatte, machte er stets ein gar betrübtes Gesicht. Es mache ihn »traurig und wütend«, sagte er, aber es liege nicht in seiner Hand, »das musst du mir glauben, Lacky!« und er wolle die bösen, bösen Worte, die er bei der zuständigen Behörde über mich zu hören kriege, am liebsten gar nicht sagen, um mich nicht auch noch so »traurig und wütend« zu stimmen. Traurig? Wütend? Stinksauer war ich!

Das böse Wort, das mir der gute Fischer nicht sagen wollte, hieß »unwürdig« – Lakomy war »unwürdig, die DDR im nichtsozialistischen Wirtschaftsgebiet (NSW) zu repräsentieren.« Fischer stieß diese Begriffe mit solchem Ekel hervor, als würge er an einem Regenwurm.

Jedoch als ich im Frühjahr 1971 von der Armee zur Fischerband (Fischer war übrigens nie bei der Armee) zurückkam, nie befördert, 21 Knasttage auf dem Buckel,

Günther-Fischer-Quintett mit Uschi Brüning, v. l. n. r.: Freddie Baumert, Zicke Schneider, Günther Fischer, Uschi Brüning, Lakomy

147

prima Kaderakte, Ehe im Eimer, Besitzer von einem Klavier und einem Schrankbett, ansonsten nur im Besitz von zehn flinken Fingern, geschah plötzlich das Wunder.

Das Fischer-Quintett fuhr nach Ludwigshafen, um bei einer DKP-Fete Dagmar Frederic und Siegfried Uhlenbrock musikalisch zu begleiten, und ich durfte mitfahren! In den Westen! Diese scheinbare Sinneswandlung der »zuständigen Organe« in Bezug auf meine Person ergibt bis heute für mich keine Logik, aber, ich sagte es schon, war die DDR immer logisch?

Inzwischen weiß man natürlich allerlei übers liebe Vaterland – dass unbequeme Leute gezielt hinter seine Mauern gedrängt, rausgeekelt oder – siehe Biermann – sogar ausgebürgert wurden. Bis jetzt hatte ich mich in jeder Hinsicht als verdammt unsicherer Kantonist erwiesen, politisch wie moralisch. War die plötzliche Westreise ein Weg, mich »auf die Elegante« loszuwerden? Denn es gab noch einen Fakt, der bei der Staatsmacht vielleicht die Hoffnung keinem ließ, ich würde sie künftig nicht mehr mit meiner Anwesenheit belästigen: Mein Schwager in Karlsruhe, der Architekt, war während meiner Armeezeit an einem Hirntumor gestorben. Meine Schwester lebte nun allein in einer Riesenwohnung, die sie mir in einem Brief ziemlich unverblümt zur Mitnutzung anbot. Diesen Brief hatten meine Untersuchungsoffiziere, die Hüter der Staatsmacht, zusammen mit den Biermann-Büchern damals in meinem Armee-Spind gefunden ...

Aber ich blieb nicht im Westen. Ich bin zwar sofort nach der Ankunft in Ludwigshafen in den nächsten Zug gestiegen und nach Karlsruhe zu Rita gefahren, war aber am nächsten Tag mit ihr zusammen wieder pünktlich zurück in Ludwigshafen. Und dadurch konnte Rita unser bekanntes Gesangsduo und jede Menge grölender, besoffener Pseudo-Kommunisten kennen lernen, die im westlichen Wohlstand ein bisschen DDR spielten.

Es war eine fürchterliche Mugge. Als wir mit dem konzertanten Programm zu Ende waren und unser Bühnenzeug abbauen wollten, fragte uns ein Partei-Funktionär, was wir da täten. Na, abbauen! Wieso das denn, jetzt fängt doch gleich der Tanzabend an!

Die Künstleragentur hatte uns elendiglich verladen. Das Fischer-Quintett, Jazz-Band per exellence, war auch als Tanzkapelle für diesen Abend vorgesehen, und davon hatte man uns vorsichtshalber lieber nichts gesagt. Man rechnete wohl – und nicht zu Unrecht – damit, dass wir »aus Disziplin« keinen Stunk machen würden. Was heißt Disziplin! Die Agentur hatte uns doch in der Hand. Eine Band, die den Genossen der Bruderpartei in ihrem schweren Kampf vor den Koffer scheißt, die hätte man doch nie wieder in den Westen gelassen.

Wir alle hatten lange genug Tanzmusik gemacht, so dass jeder über ein gewisses Grundrepertoire an Titeln verfügte. Von »Alte Kameraden« über »An der schönen blauen Donau« bis »Ganz in Weiß«, was Fischer zu unserem Gaudi mit dem Handmikrofon sang, damit à la Roy Black in den Saal schwebte und die besoffenen Weiber anschmachtete. Das war sie also, die Westmugge, naja.

Einige Zeit später fuhr ich noch einmal mit nach Westberlin, zu einer Mugge bei der Reichsbahn in einem Essenraum im S-Bahnhof Halensee. Dort begleiteten wir Frank Schöbel. Anschließend gingen wir alle in einen Jazz-Klub und machten dort zusammen mit ein paar Westberliner Kollegen eine schöne Jam-Session, so nennt sich eine Musikantenfete, wenn nicht für Gage gespielt wird, sondern nur zum eigenen Vergnügen.

Ich fuhr immer im Trabant von Freddie Baumert, unserem Gitarristen, mit. Nach der fröhlichen Jam-Session verfuhren wir uns in Westberlin und kamen dadurch erst nach Mitternacht am Grenzübergang Invalidenstraße an. Ach du Schreck, alles war dicht! Wir riefen und klopften, wir wollten wieder rein, in unsere gemütliche DDR, nach Hause, ins Bett. Ein männliches Grenzorgan beäugte uns Ruhestörer, ein weibliches trat hinzu. Da stand auf der Einreisespur der Jazzer Lakomy, wie kam der denn dahin? Freddies Pass hatte viele Stempel, ein Stammkunde also von Obrigkeits Gnaden – »alles in Ordnung, Jungs, könnt reinkommen«. Danach war der Westen für mich wieder dicht.

Noch viele Jahre blieb das so. 1976, ich war inzwischen richtig berühmt, meine Lieder pfiffen mir die Spatzen auf der Straße nach, lernte ich den Regisseur der ARD-Fernsehsendung »Musikladen«, Michael Leckebusch, kennen. »Mensch, Lakomy«, sagte der, »schade, dass du früher nie zu uns rübergekommen bist.«

»Das steht nun wirklich nicht in meiner Macht, Michael«, sagte ich etwas pikiert.

»Wieso?« Leckebusch war ehrlich erstaunt. »Immer wenn ich dich einladen wollte, hieß es in eurer DDR-Agentur: ›Der Künstler kann nicht, er ist anderweitig verpflichtet.‹ Na gut, dann kann er mich mal, habe ich irgendwann gedacht.« Auf meine Bitte hin suchte Leckebusch einen der Termine heraus, an denen ich so dringlich anderweitig verpflichtet war. An genau diesem Tag hatte ich in der Weltstadt Großräschen die Hühner von der Bühne gefegt!

Als mir Moni, die mit ihrem DDR-Tanzensemble um den Globus reiste, die Geschichte ihrer plötzlichen »Sperre« nach der Biermann-Affäre erzählte, kam mir das sehr bekannt vor – manchem Ossi wird es genauso gehen. Im September 1976 brach ihr Intendant in Kummertränen aus, weil er sie im Sozialismus lassen musste, während das Ensemble nach Milano und Nordafrika reiste. »Wir müssen nach den Gründen suchen«, sagte er mannhaft. Es müsse doch was geben, was die Genossen da oben bei der Staatssicherheit vielleicht missverstanden haben könnten. Stundenlang horchte er Moni nach möglichen Gründen aus. Moni war die einzige Genossin unter den Tänzerinnen (sie musste nicht, sie wollte). Auf einer öffentlichen Parteiversammlung hatte sie sich gegen die Biermann-Ausweisung ausgesprochen – auch als einzige. Der Intendant hatte sie nun in landestypischem vorauseilenden Gehorsam gar nicht erst mehr auf die Reise-Liste gesetzt. Das kriegte Moni von der darüber fassungslosen Sekretärin gesteckt.

Auch Günther Fischer spielte kein ehrliches Spiel. Er brauchte mich, als den Mann, der zu Hause blieb und damit vor der Künstleragentur für all die blöden Dinger büßte, die sich die Band auf Tournee leistete – das notorisch schwarze Schaf. Dabei war ich an Dummheiten nicht mehr – allerdings auch nicht weniger – beteiligt als die anderen auch, Fischer eingeschlossen. Aber jedesmal, bevor irgendwelche disziplinarischen Untersuchungen losgingen, hat der gute Fisch die Sache irgendwie elegant bereinigt, an ihm blieb nie was hängen. Einmal hatten wir uns alle – nur Fischer war nicht dabei – in der Nähe des Wenzelsplatzes in Prag Luftdruckpistolen gekauft, mit Diabolos zu laden, und sie auf dem Hotelzimmer in einem idiotischen Anfall von Freiheitsgefühl an der Stehlampe ausprobiert. Zum Schluss müssen die Herren in der Künstleragentur überzeugt gewesen sein, Lakomy sei mit einer Pumpgun im Hotel Amok gelaufen.

Ebenso geschah es auf dieser Tschechei-Tournee, dass wir beim Autofahren vor lauter Übermut – wir hatten prima gegessen und getrunken und platzten vor guter Laune – ständig auf die Hupe drückten. Mal Zicke in seinem Skoda, mal Freddie und ich im Trabant, mal Fischer im Polski-Fiat. So ging das bis Hradec Kralove, dem früheren Königgrätz. Wir stehen an einer Ampelkreuzung, und ständig ging es: hup – Fischi, hup – Freddie, hup – Zicke, und hin und her.

Auf der anderen Straßenseite stand ein Polizist und beobachtete den Blödsinn. Mit einem Mal setzte er sich in Bewegung, mit starrem Blick auf das erste Auto, Fischers Auto. Ich legte meine Hand auf Freddies Arm, um ihn am Hupen zu hindern, Zicke hatte den Bullen auch schon gesehen, nur Fischer hupte fröhlich weiter. Der Polizeigenosse griff blitzschnell in Fischers geöffnetes Fahrerfenster und zog den Zündschlüssel ab.

Es folgte ein wüster Disput, bei dem der eine den andern nicht verstand, und keine zwei Minuten später war ein Mannschaftswagen da, Fischer wurde ergriffen, wehrte sich und bekam eine Ladung Pfefferspray in die

Augen. Danach zog man ihn in den Mannschaftswagen, und das war's dann.

Das Konzert fiel natürlich aus – Fischer war ja so gut wie blind.

In Berlin wurde der Vorfall nach einigem Hin und Her zu den Akten gelegt. War was? Ja, Lakomy war dabei – das sagt doch alles, oder nicht?

Ich hatte absolutes West-Reiseverbot bis Oktober 1978. Die einzige Auslands-Tournee überhaupt war 1976 eine Art Strafkommando. Sie führte an die russisch-polnische Grenze, und ein wodkahaltiges älteres Publikum – Bauersfrauen mit übereinandergezogenen Röcken, Kopftuch und Eisenzähnen – begehrte, »Hoch auf dem gelben Wagen« zu hören.

Irgendwann hatte ich die Diskriminierung in der Fischer-Band über. Es gab keinen Krach, ich ging einfach nicht mehr hin. Auch Erklärungen wollte niemand von mir haben – die Kollegen wussten doch, wie ich mich fühlte. Aber der Wert »Westreise« stand über allem. Was wäre ihnen eigentlich passiert, wenn sie alle zusammen nur einmal gesagt hätten: Ohne Lacky fahren wir nicht!

Wenn nicht eines Tages Moni für mich gekämpft hätte wie eine Tigerin, damit ich auch im Westen arbeiten konnte, und wenn mein Können selbst vom dumpfbackigsten Funktionär eines Tages nicht mehr ignoriert werden konnte, wäre ich zum »Feind« geworden. Dann säße ich heute im Bundestag; und dieses Buch erschiene mit Unterstützung der schwarz besorgten Kohl-Millionen bei der Konrad-Adenauer-Stiftung.

Aber noch kannte ich Moni nicht. Es war die Zeit, in der »Es war doch nicht das erste Mal« im Radio hoch und runter lief. Und bald darauf »Heute bin ich allein«.

Finanziell brauchte ich die Fischer-Band nun nicht mehr. Ich war sogar froh, mal ein wenig vom Tourneestress ausruhen zu können.

Aber nicht lange, denn die Weltfestspiele der Jugend

und Studenten vom Sommer 1973 standen vor den Landestoren. Der Staat hatte Kreide gefressen, jedem einigermaßen populären Künstler streichelte man Haupt und Ego, Hunderte Bühnen in Berlin wollten tage- und nächtelang »hochkarätig« bespielt werden. Die DDR wollte eine deutsche Rock-und Pop-Kultur vorführen, die die Amerikaner und Briten erbleichen lassen sollte. Und wenn die Jugend der Welt, zu der wir nun kurzzeitig zählten, hier feiern sollte, dann schon richtig. Und richtig feiern, das konnte die DDR wirklich gut, alles klappte, alles hatte Niveau, Kunst kam bei uns von Können, egal welchen Genres.

Es half nichts, ich brauchte wieder eine Band, wollte ich als Sänger mittun. Einen Chor hatte ich ja schon seit 1969, den Reinhard Lakomy-Chor. Auf den war ich besonders stolz, denn er vereinigte in sich ganz unterschiedlich ausgeprägte Stimmen und Temperamente, die nur eins gemeinsam hatten: Sie waren sehr schwer zu bändigen – Uschi Brüning, Angelika Mann, genannt die Lütte, Nina Hagen und Beate Barwandt. In voller Schönheit ist dieser Chor auf den Krug-LP´s »Es war nur ein Moment« und »Ein Hauch von Frühling« zu hören. Später kamen Sabine Rotherberg, Winni Pfannenstein und Winni Eichhorn neu dazu. Und nun gründete ich quasi um den Chor herum meine Band und nannte das Ganze das »Reinhard Lakomy-Ensemble«. Und wir brauchten Lieder.

Die Weltfestspiele – das war für mich ein Rausch durch Arbeit. Es war schön – die DDR atmete durch, wie ein Patient, der lange im Bett gelegen hatte und nun den Frühlingsduft inhaliert. Dazu war gerade eben im Juni 1973 der Grundlagenvertrag von der DDR und der BRD unterschrieben worden, ein der Welt zugewandtes Gefühl war zu spüren. Doch plötzlich, ich glaube, es war am zweiten Tag, zeigte sich das Marionettenhafte dieses Auftriebs: Walter Ulbricht, nach der Palast-Revolte und Machtübernahme Erich Honeckers im Juni 1971 offiziell noch immer als Staatsmann verehrt, starb über Nacht. Normal und menschlich wäre gewesen, einfach mal innezuhalten – austrudeln, rumsitzen, in die Wolken gucken. Aber nein, wir wurden an die Front getrieben, die Befehle wurden schärfer – keine Minute ohne Lustigkeit! Was als Demonstration der Stärke und Weltläufigkeit gedacht war, offenbarte nun Schwäche und Provinzialität der Führung.

Bei einer Fernsehaufzeichnung innerhalb des Festivals erschien auch der FDJ-Chef, der für sein stereotypes Grinsen viel verspottete Günter Jahn. Nach meinem Bühnenauftritt, und nun bei weitem nicht mehr nüchtern, setzte ich mich neben ihn, begrüßte ihn freundlich, um ihn dann fast eine halbe Stunde lang für die Politik der SED zu beschimpfen. Aber eben sehr leise, mit heiter-verbindlichem Gesichtsausdruck. Und weil er gewohnheitsmäßig sein Grinsen nicht lassen konnte, schöpften seine Beschützer keinen Verdacht, wähnten uns im herzlichsten Dialog über Gott und die Welt, und keiner kam auf die Idee, ihn aus dieser misslichen Lage zu befrein. Dafür kriegte unter seiner Ägide den FDJ-Kunstpreis nicht ich, sondern mein Texter allein.

Noch einmal kam jetzt das bunte Leben des Globetrotters auf mich zu – na gut, das ist in geografischer Hinsicht etwas übertrieben, aber wenigstens in den Grenzen der DDR wurde vom »Reinhard Lakomy-Ensemble« jedes Brett bespielt, auf das man gefahrlos seinen Fuß setzen konnte. Ich war plötzlich auch Arbeitgeber, nämlich für meine Musiker, musste das Geld zusammenhalten, ohne über die Maßen als geizig zu erscheinen und für ein erquickliches Kollektivklima sorgen. Daran hat es uns eigentlich nie gefehlt. Nur mit meiner Eigenschaft als »politisch-moralischer Kollektivleiter«, als den mich der monopolistische Veranstalter, die Konzert- und Gastspieldirektion, ansah, kam ich nicht zurecht. Das Leben hielt so viele Fallen bereit, in die man eigentlich nur dann nicht tappen konnte, wenn man als Ministrant oder Pionierleiter auf die Welt gekommen war. Aber das war ich ja nicht.

Einmal fuhren wir ganz friedlich die Landstraße lang

zu einer Mugge zum 8. März, dem Internationalen Frauentag, unter dem schönen Motto »Unseren Frauen das Beste!« Ich saß hinter dem Lenkrad des Wartburgs meines Bassisten Manne Möller. Eigentlich sollte Manne fahren, was sich aber wegen erheblichem Restalkohol bei ihm ausschloss. Da überholte uns ein Lada voller offensichtlich betrunkener Damen, die mich und die Lütte auch sofort kreischend identifizierten. Der Fahrer handelte getreu dem Tagesbefehl »Den Frauen das Beste!« und ließ sich zurückfallen, damit die Mädels mir Kusshändchen zuwerfen konnten. Da fand ich das noch lustig, als sie aber nach zwanzig Minuten immer noch nicht genug hatten, sie mich nicht überholen ließen und ich schon einige riskante Ausweichmanöver hatte fahren müssen, reichte mir's. Als Profi der Landstraße überrumpelte ich den Fahrer vor mir, klemmte ihn hinter einen LKW und schaffte es, mit dem schwachbrüstigen Wartburg den stärkeren Lada zu überholen.

Der Lütten hatte ich inzwischen eine eindeutige Anweisung gegeben. Sie malte mit Hingabe diese bestimmte Rhombe mit Strich drin, so groß es eben die Rückseite einer Autogrammkarte hergab. Die hielt sie, während wir überholten und davonzogen, aus dem Fenster raus. Diese »Rache« hatte uns gutgetan.

Eine Woche später wurde ich »in einer Sache, die keinen Aufschub duldet« ins Ministerium für Kultur zitiert. Dort teilte man mir mit, laut Anzeige-Protokoll hätte ein Bandmitglied ein »weibliches Geschlechtsteil« aus dem Autofenster gehalten. »Wie haben Sie denn das nun wieder hingekriegt, Herr Lakomy!« Ich hätte gern gefragt, wann, bitteschön, die Kollegin das auf einer Teststrecke der VP noch einmal demonstrieren könne, hielt aber lieber die Klappe.

Aber so war es immer: Jeder Idiot, der dich einmal als »prominent« erkannt hatte, konnte dich im Namen der Werktätigen anscheißen, und du standest dann in der Pflicht, zu beweisen, dass es so nicht gewesen war!

Hinzu kam, dass meine Kollegen, besonders mein lieber Bassist Manne Möller, nicht zur Rücksichtnahme neigten, sondern ganz im Gegenteil zu unkontrollierten Handlungen. Im Hotel »Stadt Schwerin« gab es einmal großen Ärger, weil Manne, dieser Idiot, nachts um drei eine leere Rotweinflasche aus dem Fenster geschmissen hatte, die um ein Haar einen Unschuldigen oder dessen unschul-

Teil des Lakomy Ensembles, v. l. n. r.: Lakomy, Manfred Brückner, Angelika Mann, Dieter »Rübe« Kopf, Manne Möller

digen Hund getroffen hätte. Ich war, als das passierte, längst zu Bett gegangen. Morgens um acht stand dann plötzlich der Hoteldirektor vor meinem Bett im Hotelzimmer und brüllte auf mich ein, dass wir nun für ein Jahr hier Hotelverbot hätten.

Ein halbes Jahr später gerieten wir auf der Rückfahrt von Wismar in ein dramatisches Gewitter. Weiterzufahren war fast unmöglich, und wir entschlossen uns, nicht ohne ungute Vorahnungen, im »Stadt Schwerin« einen Nothalt für die Nacht einzulegen. Während ich noch die Folgen des Wassereinbruchs für den Motor begutachtete, sah ich meine lieben Kollegen schon mit dem Zimmerschlüssel winken und lachend in die Hotelbar verschwinden. Man schien uns also verziehen zu haben. Als ich an die Rezeption kam, empfing man mich kühl. Als »Kollektivleiter« hatte ich für Mannes Wurfattacke vor sechs Monaten selbstverständlich Hotelverbot – der Bandchef schlief im Auto.

Mein Gott, Manne! Als Bassist, gut und schön – ansonsten aber hatte er das Zeug, die Firma zu ruinieren. Im Fernsehfunk hatte man mich schon wissen lassen, ich solle mich nicht wundern, wenn man in der nächsten Zeit von Engagements Abstand nehme, uns flöge ein Leumund voraus, also nein ...! Und »Stadt Schwerin« war leider nicht das einzige Hotel, das wenig Verständnis für meine Musikanten aufbrachte.

In dieser Situation gingen wir auf eine ausgiebige Thüringentour. Es war Anfang Dezember 1975. Auf der Bühne war sowieso Alkoholverbot und für danach hatte ich die strenge Order ausgegeben: Gesoffen wird nur auf dem Zimmer, kein Restaurant, schon gar keine Bar! Wir hatten einen freien Tag in Mühlhausen, und trotz der Einschränkung der Genussfreiheit meiner Mitarbeiter schwante mir Schlimmes – Musiker, die auf Tour einen freien Abend haben, sind immer eine Gefahrenquelle.

Aber es schien alles bestens. Es war Freitag, und im Westfernsehen kam ein Krimi. Nur, wie in unserer Heimat üblich, waren die Westkanäle aus dem Fernseher ausgebaut. Es sind nun zehn Jahre vergangen seit dem Zusammenbruch der DDR. Aber wenn ich diesen Satz schreibe: »In den Hotels der DDR waren die Westkanäle in den Fernsehern ausgebaut«, überfällt mich immer noch Zorn und Scham. Was für eine Anmaßung, Menschen, die in ein Hotel kommen, die Fernsehkanäle vorzuschreiben. Nein, so ein Staat hat es verdient, dass seine Bürger ihn beendeten.

Schmidtl, einer unserer Roadys, gelernter Fernsehmechaniker, nahm den Kasten total auseinander, Drähte wurden spinnennetzartig durchs Zimmer gespannt, Bier gebunkert, alles war gut. Ich hatte die Kerle sicher im Zimmer, und jeder wußte auch, morgen früh, bevor die Putze kommt, muss hier alles wieder sein, wie es war! Wir sahen nun alle einträchtig den Freitagskrimi, und das Bier lief.

Aber ich wurde abgelenkt, das Telefon bimmelte, ich quatschte mich fest, guckte dabei in die Glotze und merkte nicht, wie einer nach dem anderen aus dem Zimmer verschwand.

Währenddessen brachte Manne bereits in der Bar mit seinem Fingertrick die brokatgekleideten Damen von Mühlhausen zum Kreischen. Ihm fehlte am rechten Zeigefinger das letzte Fingerglied und wenn er diesen Finger tief in seine kurze dicke Nase steckte und dabei schielte ... Er ging von Tisch zu Tisch. Wegen dieses Schauspiels blieb eine gewisse Moni, an der Bar sitzen –, sonst hätten wir beide uns vielleicht nie getroffen.

Als ich in die Bar kam, wortlos und grimmigen Blickes, rutschte der baumlange Manne erschrocken vom Barhocker und trabte mir gesenkten Hauptes hinterher ins Zimmer, wo er bleiben sollte. Das hat Moni sehr verblüfft, wie sie mir später gestand. Aber Manne wusste schon, warum er erbleichte, ihm drohte der Rausschmiss. Ich ging zurück zu den anderen. Da saß nur noch unser Techniker Harri und trank Sowjetischen Champus mit einer Horde wunderschöner Mädchen – das DDR-Tanzensemble war auch auf Tournee, wohnte im selben Hotel.

So was Hübsches in Mühlhausen! Mir gefielen am besten Angeli und Moni, aber die Entscheidung kennt ja jeder schon. Angeli war sehr hübsch, und auch nett. Moni war auch hübsch und auch nett, aber auf eine sehr feine ... nun, meine Klavierlehrerin Frau Denk hätte gesagt: auf eine sehr »ernsthafte« Weise. Und sie war ein Diskutierer vor dem Herrn, bewies mir innerhalb von zwei Stunden ein Dutzend Mal, dass ich doch bitteschön erstmal erwachsen werden solle. Doch sie konnte auch richtig zuhören, und lachen konnte sie, ein intelligentes, ansteckendes Lachen.

Moni, als ich sie kennen lernte

Ich war unsicher, denn bisher waren mir nur Frauen begegnet, die hinterher diskutierten. Moni diskutierte vorneweg – wie sollten wir zwei beiden da den Absprung kriegen? Sollte ich einfach sagen: Genug diskutiert, Fräulein Ehrhardt, jetzt wird gef...?

Statt dessen hockten wir auf dem Hotelflur, und die Tänzerin Monika Ehrhardt offenbarte mir ihre Sympathien

159

für den Eurokommunismus von Enrico Berlinguer. Bis dann Moni plötzlich entschied, es sei nun so weit.

»Wie weit, Monika?«, fragte ich erwartungsfroh.

»Dass wir ins Bett gehn, und zwar jeder in seins!«

Aber der Schlüssel zu meinem und Harris Zimmer, in dem auch Manne pennte oder pennen sollte, war verschwunden. Hinter unserer Tür rauschte einsam der Westkanal. Wo war der Schlüssel? Und wo war Manne?!

»So ein billiger Trick!« Monis Blick streifte mich bedauernd. Sie dachte wirklich, ich hätte den Schlüssel rasch in der Unterhose versenkt, damit sie mich mit in ihr Zimmer nähme. Schon lief sie los, um an der Rezeption den Generalsschlüssel für mich zu besorgen. Ich konnte sie gerade noch festhalten: Da drin stand doch der demolierte Fernseher – und das Mühlhäuser Hotel war eines der wenigen Häuser, in dem wir noch kein Hotelverbot hatten.

Also gut, ihr könnt bei uns pennen, aber nicht mit uns. Moni packte mich zu Angeli an den Bettrand, Harri lag bei ihr auf der Kante, und beide Mädels drohten mit sofortigem Rausschmiss, wenn wir die Hände und andere Gliedmaßen nicht im Zaume hielten. Die schärfsten Weiber, und es spielte sich nichts ab!

Am Morgen danach, Harald und ich kamen vergnügt aus dem Zimmer der Mädels, stand plötzlich Manne vor mir, schrie: »Du Schwein, schließt mich im Hotelzimmer ein«, und haute mir eine auf die Nase, dass ich zu Boden ging. Ich konnte nur noch brüllen: »Du bist gefeuert!«

Wie ein großes, dickes, schuldbewusstes Kind drehte er sich um, ging hinaus und stellte sich vor dem Hotel neben unsere Autos. Es war Frost, es schneite dünn, und er hatte keine Mütze auf. Sein gekränkter Ausdruck war bald gekrönt von einer sonderbar geformten, gefrorenen weißen Tolle. »Trägt man das jetzt?«, fragte Lütte. Und ich konnte ihm nicht mehr böse sein.

Das Interhotel, das war die DDR in nuce. Das weltmännische Imponiergehabe und der Geruch nach Wofasept, die Heizung, die sich kaum regulieren ließ, die Fenster, die schlecht schlossen, die kleinbürgerlich-protzige Sitzgruppenarchitektur, »Sie werden platziert!«, das Schweinsmedaillon mit Kroketten und Sättigungsbeilage, die albernen Mixgetränke, das Gummikissen »für unsere kleinen Gäste« im Restaurant, der gesetzlich festgelegte Ausschankschluss, wo plötzlich die Lichter ausgeknipst und die Stühle hochgestellt wurden, die Regulierungswut und Strafandrohung (»Beschädigungen der Inneinrichtungen werden dem Gast in Rechnung gestellt«), die polizeiliche Anmeldung mit Personenkennzahl, der Überwachunsauftrag des Personals, das sich als die herrschende Klasse der Republik verstand, die geheimdienstliche Observierung von Kontakten zu »Staatsbürgern aus dem NSW«. Leute, lasst uns das nicht vergessen. Und über allem der schöne Schein: Wir sind die größte DDR der Welt.

Man konnte diesen Umgang nicht über Jahre ertragen, ohne Risse zu kriegen in der Seele. Auf der einen Seite die große Hoffnung, dass das Land fliegen lernt, vom Boden hochkommt zu richtigem Sozialismus, und auf der anderen Seite die ständige Konfrontation mit der Arroganz der Macht.

Es war Spätsommer 1976. Im Interhotel »Kongress« in Karl-Marx-Stadt saßen wir – neun Personen – nach einem Konzert am Tisch. Das Restaurant war fast leer. Wir waren aufgedreht und fröhlich hereingekommen, dann wurden wir von Minute zu Minute stiller: Die Kellner gingen immer wieder demonstrativ an unserem Tisch vorbei. Nach dreißig Minuten ließ er sich herab, eine Bestellung aufzunehmen. Wir wollten essen, und die Auskunft hieß: Wir haben soeben Küchenschluss. Ich protestierte, und da kam die Antwort, die die ganze DDR beschreibt: »Sie dürfen nicht denken, Herr Lakomy, dass wir nur für Sie da sind!« Für wen denn sonst, verdammt noch mal! Bin ich kein Gast? Ich rastete aus, schrie den Laffen an. Die Leiterin des Restaurantkollektivs erschien, eine streng frisierte Dame in jenem Einheitskostüm, an dem sich Kaderleiterinnen, Schuldirektorinnen, Richterinnen und

Dozentinnen für Wissenschaftlichen Kommunismus erkannten. Sie trug ihr Parteiabzeichen am Revers. Sie erklärte mir, der Küchenschluss sei gesetzlich geregelt, und das gelte »auch für so genannte Unterhaltungskünstler«. Ich wiederum riet ihr, das Parteiabzeichen schleunigst abzunehmen, damit sich ihre Partei nicht für sie schämen müsse. Wenige Minuten später wurde das Licht im Lokal gelöscht, und wir saßen durstig und hungrig im Dunkeln.

Die Sache hatte ein Nachspiel. Die Kommissarin des Interhotel-Lokals hatte in einer Beschwerde an die Generaldirektion für Unterhaltungskunst glaubhaft gemacht, Herr Lakomy habe sie öffentlich aufgefordert, das Parteiabzeichen der SED abzulegen und gedroht »er würde es mir sonst herunterreißen.« Es war ganz klar, in welche Richtung das ging: Lakomy griff in Karl-Marx-Stadt öffentlich die Partei an, den Sozialismus überhaupt! Treue Genossen waren vor ihm nicht mehr sicher.

Die Sache war ernst, sehr ernst. Selbstverständlich glaubte man der tapferen, an der Interhotelfront gestählten Genossin, nicht dem parteilosen Künstler, auch wenn der acht Zeugen aufbieten konnte (die man aber nicht anhörte, denn das waren ja meine Kumpels). Bei dem großangelegten Verfahren ließ man durchblicken, dass mein Vergehen durchaus auch den Strafrechtsparagraphen »öffentliche Herabwürdigung« erfülle. Ich wäre nicht der erste gewesen, der wegen sowas in die sozialistischen Produktion geschickt wurde zur Bewährung oder in den Knast. Rehabilitiert wurde ich erst, als es Walter Kubitschek, einem dem Generaldirektor für Unterhaltungskunst sehr nahestehendem Komponisten im besagten Hotel ganz genau so wie mir erging. Aber da war es zu spät.

Wozu brauchen freischaffende Liedersänger, Popgruppen, Texter, Conférenciers, Feuerspucker usw. einen Generaldirektor? Ehrlich gesagt, damals war für mich die Existenz dieses Apparates so selbstverständlich wie der Wechsel der Jahreszeiten, heute fällt mir auf diese Frage absolut keine schlüssige Antwort mehr ein. Eine Beschäftigungsmaßnahme für Wichtigtuer? Künstler ließen sich in Gremien der Generaldirektion wählen und versuchten unter der Aufsicht hauptamtlicher Funktionäre mit Staat und Partei zurecht zu kommen und Abhilfe zu schaffen – in Gagen- und Versicherungsfragen, wenn einer Trommelstöcke brauchten, die nicht zu beschaffen waren, wenn sie Reifen brauchten, weil sonst die Tournee gefährdet war, wenn Schreibband für die Schreibmaschine ein Engpass war, wenn lokale Funktionäre verrückt spielten und wegen zu langer Haare oder eines despektierlichen Wortes auf der Bühne Auftrittsverbote verhängten. Was in einer »normalen« Gesellschaft von selbst funktionieren müsste – dazu brauchten wir einen Generaldirektor. Allerdings, und das klingt heute wie ein Traum aus ferner Zukunft, bekamen junge Talente von dort auch bezahlte Ausbildungshilfe, Instrumente für den Anfang bis hin zu Presseverbindungen, wenn's denn losging. Die Lütte kriegte nach meinem Rückzug jegliche Unterstützung für einen Start mit eigener Band, Probengeld für ein gutes halbes Jahr für sich und fünf Musiker! Im Gegenzug funktionierte die Generaldirektion präzise als Arm der Partei und konnte – nicht nur mir – drohen, meine künstlerische Karriere von heute auf morgen zu beenden. Die Formel hieß: »Wir können auch anders, Reinhard!«

Für mich gab es nur einen Weg, mir treu zu bleiben und nicht zu Kreuze zu kriechen – ich musste ihren Herrschaftsallüren zuvorkommen. Als ich das begriffen hatte, wurde ich auf einmal ganz ruhig – man kann einem Menschen nicht nehmen, was er nicht zu verlieren hat: Ich erklärte ungerührt, dass ich nicht die Absicht habe, in diesem Lande weiterhin öffentlich aufzutreten.

»Wie dürfen wir denn das nun wieder verstehen, Lacky?«

»So, wie ich's sage: Schluss. Aus.«

Betretenes Schweigen, lange. So eindeutig mein Satz gemeint war, so unklar war er doch. Er hätte ja auch bedeuten können, dass ich die ganze DDR satt habe und einen Ausreiseantrag stelle. Sofort begannen deshalb heftige Bewegungen des generaldirektoralen Zurückruderns: »Aber nun mal langsam, mein Lieber! So nun ja auch wieder nicht. Gut, du hast einen Fehler gemacht – aber unsere Menschen brauchen dich. Unsere Menschen haben ein Recht auf Frohsinn und Unterhaltung, das hat doch auch der letzte Parteitag noch einmal unterstrichen. Und weißt du – es gibt auch wieder mal eine tolle Auslandstournee, die nächste Schallplatte ...«

Aber mein Entschluss stand fest. Ich wollte nicht mehr. Ich sehnte mich danach, dem ganzen organisatorischen Kram, der Reiserei, dem Hotelregime, der Kilometergeldrechnerei, dem Muggenbetrieb zu entkommen. Ich hatte es auch satt, den »Kollektivleiter« zu mimen und für meine Leute den Kopf hinhalten müssen. Einundzwanzig Konzerte im Monat – und das schon seit langer Zeit, das ging an die Substanz! Einmal hatte uns unsere Managerin in ihrem unendlichen Erwerbssinn sogar einen Auftritt am Neujahrsmorgen beschert – 10 Uhr, vor zweihundert Bereitschaftspolizisten, die über Silvester die Republik geschützt hatten. Sie saßen hundemüde vor uns, wir standen ziemlich benommen vom Restalkohol vor ihnen – ein allseitiges Vergnügen.

Ich wollte das alles nicht mehr, vor allem nicht mehr diese Gängelei, dieses »Wir können auch anders«! Die ewig gleichen Konzerte, wo ich Abend für Abend die gleichen Lieder sang, keine Zeit mehr für etwas Neues. Ich wollte endlich wieder mir selbst genug sein, am Klavier sitzen, die Sonne ins Fenster scheinen lassen und vor allem komponieren, schöne Lieder, die bleiben – eine Weile jedenfalls.

Im September 1991 schrieb der Musik-Kritiker Wolfgang Lange das auf, was die Sympathie für meine Lieder ausmacht:

»Sympathie für Lackys Lieder – Warum?

Es kommt da manches zusammen: die Lust auf eine ›Widerstandstimme‹ gegen alle herkömmlichen Ästhetiken – rauh und kratzig, trocken und lakonisch, zierratlos und kantig, prägnant und gefühlsreich, artikulatorisch mitunter so, daß es jeden Gesangslehrer zu Schreckensausrufen motiviert. Aber was heißt das schon, da man diese schrecklich schöne Stimme als vor allem wahr und aufrichtig, ohne kunsthafte Attitüde, Nähe bringend und als sehr musikalisch empfindet! Lakomy als Komponist ist ein großer Melodiker. Es ist sehr viel Eigenart an schöpferischer und interpretatorischer Haltung in diesen Liedern, die sicherlich kaum jemand zu schreiben vermag, der an einem glatten Durchkommen durchs Leben interessiert ist. Gleichwohl ist Lakomys Blick auf Menschen, Leben, Situationen, von denen er mit Fred Gertz en miniature sinnenreich, hirtenliedhaft, deftig, melancholisch zu erzählen weiß, ein bejahender. Doch viel tiefer, gründlicher, konkreter, poetischer als es für gewöhnlich Schlager und Pop tun. Welchem Genre sind diese Lieder zuzuordnen? Weder Schlager noch Pop, weder Chanson noch Rock. Auf jeden Fall sind es Lieder, die im ambivalenten Sinne Schlager sind – und sich noch immer wohltuend in einem musikalischen Umfeld der Medien ausnehmen, das wirklicher Originalität begrenzte Chancen bietet.«

Das letzte Konzert des »Reinhard Lakomy Ensembles« im Mai 1977 in Meißen wurde in der Presse nur mit einer lapidaren Notiz zur Kenntnis genommen. Man wollte wohl nicht, dass noch irgendwelche Elogen auf mich erschienen oder ich die Gelegenheit nutzte, zu erzählen, warum mir der sozialistische Unterhaltungsbetrieb nun wirklich zuwider geworden war. Bei diesem letzten Konzert war Moni schon bei mir, im März war sie aus ihrer geliebten Stadtmitte, Oranienburger Straße, zu mir aufs Dorf nach Berlin-Blankenburg gezogen. Unser Haus war damals noch eine Hütte, und ich hatte fünfzigtausend Mark Schulden, die ich durchaus dem finanziellen »Geschick« meiner zweiten Noch-Ehefrau zu verdanken hatte. Moni hatte Mut und Energie, und nach diesem letzten Konzert dachte ich froh: die könn' mich alle mal!

In der Mühle

Ich bin ein zutiefst friedlicher Mensch. Das sagen alle. Nur die nicht, die mich jemals nach einem Konzert morgens vor elf Uhr geweckt haben! Die fürchten meinen Zorn, und zwar zu Recht.

Dass ausgerechnet meine alte Kollegin Lütte alias Angelika Mann – »alte« natürlich hier im Sinne von vertraute, lang- sowie breitgeschätzte – dieses Sakrileg begehen sollte, war schwer vorstellbar. Aber sie tat es. Eines Morgens, es muss im November 1976 gewesen sein und ich träumte mich nach einem geilen Konzert im Hotel »Vier Tore« in Neubrandenburg in den jungen sozialistischen Werktag hinein, malträtierte sie die Hotelzimmertür: »Lacky, Lacky, wach auf – die lassen den Biermann nicht wieder rein!«

Lütte schwört heute noch Stein und Bein, dass ich ihr zugerufen habe: »Na und! Ein Arschloch weniger.« Dass sie in diesem Moment nicht sofort politisch-moralisch tief von mir enttäuscht gewesen war, das spricht nicht etwa für ihre außerordentliche Toleranz, sondern einfach nur dafür, dass sie mich eben schon sehr gut und lange kannte.

Aber etwas anderes gibt mir zu denken, wenn Lütte diese Story erzählt: Dass man einem DDR-Bürger den Satz »Die lassen den Biermann nicht wieder rein« sogar in seinen Tiefschlaf hinein zurufen konnte – und er wusste trotzdem sofort Bescheid. Wer »die« waren, wer Biermann war, und was »nicht wieder« und »rein« bedeuteten. Wir DDR-ler waren auf eine eigentümliche Weise, die nichts mit dem segensreichen Wirken der Aktuellen Kamera zu tun hatte, alle und zu jeder Zeit immer auf dem selben Informations-Level. Unser Zeichensystem funktionierte perfekt. Wir verständigten uns mit minimalem Aufwand über die banalsten oder auch die dramatischsten Geschehnisse.

Denn natürlich war mir wenige Minuten später klar, was Lüttes Botschaft bedeutete: Die Funktionäre schufen einen Präzedenzfall. Den Staatsfeind Nummer 1 – einen Platz, den er sich redlich mit Robert Havemann und Stefan Heym teilte – nach seinem Kölner Konzert vor Gewerkschaftern nicht wieder in die DDR einreisen zu lassen, das war eine Kriegserklärung an alle kritischen Geister im Lande, nicht nur unter den Künstlern. Von nun an würde zum Instrumentarium der Strafen für Aufmüpfige auch noch die Ausbürgerung gehören. Das sollte für Friedhofsruhe sorgen.

Lütte war wieder an der Tür: Uschi Brüning sei am Telefon und fragt, ob ich auch unterschreiben würde. Ja, in Gottes Namen, ja!

Ein wenig lax, sicherlich. Ich kannte ja weder den Text der Petition – um eine solche drehte es sich ganz offensichtlich – noch wusste ich, an wen die gerichtet war. Aber die Brüning ist eine der Kolleginnen, denen ich blind vertrauen würde. Und sie und noch einige andere Leute haben in diesem Moment das absolut Richtige getan. Man musste sich wehren; man musste den scheinbar unabänderlichen Automatismus durchbrechen, nach dem auf jede neue Drohung eine neue Angst folgte. So geriet ich – schlaftrunken und noch vor dem Frühstück sei – auf die Liste der besonders gefährlichen Personen.

Ein paar Minuten später rief ein Vertreter des Komitees für Unterhaltungskunst an, der mich zu einer Unterschrift zur Befürwortung von Biermanns Ausbürgerung anging.

Ihm musste ich leider mitteilen, dass ich schon auf der anderen Liste stehe und dass das auch so bleibt.

In Berlin begannen, nach ein, zwei Tagen verdächtiger Stille, die Mühlen zu mahlen. Und sie mahlten nicht etwa langsam. Überall wurden hektisch Versammlungen einberufen, heimliche und offizielle. Schwärme von Agitatoren wurden an die Biermann-Front geschmissen – in den Unis, den Theatern, dem Fernsehen, den Künstlerverbänden. Zunächst schickte man die unbedeutenderen Ärmelschoner ins Gefecht. Mein Müller war ein Schwarzmüller und betrieb dieses Gewerbe in der Verkleidung des stellvertretenden Abteilungsleiters für Unterhaltungskunst des Ministeriums für Kultur. Dem aufmerksamen Leser ist er ja bereits kein Unbekannter mehr: Schwarzmüller hatte dereinst Klaus Lenz mit flottem Spruch in die Republikflucht geschlagen. Er bat mich dringlich in die Mühle. Nicht mal der Abteilungsleiter persönlich! Geht man so mit seinen Staatsfeinden um? Glaubten die wirklich, ich sei von einem subalternen Sesselbewohner zu knacken?

Aber wohl war mir nicht in meiner Haut. Ich bin, glaube ich, nur mutig, wenn ich keine Zeit zum Nachdenken habe; mein Mut ist spontan. Wenn ich ins Grübeln komme, werden die Zweifel schnell lauter. In der Situation, in der ich mich jetzt befand, fehlte mir auch einfach der Überblick. Es hagelte alles durcheinander: Drohungen, Dementis, betretene Rücknahmen der Unterschrift unter die Biermann-Protestnote, Trommelfeuer gleichermaßen in den Ost- wie in den Westmedien. Ich brauchte dringend einen Rat. In dieser Situation fiel mir die süße Tänzerin Monika ein, mit der ich schon stundenlange Diskussionen auf dem öden Flur des Mühlhausener Hotels und – wie berichtet – eine Nacht in einem Zimmer mit ihr hinter mir hatte, die so ganz anders als erwartet verlaufen war. Seither hatte ich mich bei ihr ab und zu auf einen Tee eingeladen, ich redete gern mit ihr. Sie fiel mir jetzt nicht nur ein, weil ich ihr ein sicheres politisches Urteil zutraute, sondern – ehrlich gesagt – weil sie mir sowieso nicht mehr aus dem Kopf gehen wollte.

Moni wohnte in der Oranienburger gegenüber der alten Post in Mitte, wo sie sich mit bewundernswertem Geschmack und praktischem Verstand eine riesig hohe Wohnung zu einer Behausung mit zwei Wohnebenen umgebaut hatte. Sie war damals die feste Freundin des berühmten Brecht-Schauspielers und Brecht-Schwiegersohns Ekkehard Schall.

Ekkehard Schall, eine der legendenumwobenen Figuren der Berliner Künstlerszene, hatte nur feste Freundinnen. Moni empfing in dieser sieben Jahre dauernden Verbindung ungezählte künstlerische Anregungen für ihre spätere Bühnenarbeit, schärfte ihr politisches Urteilsvermögen, lernte Menschen kennen, die sie intellektuell prägten; wohl deshalb lässt sie bis heute keine Kritik an Schall und Familie zu. Schalls festes Verhältnis war der Kulturszene stets bekannt, was Schall so unrecht nicht zu sein schien. Es festigte seinen elitären Ruf. Er war und ist einer der bedeutendsten Bohemiens des Ostens.

Außerdem beobachtete man in den Kreisen der »Kunst- und Kulturschaffenden« argwöhnisch und neidisch die ungeheuren Privilegien, welche die Brecht-Sippe – tatsächlich oder angeblich – genoss. Die kaufen ihre Butter in Dänemark, hieß es, und Barbara fährt nach Paris zum Frisör, und Schall hat neulich im »Ganymed« mit Westgeld bezahlt. »Die neiden ihnen das Erbe nach dem Motto: Brecht gehört allen«, lachte Moni, aber ich kann nicht behaupten, dass mich das Gerede kaltließ – unsereins versteckte jedes Sennheiser-Mikro, was man im Mantelfutter über die tschechische Grenze in die DDR schmuggelte! Doch privilegiert zu sein, war in der DDR keine ausschließlich glückliche Position: Wer viel hatte, für den stand auch viel auf dem Spiel. Erpressbar zu sein ist kein komfortabler Zustand.

Ich erinnere mich noch sehr genau an diesen Vormittag: Ich war gerade bei der Schallplatte gewesen und hatte dort die Musterpressung meiner neuen Platte »Dass kein Reif ...« entgegengenommen. Ich war ungeheuer stolz – diese Platte war wirklich ein großer Wurf. Die A-Seite bestand aus einem einzigen durchgehenden Stück, in der Unterhaltungsszene der DDR bisher einmalig. Ich trug das kostbare Unikat zu Moni, um es ihr vorzuspielen, hatte aber zugleich vor, sie unbedingt nach ihrer Meinung in der Biermann-Sache zu fragen.

Wir hörten die Platte, und ich konnte in ihren Augen lesen, wie tief sie das Stück bewegte. Immer, wenn ich erlebe, wenn ich zuschauen kann, wie meine Musik in Menschen eindringt, macht mich das glücklich. Und dieser Mensch hier war zu alledem nicht irgendeiner!

Sie machte Tee in der Küche und ich sagte, jetzt müsse ich noch etwas Schwieriges mit ihr besprechen. »Ich weiß schon«, sagte sie, »du stehst auch auf der Liste.«

In diesem Moment erschien Schall, massig, unnahbar, gereizt. Er schritt federnd durch die Wohnung, wie ein Hausherr, der abschätzt, ob während seiner Abwesenheit wegen wichtiger dienstlicher Obliegenheiten alles mit rechten Dingen zugegangen sei. Er musterte mich von oben herab wie einen Fleurop-Boten, rückte mit dem Ausdruck des Überdrusses um den Mundwinkeln einen Leuchter auf seinen angestammten Platz zurück und setzte seinen Rundgang fort. Moni wollte ihn nötigen, in meine Musik hineinzuhören und stellte meinem kompositorischen Schaffen die höchsten Noten aus, wozu ich verlegen grinste.

Fast beiläufig, während er zum Fenster ging, sagte Schall: »Also, ich ziehe zurück.« Moni darauf: »Ich weiß. Wegen Lamberz. Der Anruf gestern.«

Und dann, nach einer Pause von jener winzigen Überlänge, die auf dem Theater oftmals eine jähe Wendung ankündigt, sagte sie sehr betont und schaute mir dabei fest in die Augen: »Der Lakomy hier zieht nicht zurück.«

Schall riss sich vom Fenster los und betrachtete mich einen Moment lang voller Neugier und Verwunderung. Dann seufzte er tief und ging, oder besser: ging ab, wie es auf dem Theater heißt.

Am nächsten Tag konnte man im ND lesen, dass er seine Unterschrift unter der Biermann-Note durch die Westmedien missbraucht sehe und sie deshalb zurückziehe.

Herr Schwarzmüller im Ministerium hub an, mir auseinandersetzen zu wollen, wer Biermann sei. Das war irgendwie rührend. Der schien wirklich davon auszugehen, ich hätte mich bisher geistig ausschließlich aus dem Neuen Deutschland ernährt. Ich unterbrach ihn: »Sparen Sie sich das bitte. Ich bin nicht Biermanns Freund. Von mir aus können die drüben ihn sogar behalten.« Schwarzmüllers Gesicht hellte sich auf. Mich zur Rücknahme meiner Unterschrift zu bewegen – das hätte ihn mindestens zwei Sessel nach vorne gebracht. »Meine Unterschrift unter dem Protest hat gar keine moralischen, politischen oder gar künstlerischen Gründe. Ich gehe da ganz naiv ran und nur von mir aus: Ich will nicht in einem Land leben müssen, das seinen Bürgern androhen kann, sie vor die Tür zu setzen. Wenn ihr anfangt, Leute rauszuschmeißen, ist das das Ende der DDR.«

Das Ende der DDR! Schwarzmüller kicherte, schien sich blendend zu amüsieren. Wegen eines Biermann, lieber Herr Lakomy, bricht die DDR nicht gleich zusammen. Und hatte Schwarzmüller nicht recht? Es sollte wirklich noch eine ganze Weile dauern.

Jetzt aber war erst einmal Hysterie angesagt. Zu Hause klingelte ständig das Telefon, man wurde zu konspirativen Treffen gebeten, die fünf Minuten später schon wieder abgesagt wurden. Günther Fischer gebärdete sich, als hätte er sich entschlossen, der Musik adé zu sagen und Führer eines Wolf-Biermann-Volksaufstandes zu werden. Gerüchte schwirrten umher: Alle Petenten würden sofort ausgewiesen bzw. erschossen. Nur was zuerst, das würde noch entschieden.

Naja, witzig war das nicht. Zum ersten Mal spürte ich die eigene Ohnmacht. Man kann alles mögliche an der DDR rühmen – die Vollbeschäftigung, die Kinderärzte und »Nudossi«, den legendären Brotaufstrich. Aber in einem Staat, der seinen Bürgern keine Gesetze in die Hand gibt, mit denen sie sich gegen Willkür wehren können, möchte ich nicht mehr leben.

Ich versuchte, ruhig Blut zu bewahren, merkte aber, dass mir jedes Telefonläuten immer ein wenig mehr in die Knochen fuhr. Schließlich – fast war es eine Erlösung – war das Zentralkomitee dran: Jürgen Hagen aus der Kulturabteilung. Und das war wirklich irgendwie erlösend. Denn Hagen und ich – wir waren alte Kumpel. Der würde mich wohl nicht dem Generalstaatsanwalt überstellen. Er hatte als junger Bengel auch in Magdeburg Musik gemacht, bei den »Tornados«. Na gut, er war keine Koryphäe auf dem Vibraphon, aber ein berühmtes, ja fast berüchtigtes Organisationstalent für die Tornados; er hatte die rasche Parteikarriere dem ewigen Üben auf dem Instrument vorgezogen. Aber man konnte mit ihm reden.

Jürgen Hagen hatte mich bis dahin schon mehrmals aus üblen Situationen herausgeboxt. Ich hatte nämlich in langer, leidvoller Konzertkarriere ein eisernes Prinzip entwickelt: Egal, wie viele Zuschauer nach Hause gehen mussten, egal wer da tobte und drohte – wenn der Flügel nicht zu stimmen ging, wenn die technischen Bedingungen unter aller Sau waren, packten meine Jungs und ich gar nicht erst aus.

Im Vertrag stand nämlich, dass der Flügel auf 440 Herz Kammerton gestimmt werden musste. Denn in meinem Instrumentarium war ein »starr gestimmtes« Instrument, ein Fender–Piano. War der Flügel nicht korrekt gestimmt, hätten Gitarrist und Bassist ständig ihre Instrumente umstimmen müssen, wenn ich vom normalen Flügel zum Fender–Piano umstieg. Das hätte ewig gedauert. Die Konzerte durchzuziehen mit der unterschiedlichen Stimmung, das ging auch nicht – kein Mensch hätte den schlecht gestimmten Flügel bemerkt. Man hätte nur gesagt: »Lakomy klang Scheiße!« Die Fälle, wo ich »vertragsbrüchig« wurde, waren gar nicht so selten. Ich schickte mein Vorauskommando mit der Stimmgabel los. Und wenn die Diagnose niederschmetternd war, wurde erst gar nicht aufgebaut, was dann öfter einen gewaltigen Krach mit dem Veranstalter heraufbeschwor. Natürlich durfte man da in der DDR nicht zu kleinlich sein und keine paradiesischen Bedingungen verlangen. Aber ich konnte und wollte kein Konzert fahren, bei dem das Publikum nicht das bekommen konnte, wofür es bezahlt hatte. Das war jedesmal ein Skandal. In der Regel – nach dem Führerprinzip – intervenierte der 1. Sekretär der Kreisleitung der SED bei der Abteilung Kultur im ZK gegen Lakomy. Da war es Jürgen

Hagen gewesen, der die Sache tiefer hing und sagte: Man kann doch dem Lacky nicht zumuten, auf einem falsch oder ganz und gar ungestimmten Instrument zu spielen.

Bei der Anmeldung im ZK hieß es zunächst »Genosse, leg mal dein Dokument vor!« Was meinen die denn, dachte ich. Es dauerte eine Weile, bis mir dämmerte, dass ich ihnen mein SED-Mitgliedsbuch vorzeigen sollte. Damit konnte ich nicht dienen. Es kam diesen Leuten einfach nicht in den Sinn, dass außer SED-Mitgliedern auch noch gewöhnliche Sterbliche unter der Sonne wandelten.

Der Paternoster fuhr mich vorbei an Honeckers Etage. Hinter einer riesigen Blattpflanze hatte ein Wachsoldat seine Lebensstellung eingenommen. Auf den Fluren der Macht herrschte gespenstische Stille. Es roch nach Bohnerwachs und Desinfektionsmittel. Ob hier jemals jemand lachte oder mit der Tür knallte oder der Sekretärin an den Hintern griff?

Jürgen Hagen machte ganz auf Vernunft: Es sei doch ein Fehler gewesen, die Protesterklärung zuerst der Westpresse zuzuspielen, das müsse ich doch einsehen. Mir wurde ein bisschen mulmig. Denn wer wem was wann »zuspielte«, darum hatte ich mich wirklich nicht gekümmert. Und nach Einzelheiten aus dem Papier durfte er mich eigentlich auch nicht fragen. Und dass der Westen nun seine Propagandasuppe auch mit meiner Unterschrift kochte, das war mir auch nicht angenehm. Jürgen machte mir richtig ein schlechtes Gewissen. Viel hätte nicht gefehlt und ich hätte zwar meinen Protest aufrechterhalten, mich aber davon distanziert, dass er in der Westpresse erscheint. (Genau das war damals, wie ich im Nachhinein von anderen Kollegen erfuhr, der »Teilsieg«, der bei diesen Gesprächen zunächst angestrebt wurde). Hagen spürte meine Unsicherheit. Und da muss ihn wohl der Affe geritten haben und er muss gedacht haben: Den Lakomy kriege ich ganz!

Triumphierend, wie eine Wunderwaffe, zog er plötzlich aus einer Schublade einen Brief: »Hier, lies – dein Freund Fischi!« Naja, Freund – aber meinetwegen.

Günther Fischer hatte doch noch wenige Tage vorher zu den besonders Aufgeregten gehört! Wie war er herumgewuselt und hatte Unterschriftswillige zusammengetrommelt! Er hätte auch die Konsum-Frau an der Ecke genommen oder einen taubstummen Blinden. Er führte sich auf, als stünde der Sturm aufs Winterpalais bevor (meinen westdeutschen Lesern kann ich diesen Vergleich jetzt nicht erklären – würde einfach zu lang werden).

Fischer zog mit seinem Brief an Jürgen Hagen nicht nur postwendend seine Unterschrift zurück. Das hätte ich ja sogar noch verstanden – Angst ist eben auch ein Menschenrecht. Nein, das ganze Schriftstück troff von schleimiger Unterwürfigkeit, von Ergebenheitsleckerei gegenüber der SED und Honecker, von devoter Bettelei um die Liebe der großen nährenden Mutter Partei. Mir wurde übel vom Lesen. Auf gar keinen Fall wollte ich auf der Schleimspur schlittern, die einer wie Fischer gelegt hatte. Für mich war das Gespräch mit Hagen beendet.

Ich stand auf, und im selben Augenblick verstand Jürgen Hagen, dass und warum er's verpatzt hatte. Ich sah es an seinen traurigen Augen. Dass er begriff, das zeichnete ihn vor vielen anderen seiner Spezies aus, die ich getroffen habe. Davon gab es wenige.

Übrigens hat die Partei dann auch darauf verzichtet, Günther Fischers Brief im Neuen Deutschland propagandistisch auszuschlachten. An meiner Reaktion war ja zu sehen, wie furchtbar das ins Auge gehen konnte.

Der Westen erzählt uns heute die Geschichte »Wie der gute Wolf seine Heimat verlor« natürlich ganz anders. In seiner Version gibt es nur Helden und Schweine. Helden waren natürlich Wolf Biermann, gleich hinterdrein Manfred Krug und dann peu à peu alle anderen Unterschreiber, und zwar vor allem die, die bald danach in den Westen gegangen sind. Schweine waren die Funktionäre, jeder Kämpfer an der Parteifront sowieso – und eigentlich auch der ganze große Rest des DDR-Volkes, das dem Wölfchen nicht beigesprungen ist. Dieser ganze große

Rest hat aber, wie wir vom Westen wissen, dann doch nicht dauerhaft versagt: Spätestens als er »Deutschland einig Vaterland!« rief, war er wieder lieb und wurde gebraucht, und man nannte ihn z. B. »Heldenstädter«.

So komisch ist das. Jedes System braucht eben seine Feindbilder und seine Heldengedenktage. Dabei vergessen die westdeutschen Märchenerzähler, dass sie mit dem Biermann auch herzlich wenig anfangen konnten, solange er noch Kommunist war. Was sollten sie auch mit so einem, in einem Land, in dem die Kommunisten verboten waren und manisch verfolgt wurden? Heute ist das mit Biermann natürlich anders. Heute lässt er sich hervorragend als Schweißhund auf der Stasifährte und als PDS-Wadenbeißer gebrauchen und macht sich zum Narren vor den Herren von der CSU. Er hat die Klasse längst gewechselt, die alten Lieder sind nicht mehr. Was soll's! Jeder holt aus sich heraus, was in ihm steckt.

So, wie das Telekom-Maskottchen Manne Krug! Krug hat bis in unsere Tage hinein an der Inszenierung des ebenso grüblerischen wie humorvollen und mutigen Tatmenschen Manfred Krug weitergebosselt, die er im Jahre 1976 begann. Viele von uns, die wir ehrlich empört gegen die Ausbürgerung Biermanns protestierten, waren nur Statisten in seinem Spiel.

Ende der sechziger Jahre war ich viel mit Manfred Krug auf Tour mit dem Klaus-Lenz-Sextett. »Konzert der leisen Töne« hieß beispielsweise eine Reihe – musikalisch vom Feinsten, mit den Streichern des DDR-Tanzensembles. Ob in Altenburg, Halle oder Arnstadt – Krug war eigentlich immer auf Jagd.

Und er hatte eine raffiniert Methode, sein Opfer zu erlegen. Nachmittags, wenn es dämmrig wurde und in den Wohnungen die Lichter angingen, zog er durch die Altstadt und schaute durch die Fenster in die Wohnungen hinein. Ich war einmal bei so einem Fischzug dabei. Da sah er von draußen eine prächtige alte Küche. Die Möbel hatten dunkelblaue Porzellangriffe, das weiß ich noch. Aber ansonsten hatte ich vom Wert des guten Stücks nicht die geringste Ahnung. Aber Krug! Er nannte uns sofort den Katalogpreis, und zwar in Ost und West! Der war umwerfend. Was jetzt folgte, war immer die selbe Nummer: klopfen, klingeln, überrumpeln.

»Oje, sind sie etwa Manfred Krug? Otto, komm doch mal, der Herr Krug gibt uns die Ehre!«

Krug war gut in seiner Rolle. Er spielte den Balla oder sonstwen. Er plauderte humorvoll und lobte den Tee. Tja, ihr lieben alten Leutchen, wolltet ihr denn nicht schon lange eine funkelnagelneue moderne Anbauküche mit Sprelacart-Anrichte euer eigen nennen, na?

Natürlich wollten sie. Sie waren überglücklich, den alten Kram endlich loszuwerden – Krug übernahm die »Entsorgung«. Und kümmerte sich um den Rest: Neue Küche – was in der DDR sehr viel Organisationstalent verlangte – Transport – Aufbau – Qualitätskontrolle. Da kannte er nichts!

Der Manne hat Talente. Er war auch auf unseren Tourneen der unangefochtene Wettkönig. Sein Prinzip war: Wette nur, wenn du hundertprozentig gewinnen wirst. Einmal wettete er mit einem Musiker um hundert Mark. Den Hunni würde er, Manne, gewinnen, wenn es ihm gelänge, mit einer Zigarette denm Schein durchzubrennen, wenn er fest auf dem Handrücken des Musikers aufgelegt werde. Krug führte die glühende Zigarette ans Papier, der Musiker, der dumme Hund, stöhnte auf, aber an dem Hunderter veränderte sich nichts. Krug drückte die Zigarette auf den Schein, der Mann schrie schrecklich – kein Loch in der Banknote. Krug steckte lachend das Geld ein. Der Musiker musste mit einer schlimmen Brandwunde zum Arzt gefahren werden. Die Narbe hat er heute noch. Es lebe der Gelderwerbssinn, denn der macht hart und erfinderisch!

Manfred Krug betrieb seine Ausreise mit Energie und Witz. Seine kleineren und größeren Frechheiten der Staatsmacht gegenüber hatten immer eine sportliche Note, ein bisschen Robin Hood – nur dass er nichts an die Armen verteilte, sondern alles leidenschaftlich gern selber behielt. In den süßen Westen zu kommen, das hätte er irgendwann auch so geschafft, wenn Honecker nicht diesen kapitalen Bock mit Biermann geschossen hätte. Er wollte auf die Butterseite der Welt – und kann man es ihm verdenken? Nach dem Fall Biermann ging das gleich viel besser. Krug wollte nämlich nicht einfach in den Westen, wie ein armes Flüchtlingskind. Er wollte Erster Klasse in den Westen – er wollte den Westen haben, aber den Osten – seine Oldtimer, seine Antiquitäten, die kostbaren Uhren, die Konten, die Haushälterin, noch das letzte silberne Löffelchen – nicht lassen. Zum Schluss hat er den heimlichen Mitschnitt eines Gespräches zwischen den wichtigsten Unterzeichnern der Protesterklärung gegen die Biermann-Ausbürgerung und hohen SED-Funktionären dem Zentralkommitee als Pfand angeboten, damit die ihn in ganzer Pracht ziehen ließen – er hat das in seinem Buch »Abgehauen« ja selbst beschrieben. Man kann das auch Erpressung nennen. Hätte die Stasi diese Nummer eigentlich besser inszenieren können?

Etwa vier Jahre nach seiner Ausreise traf ich Krug und Ehefrau Ottilie in Westberlin auf der Straße, vollbehangen mit Tüten vom nahen Edeka-Markt. Ich war wieder mal nach Instrumenten und Verstärkern für die verschiedensten Kollegen unterwegs. Krug wohnte in der Martin-Luther-Straße. Hallo! Große Freude! Und, wie gehts! Komm doch auf einen Tee mit hoch!

Oben gab es Tee aus dem »guten Service« und Kekse von Bahlsen. Man redete und schwätzte. Plötzlich wurde Krug ernst: »Lacky, nicht, dass du das jetzt falsch verstehst«, begann er. Ich war natürlich gespannt, was jetzt folgen würde: Eine politische Offenbarung? Ein leidenschaftliches Bekenntnis zu unserer längst entschwundenen gemeinsamen Musikantenzeit? »Nicht, dass das in Vergessenheit gerät«, sagte er, »am 21. Oktober 1968 hattest du mal 50 Mark bei einer Wette mit mir verloren. Erinnerst du dich? War im Steintor-Varieté in Halle. Konntest du mir damals nicht geben. Aber die kriege ich noch von dir! Alles klar?« Es ging um 50 Mark Ost.

Und Biermann? Neulich rief mich Klaus Lenz an. Ich erzählte ihm, dass ich an diesem Buch schreibe und dass unser gemeinsamer Bekannter Biermann natürlich auch drin vorkommt. Klaus war sofort »auf 180«. »Hör mir bloß auf! Hat der sich auch nur bei einem einzigen mal bedankt oder über jene ein anerkennendes Wort gesagt, die damals zu ihm standen, auch wenn ihnen der Arsch auf Grundeis ging?« Man wird doch mal fragen dürfen ...

Auf Dankbarkeit habe ich ja gar nicht gehofft. Einige Zeit nach der »Wende« lud die Berliner Zeitung allerhand Prominente zu einer Fete ein. Man feierte das neue Layout des Blattes. Ich ging auch hin, Moni war verhindert. Irgendwann betrat Biermann den Saal. Wir waren uns seit jenem Tag, als er mich als ein »absolutes Nichts« entlarvt hatte, nicht mehr begegnet, also seit 27 Jahren. Er kam direkt auf mich zu, sah mich plötzlich, stoppte einen Schritt vor mir, und sagte, wobei er zur Seite sah: »Mir bleibt wohl nichts erspart.«

»Ja«, sagte ich. »Zum Beispiel kann ich dir auch gern mal eine in die Fresse haun.«

Das war die letzte Begegnung zwischen Biermann und mir. Wirklich die letzte. Und hoffentlich bleibt es dabei.

Lakomisch

Frauen kommen in diesem Buch so zahlreich vor wie Ausrufezeichen. Sie sind ja auch etwas Wunderbares (die
Frauen, nicht die Ausrufezeichen)! Für uns Männer sind
sie nicht weniger als der Sinn des Lebens – jedenfalls für
mich war das immer klar, so dass ich nie zu den grüblerischen »Sinnsuchern« gehören musste. Im glücklichsten
Falle gilt das auch umgekehrt: Männer sind für Frauen
der Sinn des Lebens, allerdings zwischenzeitlich abgelenkt
durch die Aufzucht der lieben Kleinen.

Was meine zweite Angetraute, Eike, betraf, galt das sicherlich auch. Nur hat sie den Plural »Männer« vielleicht
ein wenig zu ernst genommen. Sie war – und ist es bestimmt noch immer – eine lebenslustige Person; keine

Eike, die "Zweite"

Fete ohne Eike. Da hatten sich zwei gefunden – ich kann auch keine fröhliche Runde ignorieren. Nur wenn ich nach Tagen oder Wochen von anstrengender Tournee zurückkam und sie saß mit dem Nachbarn und einer Flasche Weinbrand in unserer Hollywoodschaukel und das Geschirr war bereits wegen Platzmangels vom Spülstein in die Badewanne gewandert, dann fand ich das nicht mehr so lustig. Vielleicht habe ich diese Ehe auch nicht ernst genug genommen. Meinen lieben ungarischen Freund und Sängerkollegen Gjon Delhusa bei Eike einzuquartieren, während ich auf große Fahrt ging – wie soll eine getreue Gattin darauf anders reagieren als sprunghaft!

Wir wohnten seit April 1974 zusammen in dem Häuschen (ein Haus wurde es erst später durch Moni) in Berlin-Blankenburg. Ab 1975 wohnte auch Eikes kleiner Sohn Christoph bei uns, der mir ein prima Freund, Kumpel und Spielgefährte wurde und ich ihm. Und Blue wohnte bei uns, mein Bernhardiner. Eike teilte meine Leidenschaft für Bernhardiner. Mehr noch, sie wollte eine Zucht aufmachen. Ehe ich mich versah, hatte sie noch zwei weitere Bernhardiner und einen großen polnischen Hirtenhund angeschafft. In meinem Garten erstreckte sich ein fünfzehn Meter langer Zwinger samt Futterküche. Aus der Zucht wurde jedoch nichts. Die Tierchen waren im Prinzip zwar bereit sich zu begatten, nur hätte sie Eike regelmäßig füttern müssen. Denn darin sind Bernhardiner eigen: erst fressen, dann das Vergnügen.

Ein bisschen anstrengend war, dass Eike »eigentlich« auch Künstlerin war, mit verborgenen Talenten, und zwar ziemlich gut verborgenen. Es gibt ja Künstler durch Leistung und Künstler durch Vererbung. Ich zähle mich, bei aller Bescheidenheit, zu den ersteren. Eikes Mutter war Souffleuse an der Volksbühne und Papa Schauspieler am Berliner Ensemble, also war sie gewissermaßen durch Erbfolge auch Schauspielerin. Ich bezahlte ihr fleißig Schauspielunterricht, was vor allem zur Folge hatte, dass sie leidenschaftlich gern Premierenfeiern und Künstlerpartys besuchte.

Wir lebten uns auseinander, wie das immer so lakonisch heißt. Mir tat das vor allem weh, weil Christoph darunter leiden musste. Vor allem seinetwegen war aus der drei Jahre dauernden Lebensgemeinschaft für acht Monate eine Ehe geworden.

Auch Uschi aus Schönebeck hatte zwei süße Kinder. Ich liebte Uschi heiß, und wenn ich die drei besuchte, waren wir vier wie eine richtige Familie. Das sah Uschi natürlich ebenso, und irgendwie machte sie sich sicherlich berechtigte Hoffnungen. Uschi war schön und Biologin. Man kann sich nicht vorstellen, wie angenehm das ist, endlich mal, nach vielen Jahren in der »Szene«, mit einem normalen, sachlichen Menschen über ganz andere Dinge als über das Musikgeschäft und die lieben Kollegen zu reden! Die Welt sah für mich plötzlich ganz anders aus – eben biologischer.

Naja, und dann die Tänzerin Moni! Zwischen ihr und mir war allerhand – Gespräch, Freundschaft, Lachen, literweise »Earl Grey«-Tee »aus dem Brecht-Erbe«, wie sie sagte. Sie war mir lieb und wichtig. Aber sie war keine Frau, die man flachlegte, dann die Mütze in den Nacken schob und pfeifend davonging – sie hatte eine subtile Art, die Grenzen zu markieren, meine Grenzen. Wir näherten uns seit Mühlhausen im Dezember 1975 sehr langsam, von einer Tasse Tee zur anderen, 16 Monate lang.

Unser »magisches Datum« ist der 20. Februar 1977. Dieser Tag ist untrennbar verbunden mit Onkel Richard, dem Statuenschläfer. Onkel Richard aus Olvenstedt war bei Eike und mir zu Gast. Der Abend verlief zäh; ich war gereizt, tigerte durchs Haus, dachte nur an Moni und sann auf eine unauffällige Gelegenheit, sie anzurufen. Eike vertilgte mit Onkel Richard reichliche Mengen Alkohol und langweilte sich schrecklich. Onkel Richard war auch wirklich kein Charmeur. Irgendwie eingeschnappt ging Eike bald ins Bett. Und ich dachte: Endlich!

Blieb noch Onkel Richard. Der hatte die sagenhafte Eigenschaft, von einer Minute zur anderen einzuschlafen –

und zwar in der Haltung, in der er sich gerade befand (in meiner Verwandtschaft wird behauptet, er sei sogar schon mal beim Treppensteigen eingeschlafen). Er goss sich Bier nach, legte kurz den Kopf in den Nacken, öffnete die Kinnlade, und schon hörte man ein gleichmäßig gurgelndes Schnarchen. Es klang mir wie Engelsgesang. Ich konnte ganz sicher davon ausgehen, dass er für den Rest der Nacht so sitzen bleiben würde, wenn sich keine Stubenfliege in seinen Rachen verirrte.

Klopfenden Herzens wie ein Siebzehnjähriger vor der Entjungferung rief ich Moni an. Sie war auch rasch am Apparat, auffällig rasch. Ob ich jetzt gleich ...?, flüsterte ich. Sie sagte nur: »Komm!« Später erzählte sie mir, dass sie diese Wendung in unserer Beziehung erahnt habe – am Morgen genau dieses Tages hatte sie für mich eine Zahnbürste gekauft. Und ich hatte das erste Mal seit unserer Bekanntschaft eine Flasche Rotwein am Mann, was heißen sollte: Heute Nacht oder nie!

Jetzt nur niemanden wecken! Der Renault, das Eisentier, stand in der Garage, und ein gemeines Gefälle – steigend, nicht fallend! – schloss sich an. Doch dem Liebenden wachsen ungeahnte Kräfte: Ich schob das Auto diese Schräge hoch und noch hundert Meter weit bis zur nächsten Ecke, ehe ich den Motor startete. Was tut man nicht alles für den Tiefschlaf seines Onkels!

Am nächsten Tag muss in meinem Blankenburger Haus eine leichtentflammbare Stimmung geherrscht haben. Eike fand mein Bett unberührt. Onkel Richard war tief gekränkt: Man habe ihn die ganze Nacht mit geöffneter Kinnlade hier auf diesem Stuhl sitzen lassen – »nicht mal ein Bett – ist das Gastfreundschaft?«, moserte er. Und ich nirgendwo auffindbar!

Inzwischen standen meine Musiker vor der Tür. Um zehn Uhr waren Studioaufnahmen angesetzt, einzuspielen war sinnigerweise das Lied »Versuch es doch mal mit Champagner!« von meinem Komponistenfreund Franz Bartzsch, gesungen von der Lütten. Wo war Lacky? Der war eben einfach mal noch nicht so weit. Nach so einer

Nacht kommt man der Frau seines Herzens nicht mit irdischen Terminen. Außerdem war er der Chef und konnte sich in dringenden Fällen und ausnahmsweise einmal eine Verspätung leisten.

Vom ersten Moment unserer Liebe an fanden Moni und ich uns auch in der Arbeit. Meine Konzerttätigkeit wollte ich beenden. Beenden den ständigen Termindruck, das bis auf die Stunde ausgeplante Jahr! Wer als Musiker ununterbrochen auf Reisen ist, ist für den Rest der Welt verloren: Ich hätte nicht mal ein überraschendes Angebot als Komponist für eine Filmmusik annehmen können, vieles, was mich künstlerisch reizte, hatte ich ignorieren müssen. Selbst wenn ich mir fürs Komponieren Zeit abgetrotzt hätte – ich bin ja meistens nicht einmal erreichbar gewesen, höchstens per Brieftaube. Handys, die moderne Segnung für das fahrende Volk, gab es ja noch nicht. Nein, seit fünf Jahren bestand mein Schicksal darin, auf der Welt zu sein, um immer wieder dasselbe zu singen, wie ein Papagei. Oder glaubt jemand, ich hätte es wagen können, ohne »Es war doch nicht das erste Mal« gesungen zu haben, von einer Bühne zu gehen? Die Leute hätten mich gesteinigt. Aber wie oft kann man singen »Es war doch nicht das erste Mal«?

Nun aber war ich frei, endlich frei! Frei für neue musikalische Eindrücke, Versuche, Unternehmungen. Ich spürte eine ungeheure Lust, neues zu Beginnen: Musik mit elektronischen Mitteln erzeugen, – das interessierte mich brennend, denn ich bin ein Tüftlertyp. Ich war einfach neugierig, offen für alles.

In dieser Situation fragte mich der Dok-Film-Regisseur Ernst Kantzler , ob ich mir vorstellen könnte, auch mal was für Kinder zu komponieren, und zwar für eine Filmreihe mit dem Titel »Der besondere Tag«.

»Warum nicht«, sagte ich, »Kinder sind ja auch nur Menschen.« In diesen Kurzfilmen stellte ein Kind den Beruf von Mutter oder Vater vor: Straßenbahnfahrerin, Tankwart, Holzschnitzer usw. Und jeder Film bekam als Rahmen ein spezielles Lied. Das »Lied vom Fliegen« (Text

»Der besondere Tag«

Gabriele Weiß) wurde sogar ein kleiner Hit, nicht nur für Kinder. Ich hatte Feuer gefangen.

Alltagslieder für Kinder gab es damals so gut wie keine. Was es aber gab, war jede Menge pädagogisch verdrucktstes Zeug im Stile von »Wenn Mutti früh zur Arbeit geht, dann bleibe ich zu Haus. Ich binde mir die Schürze um und feg die Stube aus.« Musikalisch kam das oft nicht über »Hänschen klein« hinaus. Die Arrangements waren fade und süßlich. Gedanklich aber war vieles kindertümelnd oder holzhammermäßig ideologisch.

»Mensch Fritze«, sagte ich zu Freund und Texter Fred Gertz, »da müsste man doch mal was wirklich Originelles machen. Kinder sind doch nicht so brav triefig, wie diese Lieder mit dem ›heile, heile Segen, morgen gibt es Regen‹-Getue.« Gertz schien nicht abgeneigt – ja, man könnte, man müsste mal – und so. »Die Zeit ist noch nicht reif«, war sein Standardsatz. Das klang irgendwie sehr weise – aber was meinte er eigentlich?

Kurz nach dem besagten 20. Februar zeigte mir Moni

184

Der Hochzeitskuss

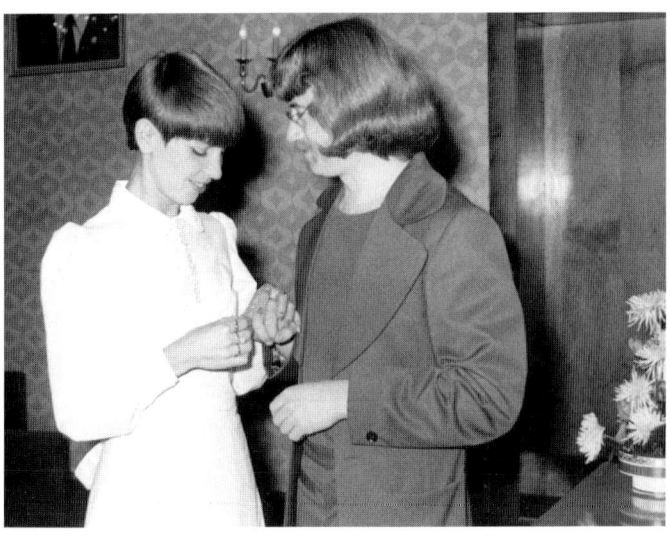

Genüsslich steckt mir Moni den Ehering auf den Finger

Vaterliebe

Hanni mit »Schlapps und Schlumbo«

Das Beste, was wir haben – unsere Hanni

Hannis Einschulung

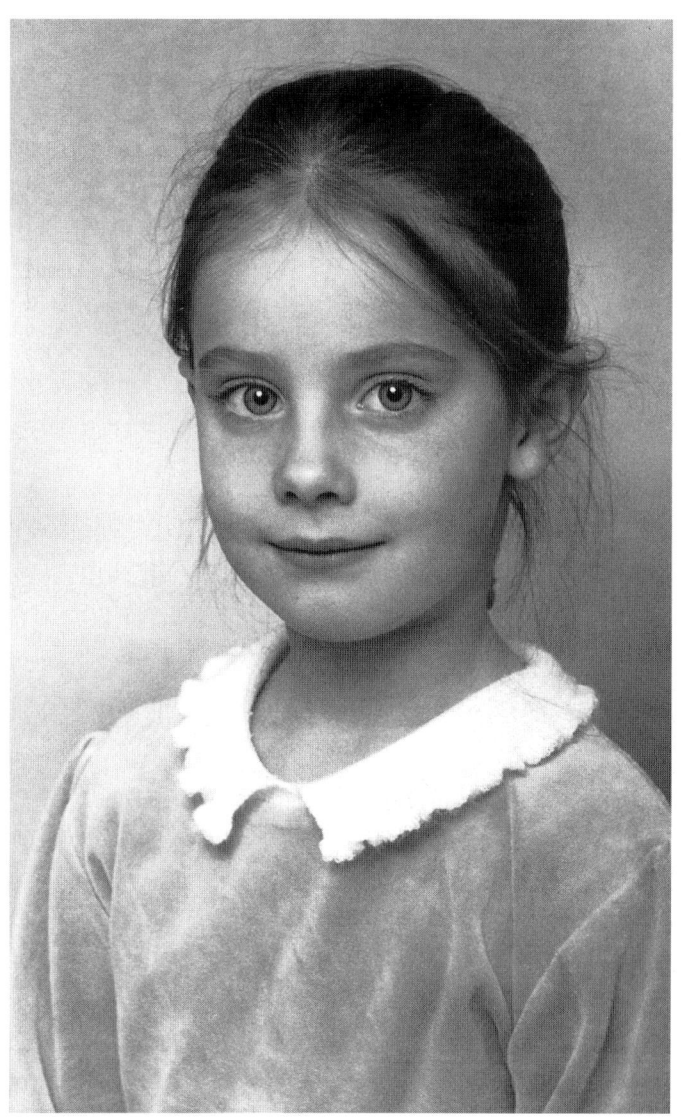

Klara-Johanna, 7 Jahre alt

Hanni hilft der Mama beim Dichten

Familie Lakomy 1997

Familie Lakomy

Etwa 1982, in meinem noch bescheiden eingerichteten Studio

einen Text von sich. Nun ist es so, dass ich Texte von jungen Damen wenn überhaupt, dann nur mit höchster Vorsicht in die Hand nehme. Von allzu tiefem lyrischen Tiefsinn kriege ich immer nur einen mordsmäßigen Durst. Und bei femininen Tagebuchversen, so genanntem »Selbsterlebten«, setzt bei mir der Fluchtreflex ein. Aber was ich da zu lesen bekam, war erfrischend anders – skurril, poetisch, verspielt, flott, manches sogar ein bisschen ruppig. Eben so, wie Kinder manchmal (auch) sind, wenn sie ihre »fünf Minuten« haben. Das gefiel mir, noch schöner: Es war das, wonach ich lange gesucht hatte. Ich griff das Blatt und raffte noch einiges von ihrem Schreibtisch zusammen.

Das Komponieren dieser Verse war ein reines Vergnügen. Auch ein wenig ein perverses: Zu Hause saß noch die Ehefrau, und ich komponierte neben ihr die Texte der Geliebten. Es entstanden heute so bekannte Lieder, wie »Der Regentropfen Paule Platsch« und »Es war einmal ein König«.

Mit diesen Titeln lief ich zu Hans Jürgen Schäfer. Schäfer war ein geachteter Musikwissenschaftler in der DDR. Damals außerdem Künstlerischer Direktor bei VEB Deutsche Schallplatten und für so genannte Ernste Musik zuständig (nach der Wende schrieb er vor allem Rezensionen fürs »Neue Deutschland«, die besten, die man in Berlin lesen konnte). Schäfer hörte sich die kleinen Werke auf Kassette an und sagte nur: »Na toll, dann macht mal.«

Wenn heute einer zu mir sagt: »Mensch toll! Beziehungsweise super! Mach mal!«, glimmt nur ein müdes Lächeln in mir auf. Zu oft hab ich in den zehn Jahren nach der Wende erlebt, dass dieses »Mach mal!« überhaupt nichts bedeutet. Schon zwei Tage später will sich plötzlich niemand mehr erinnern – »Was, ich soll Ihnen einen Auftrag gegeben haben? Nicht dass ich wüsste.« Die Wessis – und wer sonst gibt bei uns die Aufträge – zeigen sich gern rasch begeistert, weil ihnen das den Anflug des Jugendlichen und Dynamischen verleiht. Aber wenn die Arbeit beginnt, die auch bezahlt sein will, tanzen sie längst auf einer anderen Hochzeit oder glauben, dass sie's irgendwo billiger kriegen. Am liebsten haben sie es, wenn du dich ein paar Wochen in eine Aufgabe verbeißt, die sie dann – statt als Ausgabe auf ihrem Konto – unter »tolles Engagement« verbuchen können. Diese Schacherei in Kunstdingen – einfach widerlich!

In der DDR war das anders. Es ging zwar vieles schrecklich langsam und nicht selten waren viele Bedenkenträger auszuschalten, Übervorsichtige zu überreden und Rückversicherer zu besänftigen – aber wenn entschieden war, war entschieden. Ich hätte nicht eine Minute daran gezweifelt, dass Schäfers »Na, dann macht mal!« ein waschechter Plattenvertrag war.

Ich war total aus dem Häuschen. Irgendjemanden musste ich sofort mit meiner Begeisterung anstecken. Moni schied aus – sie steckte im Tanzensemble tief in den Proben. Also zu »Fritze« Gertz nach Pankow! Ich bin wohl mehr geflogen als gefahren: Ein ganz neues Feld, wirklich eine Herausforderung von Können, Feeling und Kunstfertigkeit lag vor uns. Wir drei, Gertz, Moni und ich, würden, wenn wir Talent und Mut zusammennähmen, im Wortsinne »Unerhörtes« schaffen!

Bei meinem Texter saß die ganze Familie beisammen. Ich dachte, wir würden uns um die Hälse fallen und eine gute Flasche köpfen, wenn ich ihnen den tollen Auftrag verkündete. Aber alle blieben stumm. »Ist jemand gestorben?«, fragte ich.

Natürlich war in diesem Moment nicht »jemand«, aber »etwas« gestorben. Aber das wurde mir erst viel später klar. Gertz sagte einen Satz, der mir ganz danach klang, als hätte er ihn sich extra für diese Situation, wo ich mit dem Kinderplattenprojekt ankommen würde, schon lange zurechtgelegt: »Weißt du, Lacky, ich möchte nicht. Wenn es ein Erfolg wird, dann wird es heißen: Er hat ihr die Hand geführt. Und ein Misserfolg fällt sowieso auf mich zurück.«

Mit »er« meinte er sich. Mit »ihr« meinte er Moni. Diese ganze Was-wäre-wenn-Konstruktion war ziemlich absurd. Aber das schien Fritz nicht zu stören – er war eben beleidigt. Es kränkte ihn, dass ich Texte einer gewissen Monika Ehrhardt vertont und sie auch noch bei »der Schallplatte« vorgespielt hatte.

Fritz und ich hatten miteinander mehr als eine Arbeitsbeziehung. Wir waren Freunde. Für mich war er, der 11 Jahre ältere, auch ein wenig wie ein Vater – denn vom Vater habe ich ja wirklich nicht viel gehabt. Er beriet mich, tröstete mich, wenn etwas schiefgelaufen war und hörte sich streng meine Beichten an, wenn ich auf Tournee mal wieder über die Stränge geschlagen war. Und bei all dem war er natürlich ein großartiger Texter; er traf genau den Ton, die Worte, die meine Musik brauchte. Meine großen Erfolge habe ich zu einem Gutteil ihm zu verdanken, es waren auch seine Erfolge. Weihnachten und Geburtstage feierte ich immer bei der Familie. Moni behauptet, er und ich, wir seien wie ein Liebespaar gewesen, und witzelte, er benähme sich, als hätte sie mich ihm weggeschnappt.

Dazu kam wohl: Er hatte Bammel vor der Aufgabe. Die Titel für Erwachsene, die wir gemeinsam gemacht hatten – gut und schön. Die meisten sogar sehr gut und sehr schön. Aber jetzt wollte ich etwas Neues. Gertz – und das spricht für ihn – ahnte, was es bedeutet für Kinder zu schreiben. Vor allem bedeutet es absolute Ehrlichkeit – wer den Kindern mit Klischees und Versatzstücken kommt, hat verloren.

Einmal noch haben wir uns getroffen, wir besuchten ihn wie üblich unangemeldet auf seinem Grundstück am Lehnitzsee. Da saßen schon die Gruppe »Kreis«, Holger Biege und andere Kollegen. Biege saß im schneeweißen Anzug im Garten und meditierte weinselig den unschuldigen Mond an. Ich war zwar anwesend – aber irgendwie doch nicht mehr dazugehörig. In der Haltung von: »Na, wie geht's denn so mit der neuen Texterin?« wurde mir mein neuer Platz zugewiesen.

Nach Fred Gertz' Absage an eine Zusammenarbeit für die Kinderplatte kam ich deprimiert bei Moni an. Sie aber sagte einfach nur: »Na, dann mache ich das eben alleine.« Ich muss sie wohl sehr blöde angeguckt haben; ich war einfach sprachlos. Ein Anfall von Größenwahn, dachte ich im Stillen. Ich war eigentlich eher davon überzeugt, dass das Projekt nunmehr sterben müsse. Wir redeten nicht mehr über die Platte, sondern fuhren für drei Wochen in den Urlaub nach Bulgarien. Als wir wieder zu Hause waren, legte mir Moni die Texte für die »Geschichtenlieder« fix und fertig aufs Kopfkissen. Ich glaube, wir haben kaum ein Wort daran geändert.

Zu dieser Zeit wohnte sie schon bei mir in Blankenburg. Sie hatte, was unsere Beziehung betraf, ein atemberaubendes Tempo vorgelegt.

Zuerst hatte sie Schall fristlos gekündigt, der sich daraufhin stumm umdrehte, sich seinen angefangenen Karton Becks-Bier, der auf dem Fensterbrett stand, unter den Arm klemmte und Monis Wohnung verließ. Dann hatte sie Eike mit einem verlockenden Angebot verführt – Eike konnte sofort Monis prima Wohnung samt Telefon in der Oranienburger kriegen und dabei so tun, als hätte sie mich verlassen. Sie war begeistert und vergaß augenblicklich unsere formal immerhin noch bestehende eheliche Gemeinschaft. Zwei Tage später hatte ein Trupp Bühnenarbeiter aus dem Tanzensemble den Umzug der – inzwischen wie alte Freundinnen miteinander gackernden – Damen vollzogen – lautlos, rasch, eben wie Profis. Es war der 27. März 1977.

An dem Abend, als Moni bei mir eingezogen war, verkündete sie, während sie ihre Bücher einräumte, nunmehr werde, wie am 20. Februar versprochen, geheiratet. Ich hegte diese Absicht eigentlich nicht so innig, eher im Gegenteil. Und ich war ja noch nicht mal geschieden! Zwei Ehen, dachte ich, sind für einen Mann meines Kalibers genug, ich bin ja nicht August der Starke. »Keine halben Sachen«, sagte Moni, »ganz oder gar nicht.«

»Und was sage ich Uschi?«, wollte ich wissen. Meine biologische Liebe in Schönebeck konnte ich doch nicht einfach fallenlassen, das war nicht gerecht, so was machte man doch nicht, so kalt und herzlos sein! Moni beunruhigte das nicht: »Hol sie doch ein paar Tage her, mit den lieben Kinderchen«, sagte sie, und in ihren Augen blitzte es. Sie wusste ganz genau, wie das ausgehen würde. Und so ist es dann auch ausgegangen.

Im Sommer war ich geschieden, am 4. November 1977 haben Moni und ich im Pankower Rathaus geheiratet. Moni hatte mir einen richtig guten dunkelblauen Anzug bauen lassen, die Standesbeamtin erkannte mich kaum wieder.

Am meisten litt wohl meine Mutter unter der Unstetigkeit meines Ehelebens – wegen der wechselnden Schwiegertöchter, vor allem aber wegen der Enkel. Ihr Armin lebte inzwischen mit seiner Mutter in Westberlin, und Eike war mit ihrem Sohn Christoph über alle Berge. Zwar hatte Moni ab einem bestimmten Punkt unserer Beziehung ein Affentempo vorgelegt, jetzt aber musste Mutter Else drängeln: »Wann ist es denn nun soweit?«

Aber es klappte nicht. Nach vielen, im Wortsinne fruchtlosen Nächten, fühlte ich mich fast schon wie ein Zuchtbulle, dem von Ferne der Metzger winkt.

Irgendwann – nachdem ich meinen Samen, über Beate-Uhse-Lehrmaterial gebeugt, in diversen Labors verbreitet hatte und Moni einmal quasi schon auf dem Operationstisch lag – waren wir der Qualen über: Es gibt auch noch andere feine Dinge im Leben als Kinder aufzuziehen.

Von jetzt an liebten wir uns wieder nur noch mit Vergnügen. Und plötzlich war Moni schwanger. Na gut, »plötzlich« ist übertrieben – sieben Jahre hatte es gedauert. Ich habe daraus für mich eine Lebensregel gemacht: Was nur unter Druck passiert, gelingt nicht, was mit Spaß geschieht, wird gut!

Alles lief bestens. Doch dann musste Moni plötzlich in die Klinik und durfte sich so gut wie nicht mehr bewegen. Ich wurde zum Inventar der Entbindungsstation, mit grünem Kittel und Mütze. Der Stationsarzt fand in mir einen wissbegierigen Schüler und weihte mich in die Geheimnisse der Geburtshilfe ein. Im Prinzip hatte ich nicht vor, mich großartig von der Stelle zu rühren, bis das Kind da war.

Eines Tages Ultraschalluntersuchung, unerklärliche Konturen auf dem Bildschirm, Aufregung und Händchenhalten. Die Schwester sagt: »Das dürfte ich Ihnen ja eigentlich gar nicht sagen, aber was sie hier sehen, das sind die Schamlippen.« Ein Mädchen! Eine Prinzessin!.

Aber einmal musste ich mich aus meiner Frauenklinik doch einmal fortbewegen.

Der »Traumzauberbaum« sollte in der Edition Peters in Leipzig als Buch mit Bildern von Klaus Vonderwerth, der auch heute noch all unsere Plattencover macht, erscheinen. Er und ich waren in Leipzig zu unaufschiebaren Vertragsverhandlungen. In Leipzig war fast schon Frühling. Es war schön, mal wieder was anderes zu sehen, als die Wände der Entbindungsstation. Wir waren guter Dinge, gingen Essen und genehmigten uns am Abend noch einen herrlichen Eisbecher. Dann fuhren wir beschwingt gen Heimat, quatschten und quatschten – und fuhren seelenruhig an jeder Tankstelle vorbei. Kurz vor der Abfahrt Berlin-Buchholz blieb das Auto dann einfach stehen. Aber noch war ich nicht in Panik, nur eine leise Sehnsucht nach Moni und meiner Entbindungsstation kroch in mir hoch. Nach einer Stunde »Daumen raus« hielt dann endlich ein Trabi, hatte logischerweise nur Gemisch.

Aber egal, ich wollte zu Frau und Kind, kippte das Zeug in den Tank meines SAAB's und fuhr qualmend wie ein in Tschetschenien getroffener Russenpanzer bis zur nächsten Tankstelle. Und dann ab ins Krankenhaus.

Der Leser ahnt es schon: Während meiner kurzen, wenn auch durch Missgeschick ungebührlich verlängerten Abwesenheit, hatten die beiden Mädels alles alleine gemacht! Was das für ein Glück war, die kleine Klara-Johanna in den Armen zu halten, muss ich keinem erzählen. Das Luder hatte sich zu recht beeilt – um ein Haar wäre sie am 29. Februar zur Welt gekommen, und wir hatten ein Schaltjahr. Sie hätte also nur in jedem vierten Jahr Ge-

Eine glückliche Familie

burtstag gehabt. Deshalb kam sie lieber einen Tag früher,
18.47 Uhr, kurz vor dem Sandmännchen.

Mutter Else hat das hübsche Resultat unserer Anstrengungen nicht mehr erleben dürfen.

Wenn ich mit Klaus Vonderwerth telefoniere, sagt er heute immer noch zum Abschluss: »Tschüss, und grüß mir
den Eisbecher!« Der Eisbecher ist inzwischen 16 Jahre alt.

Klara-Johanna ist das Beste, was wir geschaffen haben.
Mit zwei Jahren hatte sie einen größeren Wortschatz als
ein Bild-Zeitungs-Leser. Da konnte Moni schon mit ihr
die Frage diskutieren, dass es doch jetzt an der Zeit sei,
mit dem Stillen aufzuhören.

Johanna ist ein ausgesprochen gütiger Mensch geworden, was von ihren Mitschülern oft als Schwäche aufgefasst wird. Güte und soziale Intelligenz ist nicht mal mehr
in der Schule gefragt, selbst einige Lehrer empfinden das
als lästig. Manchmal, wenn ich sie traurig sehe, weil wieder jemand sie ausgenutzt hat, sehe ich mich selber, mit

Ich und Klara-Johanna, 1991

einer Tüte voller Pflaumen auf dem Schulhof stehen. Ich war gerade eingeschult worden. Meine Mitschüler hatten nicht viel, nur Hunger hatten sie reichlich. Mutter gab mir eines Tages eine Tüte selbstgeernteter Pflaumen in die Schule mit und auch die Ermahnung, den anderen etwas abzugeben.

Ich stand auf dem Schulhof mit der Tüte in der Hand, und alle bedienten sich. Auf einmal war die Tüte leer, ohne dass ich auch nur eine Pflaume gegessen hatte. Ich weinte bitterlich. Nicht wegen der Pflaumen, sondern weil keiner an mich gedacht hatte. Noch heute verfolgt mich manchmal dieses Pflaumen-Trauma.

Unsere erste Kinder-LP, die »Geschichtenlieder« (1978) wurde ein unglaublicher Erfolg. Kaum einer hatte das erwartet. Am wenigsten die drei Schauspieler, die auf der Platte sprachen. Sie wandten sich »als Kollektiv« sogar mit der Bitte an Amiga, ihre Namen auf dem Cover nicht zu erwähnen – sie hatten Angst, die Sache würde floppen. Dieser Bitte haben wir bis heute entsprochen.

192

Moni und ich bei der Arbeit

»Amiga« war mit den Nachauflagen völlig überfordert. In den Schallplattenläden wurde unser Werk zur Bückware (meine westdeutschen Leser/innen fragen bitte ostdeutsche/n Freund/innen, was das war). Die Lieder sangen sich schnell überall herum. Es war, als hätten die Kinder nur auf so eine Musik gewartet. Eigentlich war es gar keine Kindermusik – ich komponierte einfach, was und wie es mir gefiel, experimentierte viel, baute Geräusche ein. Vor allem konnte ich in dieser Arbeit die ersten Möglichkeiten der elektronischen Musik ausprobieren – was in der nächsten Zeit eine meiner Obsessionen werden sollte.

Die »Geschichtenlieder« waren der Auslöser unserer nun schon 22 Jahre währenden Arbeit für Kinder. Sie zogen viele andere Projekte nach. Zum Beispiel die Kinderrevuen im alten und dann im neuen Friedrichstadtpalast von 1978 bis 1991, die Moni schrieb, ich komponierte und Volkmar Neumann in Szene setzte. Sie holten das Kinderensemble des Hauses aus der Belanglosigkeit heraus, und Clown Ferdinand (der 1999 verstorbene Jiri Vrstala), der große Star der Kinder im Osten, verdankt Moni seine besten Bühnenrollen, weg vom Nummernauftritt.

Die Arbeit für die Revuebühne war neu, spannend und aufreibend für mich. Vor allem erschien mir, dem ewig Freischaffenden, der Theaterbetrieb in der DDR als ein sehr schwerfälliger Apparat mit eigentümlichen Gesetzen. Einmal – Moni war mit ihrem Ensemble gerade in Indien und konnte mich nicht vor mir selber schützen – hatte ich einen schweren Zusammenstoß mit dem gesamten Orchester. Die Herren verließen nämlich in der Generalprobe, kurz bevor das Finale erklingen sollte, auf einen Wink des Konzertmeisters hin den Orchestergraben und gingen in die Kantine: Gewerkschaftliche Pause! Und dabei waren sie nicht einmal im Dienst, sondern kriegten die Zeit extra bezahlt als Mugge! Die soziale Sicherheit in der DDR hat zuweilen aus ursprünglich kreativen Berufen richtige muffige Beamtenjobs gemacht. Ich lief in der

194

Kantine Amok und schnappte mir den Konzertmeister: »Von mir spielt ihr nie wieder eine Note, das verspreche ich euch.« Das Versprechen habe ich – sowohl was über Jahre unsere Kinderrevuen im Friedrichstadtpalast als auch was Aufnahmen für die Schallplatte betraf – gehalten.

Nach dreizehn Jahren endete Monis und meine Arbeit für das Kinderensemble des Palastes auf eine Weise, die mir noch heute die Schamesröte ins Gesicht treibt, wenn ich daran denke – ich schäme mich nicht für mich, sondern für andere und auch für das, was aus meinem Land geworden war. Es war im März 1991. Alles, auch das Lachen und die Begeisterung der Kinder, wurde bereits in »barer, nackter Zahlung« gemessen, wie Marx das beschrieben hat. »Das rechnet sich nicht« hätte Satz der Wende werden können.Jetzt gab es »richtiges« Geld.« Unser jüngstes Kindermusical »Die Sonne« war Woche für Woche ausverkauft (wie vorher auch »Der Wasserkristall« und »Der Regenbogen«), so auch die letzte Vorstellung an diesem Tag im März. Rentabilität schien noch kein Thema zu sein im größten Revuetheater Europas, noch herrschte DDR-Planwirtschaft. Soundsoviel Vorstellungen waren geplant, basta, im Friedrichstadtpalast ging die Regie dazu über, ihre Spielbücher gleich selber zusammenzuschustern.

Wir saßen dem neuen Intendanten in seinem Büro gegenüber. Fahrig griff er plötzlich hinter sich, holte eine Flasche Weißwein aus einem Pappkarton und reckte sie uns entgegen. »Danke für die Zusammenarbeit«, stieß er wie gehetzt hervor. Dann guckte er uns an, als sei er sich nicht sicher, ob wir begriffen hatten. Doch, doch wir hatten: Das war das Zeichen, dass jetzt »alles anders« ist und beispielsweise Künstler wie wir, die in der DDR viel Erfolg gehabt hatten und vom Publikum geliebt wurden, jetzt verschwinden sollten – nicht obwohl wir Erfolg gehabt hatten, sondern weil.

Die Flasche haben wir nicht entkorkt (wer will schon das Kotzen kriegen). Ich habe sie noch. Es ist auch kein übermäßig guter Wein. Vielleicht kommt der Tag, wo ich ihn mal jemanden unter die Nase halten und gucken kann, ob er begreift, sich erinnert ...

Bei »Amiga« hatten wir nach den »Geschichtenlieder« so etwas wie ein Abonnement. Alle zwei Jahre erschien eine neue Geschichtenliederplatte. Aber nicht das war das Überraschende! Überraschend war die Hingabe unseres kleinen – aber zahlenmäßig großen – Publikums. Die Kinder liebten die Figuren unserer Lieder, nahmen sie auf in ihr Leben. So wie Erwachsene manchmal scheinbar aus jedem Zusammenhang Sätze zitieren und sich damit ironisch verständigen – beispielsweise »Schau mir in die Augen, Kleines« oder » das Flugwesen, Genossen, entwickelt sich« – so machten es die Kinder auch. Ich habe oft erlebt, wie sie Text- oder Melodiefetzen aus unsern Liedern in ihre Alltagssprache als eine Art Geheimcode einbauen.

Man kann schon sagen: eine Sensation war der Erfolg von »Der Traumzauberbaum« 1980. Wahrscheinlich ist er bis heute das meistgespielte Kinderstück Deutschlands. Moosmutzel und Waldwuffel wurden zu dem, was man heute »Kultfiguren« nennt. Nur, dass bei uns noch nicht so eine Industrie dahinterstand, das Merchandising, das die Figuren in jeder nur denkbaren Form und in jedem Medium vermarktet. Bei uns haben sich die Kinder ihre T-Shirts mit dem Traumzauberbaum noch selber bemalt. »Der Traumzauberbaum« gehört nun schon in der dritten Generation gewissermaßen zum musikalischen Inventar in ostdeutschen Haushalten. Oft sitzen in meinen Konzerten »alte« Leute von Ende Zwanzig und singen die Lieder mit. Und ihre Kinder haben sie auch dabei. Lieder aus dem Traumzauberbaum und aus den anderen Produktionen stehen in vielen Schulbüchern (von sieben verschiedenen Verlagen), sogar in einem Mathematikbuch, sozusagen als Belohnung nach anstrengendem Rechnen.

Oft haben wir uns gefragt, warum Teenager, die doch ausreichend mit der Pubertät beschäftigt sind, immer noch auf unsere Kinderlieder abfahren: Abiturjahrgänge inszenieren den Traumzauberbaum und spielen ihn mit großer Begeisterung in der Aula, Jugendclubs nennen sich »Traumzauberbaum«, und manchmal legt jemand bei einer Disco zwischen all dem Techno unter dem Johlen der Massen einen Titel aus dem Traumzauberbaum auf. Ich glaube, wer eine schöne Kindheit gehabt hat, vergisst das nicht, will das nicht vergessen. Einige Erinnerungen trägt man das ganze Leben lang mit sich herum – einen Hühnergott vom Ostseeurlaub mit den Eltern, das Tagebuch, Kinderbücher und – im Kopf – die Lieder, die man mochte. Auch 18-jährige erzählen einander auf diese Art – ein wenig selbstironisch natürlich – von ihrer Kindheit. Und ein bisschen hat das wohl auch mit guten Gefühlen gegenüber der DDR zu tun, ein Land, in dem Kinder mehr als nur ein »Kostenfaktor« waren.

Viel hängt natürlich von den Lehrern ab. Verstehen sie die Schule nur als Lernmaschine oder als einen Ort, an dem man über Leben – das kurze vergangene und das hoffentlich noch lange bevorstehende – nachdenkt? Wir haben großartige Pädagogen kennen gelernt. Zum Beispiel Annette Hannemann aus Dresden, eine junge Musik-und Deutschlehrerin am dortigen Romain-Roland-Gymnasium. Sie hat die ganze Schule durcheinandergewirbelt, einen Gospel-Chor aufgezogen, Theater inszeniert. Und sie hat selbst einen kleinen Sohn. Als der anfing, den Traumzauberbaum zu hören, fiel ihr ihre ganze Kindheit wieder ein, und sie dachte sich: Das müsste doch meinen Schülern genauso gehen. Eines Tages lud sie uns ein.

Als Moni und ich die Aula betraten, wo das Spektakel vorgeführt werden sollte, drehten wir uns verstört um. Wir dachten, hinter uns steht Michael Jackson, so ein Jubelwelle brach plötzlich los. Und wieviel Witz die Inszenierung hatte – wenn ein akzelerierender Zweimeterknabe das Moosmutzel spielt, das hat schon was!

Anschließend saßen wir dem Rektor des Gymnasiums gegenüber. Er hatte sich ein Arbeitszimmer einrichten lassen, das wohl selbst den nicht eben bescheidenen Günter Mittag vor Neid hätte erblassen lassen. Das Lebenswerk dieses Herrn waren offenbar nicht seine Schüler, sondern diese protzige Suite. Für ein wirkliches Gespräch hatte er keine Zeit. Wir schafften es gerade noch, ihm zu dieser Lehrerin zu gratulieren. Ich sagte »Die Annette – das ist ja eine Granate!« Er darauf: »Ein bisschen weniger ›Granate‹ wäre mir lieber.«

Später erzählte uns Annette, mit der uns seither eine herzliche Freundschaft verbindet, ihr Rektor habe sie einmal beiseite genommen und gesagt: »So was wie Sie wäre bei mir in Bayern nicht Gymnasiallehrerin geworden.« So was wie sie? Annette ist eine Schwarze.

Der Rektor hat inzwischen die edlen Möbel verlassen und ist wieder in seinem Bayern, Annette ist immer noch da.

Die Erfolgsstory vom Traumzauberbaum will ich noch zu Ende erzählen. Aber was heißt »zu Ende« – ein Ende ist nicht abzusehen. Moosmutzel und Waldwuffel, und wie sie alle heißen, haben längst begonnen, ein Eigenleben zu führen. In diesem Jahr (2000) erfolgt beispielsweise der erste, der symbolische Spatenstich in Sebnitz für ein Traumzauberland. Sebnitz war bisher nur bekannt als Stadt der Kunstblumen. Mit dem Familien-Erlebnispark voller Figuren aus allen Geschichtenlieder-Produktionen – dem Riesenkrokodil Schnuckiputzilein z.B. und dem Piratenschiff aus dem »Regenbogen«, der »Höhle der verlorenen Töne«, die die Kinder aus dem »Wolkenstein« kennen, dem Traumzauberbaum als Bühne, was kann ihm schöneres passieren! – will sich der Ort eine weitere Attraktion schenken.

Viele Kitas fragen bei uns an, ob sie sich für den Namen ihrer Einrichtung aus unseren Werken bedienen dürfen. Dabei geht es nicht nur um eine Moosmutzel-Kita oder einer Traumzauberbaum-Schule, eine Grundschule in der Berliner Neumannstraße z.B. heißt seit 1998 Wolkenstein-Schule.

Aber die schönste Anerkennung war für mich, als die

26. Mai 1997, Namensgebung der »Reinhard-Lakomy-Schule«

Kinder, Eltern und Erzieher in einer Schule für geistig
Behinderte in Halberstadt 1997 es so wollten, dass ihre
Schule »Reinhard-Lakomy-Schule« heißen soll! Jedes Jahr
feiere ich am 26. Mai den Tag der Namensgebung mit
ihnen gemeinsam. Morgen feiere ich sogar meinen Geburtstag mit ihnen (denn heute, da ich dieses Kapitel
schreibe, ist der 18. Januar 2000). Wir werden wie immer
zusammen singen. Diesmal bringe ich sogar etwas Geld
für die Schule mit: Ein Hersteller hochwertiger Tonbo-
xen hat eine »Lakomy Edition« herausgebracht und im
Internet versteigert. Der Erlös aus dem Verkauf eines
Boxenpaares soll den Kindern zugute kommen.

Warum »Der Traumzauberbaum« sein Publikum auch
nach 20 Jahren nicht loslässt, das haben wir uns und das
wurden wir oft gefragt. Ich glaube, es ist kein Trick dabei.
Beim ersten Hören der Platte begeisterte sicherlich damals auch die raffinierte Verschränkung von Musik, Sprache, Geräusch und Atmosphäre. Das war noch ungewöhnlich. Zu verdanken haben wir das der liebevollen und
detailversessenen Regie-Arbeit von Christel und Ulrich

Wiemer vom Dresdener Trickfilmstudio – Magier in der virtuellen Welt der Klänge, Töne und Geräusche.

Dann der Text! Monis Credo ist: Märchen müssen im Grunde wahr sein und keine gefühlsduselige Scheinwelt. Sie nimmt Kinder ernst, auch und gerade, wenn es lustig wird. Sie albert wundersam herum, dreht die Silben und die Wörter, wie es die Kinder tun, die mit jedem Tag einen neuen Schritt in diesen unermesslich reich ausgestatteten Palast setzen, der ihre Sprache ist. Sie entdeckt mit ihnen: Käfer und Menschen, Sterne, Tropfen, Kristalle und Wörter, Poesie. Für sie ist nichts selbstverständlich,

Die Kinder der Grundschule in Berlin-Blankenburg gratulieren Moni zu ihrem 50. Geburtstag

alles wunderbar. Sie hat nie den Zeigefinger gereckt und nie mit Fähnchen geraschelt. Sie dichtet keine Gebrauchsanweisungen, die angeblich unfertigen Menschen sagen sollen, was man tun muss und was man lassen soll. Für sie gibt es keine speziellen Kinderprobleme und keine extra Kinderwelt. Sie hasst dressierte Kinderchen, ist nie einfach nur »lieb« zu den Kleinen, findet sie nie »süß«, »niedlich«, »zauberhaft«. Aber sie ist gütig: Sie sagt ihnen die Wahrheit.

Was das nun aber musikalisch, kompositorisch ist, das sollen andere beurteilen. Man wird schon eine Schublade finden. Mein Kinder-Publikum schert sich nicht um Etiketten. Es nennt das, was ich mache »lakomisch« – kann man es treffender sagen?

Wenn ich heute darüber nachdenke, was von all dem, was ich getan habe in den letzten drei Jahrzehnten, wichtig war, dann war es diese Musik. Doch schenke ich mir und meinen Lesern Phrasen wie »Kinder sind das dankbarste Publikum der Welt«. Ich bin kein besonders großer Kindernarr und übrigens auch – außer bei Klara-Johanna – ein ungeduldiger Spielgefährte.

Aber die Konzerte vor Kindern erinnern mich immer ein wenig an die Zeit der Jazzkonzerte. Dort wie hier hat man sein vorbereitetes Gerüst, aber man weiß trotzdem nie genau vorher, wo die Reise hingehen wird. Zusammen mit meiner Bühnenpartnerin Carmen Hatschi entsteht bei jedem Konzert wieder etwas Neues, auch für uns beide. Da wir die Kinder oft mit einbeziehen, haben wir in den vergangenen sieben Jahren eine Fülle von drolligen, rührenden und vor allem einmaligen Einlagen erlebt.

Was, so fragt sich manch ein Musikwissenschaftler (und ich mich manchmal selber), ist nun das Besondere an dieser Musik?

Ich glaube, es ist die Mischung: Der Jazz, die elektronische Musik, meine sängerischen Qualitäten, mein Können als Pianist, als Arrangeur, mein klassischer Background und nicht zuletzt meine lebenslange Erfahrung in Sachen Musik – all das ist in diese Kompositionen eingeflossen, hat ihnen Leichtigkeit und Tiefe und erstaunlicherweise auch Dauer verliehen. Diese Musik enthält von allem, was ich kann, das Beste. Und warum sollte ich das nicht wenigstens einmal auch selber sagen?

Der Glockenspielbauer

Das war wieder mal eine dieser Nächte, die einem die Kunst zur Qual werden lassen konnten! Sonnige Gemüter stellen sich das Komponieren so vor: Der Meister sitzt am Klavier, eine Beethoven-Büste und ein Glas Wein steht darauf, eine schöne Frau, die Muse, steht hinter dem Meister, jederzeit bereit, ihn mit einem Kuss oder einer Nackenmassage oder noch weitergehenden Aktivitäten zur Inspiration zu verhelfen. Und siehe da! Das Genie kriegt glasige Augen, japst, grinst – und schon spielt es eine schöne Melodei, und den Text hat es gleich auch noch dazu. Die Muse kreischt: »Das ist ja wunderbar; das will ich singen!« Jetzt nur noch ein, zwei Noten aufs Papier geworfen, und schon ist die Menschheit um eine musikalische Kostbarkeit reicher.

In Wirklichkeit müsste man das Komponieren mit einer Schwerstarbeiter- und Gefahrenzulage entlohnen, wie sie Bergleute unter Tage kriegen. Nach einer dieser »schöpferischen« Nächte bin ich oftmals nicht ins Bett, sondern direkt in die Poliklinik gegangen und habe mir eine Sehnenscheidenentzündung behandeln lassen. Denn vor der Erfindung von Kopierer und Computer war das Komponieren harte, stupide Fleißarbeit. Schon um einen Titel für eine neunköpfige Band aufs Notenpapier zu bringen, brauchte man Stunden und erzeugte einen Papierstapel von einigen Zentimeter Höhe. Und erst, wenn man für großes Orchester komponierte! Allein für die 1. Violine, die bekanntlich acht Mal vertreten ist, braucht man vier Stimmenauszüge – eine für jeweils zwei Musiker an einem Pult. Und ich Idiot schrieb nicht selten für 28 Streicher!

Nicht immer beendete ich die Partitur so rechtzeitig, dass ich sie noch zum Notenschreiber schaffen konnte –

der dann eben z.B. aus einer 1. Violine, die ich notiert hatte, acht machte. Die »Inspiration« so rechtzeitig haben zu müssen, dass der ganze Mist noch beim Skribenten landen konnte, war wahrhaftig eine Zumutung – manchmal fiel einem eben nichts ein.

Notenschreiber waren zumeist alte, erfahrene Orchestermusiker, korrekte, feinsinnige und zugeknöpfte Herren. Sie wollten gebeten werden. Sie waren in unserem Metier gefragt, wie im Rest der Bevölkerung Automechaniker oder Fliesenleger, der Adel in der DDR. Meinen Ruf als Komponist konnte ich unter anderem daran ablesen, ob die stadtbekannten guten Notenschreiber sich herabließen für mich zu arbeiten – sie schrieben nicht jeden Schrutz. Ein schlechter Notenschreiber konnte ganze Orchesterproben tagelang aufhalten, wenn er sich verschrieben hatte – irgendwo klang dann etwas schief und musste mühsam ausgebessert werden.

Wenn der Morgen graute, der Arm schmerzte, die Augen brannten und zwei Schachteln Zigaretten geraucht waren, war ich mir sicher, den schrecklichsten aller Berufe gewählt zu haben – noch schrecklicher als Grenzkommandeur, Parteisekretär oder Toilettentieftaucher.

Nach so einem Kraftakt – das Handgelenk war mal wieder bandagiert – saß ich ermattet vor dem Fernseher. Aber was ich da sah, schreckte mich auf: In einem feinen englischen Schloss sah und hörte man drei Musiker Musik machen. Gewaltige Musik! Wagnerianisches Donnern, Wimmern und Rauschen, Chöre, Bläser, Orgel, Schlagwerke – Pauken, Glocken, Stahlschienen. Nur ein mächtiges Orchester wäre in der Lage gewesen, solche bärischen Klänge zu erzeugen, wenn überhaupt. Und erst die Partituren, die dafür geschrieben werden müssten!

Die drei Knaben saßen aber ganz entspannt unter einem prächtigen Kronleuchter, legten ein paar Schalter um, drehten ein paar Knöpfe, betätigten eine Tastatur, die aussah, als sei sie aus einem Klavier herausgerissen worden und lächelten. Es waren die Herren von »Tangerine Dream«.

Damals ahnte ich noch nicht, was diese Band in meinem Leben für eine Rolle spielen würde.

Seit meiner Kindheit war ich versessen auf Klänge, die die materielle Welt nicht freiwillig rausrückt. Ich habe den »Red River Rock« von Johnny and the Hurrikans noch ihm Ohr, der aus meinem russischen Transistorradio kam. Dort tauchte plötzlich ein ganz fremdartiges Instrument auf, irgendwie heiser, hauchend, aber eben keine Orgel. Eine Okarina? Nein, das war einer der ersten synthetisch erzeugten Klänge, und ich spezialisierte mich von da an darauf, sie überall – bei den Beatles, den Stones – herauszuhören.

»Tangerine Dream« arbeitete als erste mit dem Mellotron, einem Gerät, dass auf 35 Tonbandschleifen jeweils drei verschiedene Instrumententöne enthielt, die unabhängig voneinander per Tastendruck abgerufen werden konnten – ein bespielbares, 3-spuriges Tonbandgerät sozusagen. Als erster in der DDR hatte Günther Fischer so ein Ding, und ich habe es ihm 1976 abgekauft. Es kostete mich den schwindelerregenden Betrag von 23 000 Mark – und damit so viel, wie mich mein Haus in Blankenburg gekostet hatte. Zum ersten Mal habe ich es bei einem dieser Interpretenwettbewerbe in Karl-Marx-Stadt eingesetzt, wo ich für das Showprogramm verpflichtet war. Die wetteifernden Kollegen Interpreten, Orchesterleiter und Kulturfunktionäre fielen fast von den Stühlen, als plötzlich in meiner Lifemusik ein voluminöser Chor mitmischte, der nirgendwo zu sehen war (und mit dem ich folglich auch nicht die Gage teilen musste).

Von nun an ließ mich diese Technik – heute würde man sie vielleicht modisch »virtuelle Musik« nennen – nicht mehr los. Und ich wollte nicht nur zur richtigen Zehntelsekunde die richtige Taste drücken, ich wollte wissen, wie das funktioniert. Ich versank bis zum Haaransatz in Rosa und Weißem Rauschen, schwankte zwischen Kreuzmodulation und Ringmodulation, verliebte mich perverserweise unsterblich in Hüllkurven und konnte bei einem bestimmten kehligen Pfeifen aus meinen Boxen in eine Verzückung verfallen, die fanatischste Pilger nicht einmal beim Anblick des Dalai Lama hinkriegen.

Natürlich habe ich auch versucht, selber solche Klänge zu erzeugen. Die Anfänge davon sind auf der Platte »Dass kein Reif« zu hören. Meine technischen und vor allem pekuniären Möglichkeiten waren aber noch sehr gering. Dennoch – irgendwie mussten meine Experimente in offene Ohren gefallen sein, und sogar im Westen.

Eines Abends, es war im Oktober 1979 klingelte das Telefon. Ein gewisser Olaf Leitner war dran und wollte wissen, ob ich ihn kenne. Leitner? Muss man den kennen? Er sei Moderator beim RIAS und wolle mich gern mal besuchen. Gut und schön – doch wenn jeder, der mich besuchen will, mich tatsächlich besucht, wo kämen wir dann hin?

Leitner ahnte natürlich, dass ich nicht auf ihn gewartet hatte. Aber er hatte eine Lockprämie im Ärmel: »Ein guter Freund von mir, Edgar Froese, würde dich gern kennen lernen.«

Edgar Froese, der Chef von »Tangerine Dream«? Der große Froese wollte mich gern kennen lernen! Wie ein frisch geficktes Eichhörnchen lief ich herum. Ich war so stolz, ich glaube, ich erzählte es sogar der Bäckersfrau und dem Briefträger.

Die beiden saßen über vier Stunden bei mir im Studio. Was mich stutzig machte: Leitner tat Froese gegenüber in diesem Gespräch so, als ob er mich seit ewigen Zeiten kenne. Er lobte mich Edgar Froese gegenüber über den grünen Klee, dass es mir schon peinlich wurde. Wie ein Händler, der kein Gefühl hat, wann er zu weit geht. Es hätte mich nicht gewundert, wenn er zu Froese gesagt hätte: »Und guck mal, Edgar, seine Oberarm-Muskeln! Und sein erstklassiges Gebiss!«

Der Hintergrund war folgender: Viele Show-Größen im Westen waren damals scharf darauf, einmal wenigstens in die »Höhle des Löwens« zu kommen, in den Palast der Republik. So was brachte Geschichten auf Seite eins der bunten Blätter und jede Menge Minuten im Westfernsehen. Udo Lindenberg hatte sich in dieser Sache bereits einen Nasenstüber eingehandelt: Er war unseren Knallköpfen politisch zu anzüglich. »Tangerine Dream« witterte die Chance, nun noch vor Udo im Palast sein zu können – zumal sie politisch ohne jede Brisanz waren. Froese hatte nur ein Handicap – sein dritter Mann, Peter Baumann, hatte ihn gerade verlassen. Derart amputiert, konnte er sich den Palast-Gig natürlich abschminken.

Tja, das sagten sie mir. Und dann schauten sie mich lange an. Leitner grinste selbstverliebt, als hätte er mir soeben den Tipp meines Lebens gegeben. In meinem Kopf überstürzte sich alles – Lakomy bei »Tangerine Dream«! Arbeit in Amerika! Ganz groß rauskommen, raus aus der realsozialistischen Provinz! Diese Chance kommt nicht wieder!

Alles blieb in der Schwebe, nichts war entschieden. In den nächsten Wochen legte Leitner eine Schleimspur nach der anderen, immer eine Nuance zu überschwänglich. Ich musste fast den Eindruck gewinnen, der Sinn seines Lebens erfüllte sich damit, mich zu »Tangerine Dream« zu holen.

Um Froese die Möglichkeiten des Palastes für ein eventuelles Gastspiel vorzuführen, hatte ihn das Kulturministerium im Oktober 1979 in den Großen Saal eingeladen. Zufall – ich trat dort als Stargast auf, zum letzten Mal für die nächsten 13 Jahre als Sänger – ich war fest entschlossen, mich vor allem der elektronischen Musik zuzuwenden (was die rund 4,5 Tausend Zuschauer aber nicht wussten).

Der andere Kollege von Froese, Christoph Franke, kannte nicht einmal meinen Namen, und auch Edgar hatte mich noch nie auf der Bühne erlebt. Ihre Gesichter vergesse ich nicht: Ich trat auf, und der Saal kochte! Wenn über viertausend junge Leute in Jubel ausbrechen – das ist schon was. Ich habe nur drei Titel gesungen – und doch gehörte mir dieser ganze Abend. Als ich von der Bühne kam, schauten mich die »Tangerine Dream«-Leute an, als seien sie eben einem Alien begegnet.

»Rhythmus 79« mit Lütte im Palast der Republik

Eigentlich hatte ich vor, in der DDR zu bleiben und trotzdem für »Tangerine Dream« zu arbeiten. Wie naiv – Kurt Hager wäre im Viereck gesprungen! Aber auch die Amerikaner hätten bestimmt irritiert reagiert, wenn da dauernd einer aus dem Kommunismus bei ihnen einreisen wollte. Edgar Froese nahm mich nach dem Palast-Auftritt beiseite und sagte: »Überleg dir das gut. Hier bist du Der Lakomy. Bei uns bist du erstmal eine graue Maus.

Eine graue Maus? Nee, das wollte ich nicht mehr sein.

Leitner wurde ungeduldig und verstreute Spitzen: »Tangerine Dream« traut sich der Provinzmatador Lakomy wohl doch nicht zu, was? Der RIAS-Mann machte seine Sache gar nicht schlecht. Klar, am meisten schadete die DDR sich selber. Aber man konnte ihr im Kalten Krieg auch vom Westen aus auf subtile Weise schaden. Beispielsweise, indem man Leute rauslockte, die das Publikum mochte, liebte. Manche von ihnen sind dann nach der Wende mit dem verlogenen Satz an ihr Publikum: »Ich habe euch ja so vermisst!« zurückgekommen. Maler, Schauspieler, Sportler, Musiker – jedesmal fühlten sich die, die zurückbleiben mussten, doppelt beschissen: Verlassen von ihrem Star und gelb vor Neid, weil einer »raus« durfte, sie aber nicht – ihr Leben lang. Und so ein »Aufreger«, um es mal im BILD-Zeitungs-Deutsch zu sagen, sollte ich auch sein. Leitner – heute Redakteur beim Ostdeutschen Rundfunk Brandenburg – hatte einen Auftrag. Von wem – das weiß er wohl selber am besten (aber Hauptsache, er war nicht bei der Stasi – das ist ja heutzutage das wichtigste!). Um in Ruhe seine Fäden im Osten spinnen zu können, hatte er eine Legende. Seine Legende war das »Rocklexikon der DDR«, an dem er schrieb. Dieses Projekt verlangte regelrecht von ihm, überall im Osten herumzuwuseln, Kollegen suchten seine Nähe, überschütteten ihn mit Informationen, und zwar vornehmlich über andere Kollegen. Was besseres konnte einem Menschen in seiner Mission gar nicht passieren! Ich war z.B. so leichtgläubig, ihm für sein Lexikon alle meine Ausgaben von »Melodie und Rhythmus« und »Unterhaltungskunst« zu leihen. Einige dieser Hefte waren fast zwanzig Jahre alt – für mich ein unersetzliches Archiv. Er hat sie mir nie zurückgegeben. Aber in seinem Rocklexikon schrieb er, als seine Abwerbung missglückt war, ausgesprochen feinfühlig über mich:

»Nach erfolgreichen Jahren als kauzig-kumpelhafter Interpret eigener Songs und als Komponist vieler Lieder für Angelika Mann zu den Texten von Fred Gertz hat sich R.L. in sein privates Studio am Stadtrand von Berlin zurückgezogen, um an seinem Konzept elektronischer Musik zu bosseln, bislang ohne rechten Erfolg: Kritiker Ingolf Haedicke war nicht davon zu überzeugen, ›dass eine selbstgestellte Übungsaufgabe gleich auf Schallplatte erscheinen muss‹, fand jene mit dem Titel ›Das geheime Leben‹ ›musikalisch unerheblich‹ und urteilte en detail: ›So mancher Schuhplattler verströmt da mehr Eleganz‹, und einige Passagen seien ›an Trivialität kaum zu überbieten‹.«

Um populäre oder bekannte Leute aus dem Osten in den Westen zu drängen, gab es noch einen anderen Trick, und der ging so: Meine Frau ist in Westberlin und will gerade in ihr Auto steigen. Ein Mann spricht sie an: Sie solle doch bitte mal die Kofferhaube öffnen, er sei von der Polizei. Moni tut wie befohlen: Im Kofferraum liegt eine prall gefüllte Einkaufstüte. »Wie kommt denn die da rein?«, ruft Moni erschrocken aus. In der Tüte befanden sich genau 47 Artikel aus dem Drogeriemarkt, in dem sie vor einer halben Stunde gewesen war. Unter anderem Haarspray. Ich kann mich nicht erinnern, dass Moni jemals Haarspray brauchte, denn ihre Haare trägt sie, seit ich sie kenne, so kurz, wie man meine immer gern gehabt hätte. Fast zur selben Minute meldete die Bild-Zeitung: Monika E., Texterin und Frau des Sängers und Komponisten Reinhard L., beim Ladendiebstahl erwischt. Was er nicht meldet: Gegen Moni ermittelt nicht etwa die Polizei, sondern der Staatsschutz.

Die Masche war simpel: Im Osten Neid auf den Reisepass anderer Leute erzeugen, moralische Entrüstung wachrufen. Und der »Dieb« sollte sich folgendes überlegen: Nach diesem »Ladendiebstahl« lässt mich die DDR bestimmt nie wieder in den Westen – da bleibe ich lieber gleich hier. Vier Wochen vorher hatte man Martha Rafael, die Frau von Karl-Eduard v. Schnitzler, auf dieselbe Art und Weise »ertappt«. Auch die Nachricht für sie war schon vorformuliert gewesen (nur fiel ihre Personenbeschreibung merkwürdigerweise so aus, dass sie auf Moni passte). Hier hatte der Westen sicherlich nicht die Illusion, mit dieser Finte Karl-Eduard in den Westen nötigen zu können. Aber ihn (noch) verhasst(er) machen – das konnte man schon.

Auch einige Sportler von uns fielen dem Trick mit dem »Ladendiebstahl« zum Opfer, es war eine Serie, dann hörte es auf.

Trotz meiner missglückten »Republikflucht« – Edgar, der nichts von den Vorgängen im Hintergrund ahnte, und ich wurden gute Freunde. Ich hatte ja einen Pass und konnte ihn im Westen in seinem Studio besuchen. Ich liebte nicht nur seine Musik, man konnte mit ihm auch wunderbar philosophieren. »Ein bestimmter tiefer Ton kann die Welt verändern«, pflegte er zu sagen, ohne sich darauf festlegen zu wollen, ob es ein A, Cis oder F ist. In meinem politischen Umfeld, wo nur der Sieg der Arbeiterklasse die Welt verändern konnte, hatte Edgars Prophezeiung etwas Verführerisches. Prophezeiungen müssen ja nicht wahr sein und können trotzdem Kraft entfalten. Ich glaube heute mehr an diesen bestimmten tiefen Ton als vor zehn Jahren, ich suche ihn, auch wenn ich ihn nicht finden werde.

Die Bekanntschaft mit Edgar Froese hat meine Begeisterung für »electronics« in die höchste Potenz gehoben.

Edgar Froese und ich Unter den Linden

Mein erster richtiger – und teurer – Synthesizer, der »Prophet 5«, ist in einer dramatischen Nacht- und Nebelaktion in meine Eigentum übergegangen. Nach dem Konzert von Edgars Band im Palast. Der Zoll schlich um die drei Sattelschlepper von TD herum, streng darauf bedacht, dass auch ja alles wieder aufgeladen wurde. In dieser Situation haben Edgars Sekretär und ich den »Prophet«, der vorher beiseite geschafft worden war, auf dem Park-

210

platz vor dem Palast in mein Auto gehoben. Wir kamen uns sehr mutig dabei vor.

Jürgen Hagen, nun nicht mehr im ZK, sondern Künstlerischer Leiter des Palastes, hatte eines Tages die naheliegende und dennoch ehrgeizige Idee, dem Volke auch mal die technischen Möglichkeiten dieses Hauses vorzuführen, die kein Kunsttempel im Europa dieser Zeit zu bieten hatte. Dazu sollten die Klänge durch den Saal zischen, Licht und Formen sollten verschmelzen, Laser und Video das Ganze zu einem Inferno moderner Kunst treiben. Ein musikalisches Stück für den Palast der Republik sollte entstehen – ganz aus elektronischen Klängen, großartiger, als »Tangerine Dream« es vermocht hätte.

Das war auch mein Ehrgeiz. Das Buch dazu schrieb Moni. Künstlerische und technische Arbeitsgruppen wurden gebildet, Choreographen hinzugezogen. Die ganze obere Etage meines Hauses war zugestellt mit dem Modell des Bühnenbildes. Das Stück sollte »Gralssuche« heißen. Ich komponierte u.a. ein »Ballett der Gesichtslosen«, und dieses Stück Musik habe ich unvorsichtigerweise auf einer großen Beratung dem Team vorgestellt. Noch sprach der Regisseur Volker Büttner hochentflammt von seinem »Lebenswerk«. Wenige Tage später trat absolute Stille ein. Wen man auch fragte, wen man auch anrief – keiner wusste mehr etwas von dem Projekt, ja einige taten sogar so, als hätte es die »Gralssuche«-Idee nie gegeben. Auf meinem Konto stand das Honorar der letzten Auftragsrate unter »Haben«. Das Bühnenmodell wurde abgeholt. Die Männer, die es schleppten, wussten auch nicht warum ...

»Gralssuche« hatte jedoch auch eine andere, angenehme Folge für mich. Den verantwortlichen Kulturfunktionären wurde langsam klar, dass wir mit der Technik, die wir im eigenen Land hatten, so ein ehrgeiziges Projekt nicht bewältigen würden.

Froese hatte in seinem Studio ein Teil stehen, das die ganze Wand einnahm, einen Modularsyntheziser, der aussah, wie die Schaltwarte eines Atomkraftwerks. Er war der erste, einzige und größte seiner Art auf der ganzen Welt. Geschaffen hatte ihn der geniale amerikanische Erfinder Robert Moog, und zwar auf Bestellung von Mick Jagger! Zu dem Monstrum gab es natürlich keine Gebrauchsanweisung. Und so haben wir nächtelang gefummelt, um erst einmal herauszufinden, welches die Eingänge und welches die Ausgänge sind, bevor wir dem Wunderding die ersten Klänge entlockten. Endlich lebte es, und wir tanzten wie die Irren drumherum. Plötzlich sagte Edgar: »Lacky, willst du ihn haben?«

Und ob! Nur 11 000 DM wollte Froese dafür nehmen – das war, verglichen mit dem Melotron von Fischer, ein Klacks. Der Haken war nur: Ich hatte überhaupt kein Geld, das war im Hausumbau verschwunden.

Wenn man pleite ist, muss man naiv rangehen: Wer kann pumpen? Stand ich nicht eben im Begriff, dem sozialistischen Weltsystem eine Technik zu beschaffen, die es nie und nimmer bei dem herrschenden westlichen Embargo gegen die DDR auf realem Wege kriegen würde? War es da nicht recht und billig, zu erwarten, dass sich die Regierung ein bisschen dafür ins Zeug legt, damit der Wunderautomat in mein Blankenburger Häuschen kommt? Ich musste mich mächtig ins Zeug legen. Erkläre mal Kulturfunktionären, die ihr Herz dem Volkstanz schenken und die Estrade für eine hohe Kunstform halten, was elektronische Musik und was ein echter »Moog« ist!

Ich geriet glücklicherweise an Leute, die offen für Neues waren. Als erstes ist da Bodo Zabel zu nennen. Bodo, Chef der Abteilung Unterhaltungskunst beim Ministerium für Kultur, war ein Freund, ja oft genug auch ein Spießgeselle der Künstler. Ein stiller, bescheidener, ausgeglichener, rundlicher Mann, der den Druck, der ständig auf ihm lastete, auf bewundernswerte Weise wegsteckte: Druck aus dem ZK mit seinen unsinnigen ideologischen Vorgaben, Druck von mittelmäßigen, verfressenen Schlageraffen, die vor seinem Schreibtisch saßen, um ihm ein Westauto, ein Wassergrundstück oder sonstwas abzupressen. Jeder, der wirklich etwas leistete, konnte auf seine Solidarität zählen – und ich habe diese Solidarität oft genug in Anspruch genommen, wenn sich Provinzfunktionäre über mein loses Maul beklagten oder wenn mich am Grenzübergang Invalidenstraße ein verbissener Grenzer festhielt, weil er unter meinem Autositz ein Sennheiser-Mikro entdeckt hatte, das ich »illegal einführen« wollte. Auf Bodo passt jedenfalls keins der Klischees vom arroganten, dummen, repressiven und korrupten DDR-Funktionär. Er hortete keine Antiquitäten und ließ sich keine Datsche bauen. Die einzige Eskapade, die er sich leistete, war, dass er ab und an mit weißen Schuhen zu seinem Funktionärsanzug im Dienst erschien. Heute ist er Zeitungsverkäufer, und ich wette, dass ihm ab und an das Kotzen kommt, wenn er nur die Schlagzeilen auf seiner Ware liest.

Eines Abends kam Bodo zu mir und brachte überraschend den stellvertretenden Kulturminister Siegfried

Im Hintergrund der »Moog«

Wagner und den AWA-Chef Eisenbarth mit. Die drei setzten sich in mein Studio und ich ließ elektronische Klänge durchs Haus schallen. Den Herren gefiel das.

»Und so was können Sie dann mit dem ›Moog‹ auch machen?«, fragte der Minister.

»Noch viel mehr und viel schöner!«

»Ja?«

»Ja.«

Plötzlich klingelte es an der Tür. Ich machte auf, und der ABV (Abschnittsbevollmächtigte der Deutschen Volkspolizei), Genosse Reichert, stand im Vorzimmer. Die Tür zum Studio war nur angelehnt.

»Also, sag mal, Lacky« – er duzte fast alle im Dorf und alle duzten ihn – »du hast einen Antrag auf eine Ferienreise nach Österreich gestellt. Und ich arme Sau soll nun die Nachbarn fragen, ob du auch wiederkommst. Aber woher sollen das denn die Nachbarn wissen. Du kommst doch wieder, oder?«

»Ich komme wieder, Reichert, versprochen.«

»Und du hast auch nicht etwa alle deine Konten aufgelöst, die Möbel und das Haus verkauft und deine Tochter vom Kindergarten abgemeldet, woraus man nämlich schließen könnte, dass du doch nicht..., du weißt schon?«

»Ich komme wieder, bestimmt.«

»Und Österreich?«

»Ist Österreich. Und hier ist hier.«

»Präziser hätten es mir die Nachbarn auch nicht sagen können. Nischt für unjut, und schönen Abend!«

Weg war er. Mein Besuch kriegte inzwischen einen Lach- und Erstickungsanfall. Der Minister fing sich als erster wieder und sagte ein wenig zerknirscht: »Ja, diese Befragung hätten wir uns sparen können.« Für seine Verhältnisse war das schon die hohe Schule der Selbstkritik.

An diesem Abend beschloss das Trio einen Deal: Über Mittelsmänner bittet man die GEMA, die Verwertungsgesellschaft im Westen, Lakomy einen Kredit über 11000 Mark zu geben. Den habe ich mit meinen Westtantiemen dann jahrelang abgestottert.

Heimlich in die DDR einführen musste ich das Gerät allerdings alleine. Vom Sängerkollegen Wolfgang Ziegler borgte ich mir einen »Barkas«. Sechs Leute mussten den »Moog« aus Edgars Studio hieven. Am Grenzübergang Invalidenstraße kam es dann mitten in der Nacht zum Eklat. Manchmal ließen die Grenzer Gegenstände, die sie identifizieren konnten, durch. Aber das, was ich da mitschleppte, war ihnen völlig unbekannt. War das ein Teil aus der Weltraumtechnik? Bodo hatte »vorsorglich« vergessen, eine Einfuhrgenehmigung für die Maschine zu erwirken – das Schlitzohr wollte in dem ganzen Geschäft einfach keine Spuren hinterlassen.

Zwischen Grenzern und Stasi gab es an den Kontrollpunkten eine alte, tiefsitzende Abneigung. Die Grenzer fühlten sich durch die MfS-Genossen gegängelt und bevormundet, die Stasi-Leute verachteten die Grünen für grobes Auftreten und dumme Sprüche. Wenn man das wusste, konnte man sich eine Bresche durch den Kompetenzenstreit schlagen. Also sagte ich zu dem Grenzer, der mich zum Umkehren zwingen wollte: »Das hat schon seine Ordnung. Ich soll ihnen von einem ganz bestimmten Genossen, hören sie: von einem ganz bestimmten Genossen ganz besondere Grüße bestellen. Sie wüssten schon, von wem, hat er gesagt.«

Von Mielke? Von Honecker? Von Adolf Hennecke oder von Pittiplatsch? Im Grenzer arbeitete es sichtlich. Dann sagte er: »Ja, natürlich, dann hat es seine Richtigkeit. Gute Weiterfahrt, Herr Lakomy. Und danke für die Grüße.«

Die Elektronik hielt mich so gefangen, dass es in meinem Leben sogar eine Phase gab – Ende 1979 bis Frühjahr 1981 – da erledigte ich kompositorische Aufträge beinahe lustlos, fast nebenbei, denn ich war besessen davon, ein Geheimnis zu lüften: warum – beispielsweise – ein Geigenton wie ein Geigenton klingt. Und ob – wenn man weiß, warum ein Geigenton wie ein Geigenton klingt – diesen Ton auch eine Maschine erzeugen kann. Ich war unter die Forscher gegangen.

In dieser Zeit machte nämlich meine erste Platte mit elektronischer Musik Furore. Die Leute mochten sie – doch die Fachwelt horchte auf. An der Technischen Hochschule Ilmenau befasste man sich unter dem Rektorat von Prof. Gerhard Linnemann mit der elektronischen Spracherkennung. Heute ist man auf diesem Gebiet schon sehr weit, und es gibt inzwischen bereits immens schnelle Rechner. Damals jedoch, zumal noch in der DDR, stand man vor Riesenproblemen. Etwas (aber nur etwas) übertrieben gesagt: Bei uns musste ein Schaltkreis, den man in Westberlin im Bastlerladen bekommen konnte, extra vom Politbüro freigegeben werden. Und man wusste auch nicht so recht, von welcher Seite aus man sich der elektronischen Spracherkennung nähern sollte.

Rektor Linnemann war manchmal Gast im »Professorenkollegium« des DDR-Fernsehens. Bei dieser Gelegenheit erzählte ihm Hans Jacobus, der Moderator, von meinen musikalischen Experimenten. Meine LP »Das geheime Leben« und »Der Traum von Asgard« waren damals gewissermaßen Prototypen elektronischer Musik in der DDR.

Gerhard Linnemann kam sofort zu mir ins Studio und war hingerissen – nicht so sehr von der Musik, die war nicht seine Welt, sondern von dem, was ich aus meinen Apparaten herausgeholen konnte.

Er gewann mich als Praxispartner, machte Geld locker – was ihm noch Ärger einbrachte – und gab mir und meinem Freund Heinz Naumann, der eine kleine Elektronikbude in Berlin betrieb und mit dem ich seit einiger Zeit zusammen arbeitete, einen Forschungsauftrag, mit »Pflichtenheft«, Kontrollstufen und allem drum und dran. Von jetzt an war er oft bei uns zu Gast – und zwar immer, wenn ihn Günter Mittag bestellte, um ihm immer aufs Neue die politische Bedeutung seiner Arbeit klarzumachen. Danach kam er abends zu uns, weil er nicht im Gästehaus schlafen wollte, brachte einen Kasten Bier mit und schimpfte so mordsmäßig auf die Wirtschaftspolitik von Mittag, dass ich mir heute sicher bin: Wanzen können wir im Hause nicht gehabt haben, sonst hätte die Stasi den Gerhard irgendwann abgeholt.

Kurz und sehr einfach gesagt interessierte uns folgendes Problem: Wenn man einen Ton – sagen wir wieder von einer Geige – auf Tonband aufnimmt, und die Phase in der der Ton entsteht, und die Phase in der der Ton vergeht abschneidet, dann das Band wieder zusammenklebt und sich den Ton anhört – dann erkennt man fast nicht mehr, dass er von einer Geige ist. Wenn man also so einen Ton als Geigenton technisch herzaubern will, dann kommt es auf die Phasen des Entstehens und Vergehens an, die sogenannten Hüllkurven.

Erzeugt man nun mit den Oszillatoren des Synthesizers einen Klang mit dem speziellen Obertonspektrum einer Geige, setzt dann den Hüllkurvengenerator entsprechend ein, so hat man einen synthetischen Geigenton. Alles klar?

Ich war nicht mehr zu halten und zu nichts mehr zu gebrauchen (vor allem immer, kurz bevor wir im Rektorat die Zwischenergebnisse vorstellen mussten). Meine Frau hat es in dieser Zeit schwer mit mir gehabt. Ich wurde zum Freak mit einem äußerst eingeschränkten Blick auf die übrige Welt. Nachts wachte ich auf, rannte durchs Haus und rief: »Ich muss meine Programme bewachen.« Am Ende unserer Arbeit stand ein funktionsfähiger achtstimmiger Sequenzer. Wir waren damals – es ist schwer zu glauben, aber wahr – »Yamaha« in der Entwicklung um ein Jahr voraus. Man nannte das Gerät »Lakomy-Computer«; ich hatte ihn mit Bach gefüttert, und wir stellten diesen Prototyp unserer hiesigen voigtländischen Musikindustrie vor. Das Musikkombinat in Plauen sollte ihn bis zur Produktionsreife optimieren. Aber denen passte es nicht, dass da ein paar Berliner kamen und ihre schöne Ruhe störten. Der Generaldirektor dieses Kombinats schrieb höchstpersönlich einen Brief an Günter Mittag, in dem er behauptete, »der Lakomy-Computer ist von oben bis unten mit NSW-Teilen bestückt«.

Ich wurde ins ZK gebeten. Da saß in der Kulturabteilung ein Walter Freund, der überhaupt nicht verstand, was wir in Ilmenau taten. Aber er hatte den Auftrag, mir zu erklären, dass wir uns allesamt vergaloppiert hätten, »der Herr Linnemann an der Spitze«. Anstatt mich mit technischem Zeugs abzugeben, sollte ich lieber wieder mal so ein schönes Lied machen, wie »Wie ein Stern in einer Sommernacht« – prima, das war von Schöbel! Bei Genossem Freund wurde mir klar, dass diese DDR kein Land für Innovationen war. Besessene galten hier als gemeingefährlich, man hat sie nur nicht gleich verbrannt.

Ein paar Monate später beging ich eine Grausamkeit an mir selber: Ich fuhr zur Musikmesse nach Frankfurt/Main. Mir war schon mulmig, als ich das alles sah. Ich brachte ein Modul für den Comodore C 64 mit nach Hause, einen Sequenzer. Ich setzte mich in Blankenburg in mein Studio und schloss ihn an den Computer an – dann habe ich nur noch geheult. Das Ding druckte sogar Noten aus!

Übrigens:Just als Heinz Naumann und ich wieder mal aus den Ilmenauer Gefilden des Rektors traten, liefen wir meinem alten Pauker Georg Knoche nebst Gattin direkt in die Arme. Er sah mich verdattert an: Der Mensch, dem er einst prophezeite, dass er als Kellner enden werde, den er durch die analytische Geometrie rasseln ließ – hier, am Hort der hohen technischen Wissenschaften!

»Lakomy, was haben Sie denn hier verloren?«, rief er.

»Herr Knoche, ich forsche«, sagte ich so arrogant, wie ich nur konnte.

Knoche war in Not. Sein Töchterchen wollte hier ein Studienfach belegen, wofür es ganze 8 Studienplätze gab. Sie hatte zwar die Aufnahmeprüfung ganz allgemein bestanden, für diese Studienplätze hatte man aber wohl schon die Auswahl getroffen. Studieren in Ilmenau ja, aber was anderes. Ich bot mich an, ein gutes Wort bei meinem Freund Gerhard fürs Töchterchen einzulegen – es war übrigens ziemlich hübsch. Knoche jaulte auf: Nein, Protektion verbitte er sich, schon gar nicht von ... Aber Gattin Knoche sagte trocken: »Halt den Mund, Schorsch!«

Natürlich tat ich für die Tochter, was ich tun konnte.

Und nachdem ich Linnemann die ganze Geschichte von früher erzählt hatte, sagte der augenzwinkernd: »Ein Rektor hat immer noch einen Studienplatz.« Rache ist süß.

In einer Zeitschrift, die ich mir für die Forschungen in Ilmenau regelmäßig schicken ließ, las ich eines Tages von dem großen Festival für elektronische Musik im französischen Bourges. Bei »Amiga« hatte ich im Laufe der Zeit drei Langspielplatten mit elektronischer Musik heraus-

Rainer Oleak und ich bei der Arbeit zur Electronic-LP »Zeiten«

gebracht. Besonders die ersten beiden erreichten ein sehr großes Publikum. Die dritte, »Zeiten«, produzierte ich zusammen mit meinem Freund, dem Komponisten Rainer Oleak. Auf dieser LP kam auch der in der Ilmenau-Zeit entstandene »Lakomy«-Computer zum Einsatz. Doch die Besonderheit dieser Musik war bereits verwässert durch den allgemeinen Gebrauch. Heute ist der Äther voll mit nichtssagendem musikalischen Elektronikschrott. Die Geräte dafür kann sich jeder Laie leisten, und man muss von Musik überhaupt nichts verstehen, um eine CD mit elektronischem Gedudel auf den Markt werfen zu können. Die synthetischen Abfälle nudeln an jeder Ecke, in jedem Warenhaus, in jedem Sender. Auf keinem Gebiet ist das künstlerische Niveau, ja das einfachste Handwerk so dramatisch rasch verfallen, wie auf diesem. Die Demokratisierung von technischen Errungenschaften gereicht der Menschheit nicht immer zum Segen.

Aber damals war das noch etwas Außerordentliches. Ich

Lev Theremin (Mitte) und rechts daneben mit Fotoapparat Robert Moog, Erfinder des legendären Mini-Moog, auch in Bourges

fuhr nach Bourges, staunte und ließ auch meine Musik bestaunen. Dort traf ich auch den großen Robert Moog. Ich erzählte ihm, dass sein Mick-Jagger-Wunderding, jetzt in der DDR, in Ostberlin, in meiner Hütte stünde. Er war gerührt, als hätte ihm gerade jemand schöne Grüße von einem verschollen geglaubten Sohn übermittelt. Dann sagte er: »Wenn ich dir einen Rat geben darf: Verkauf das Ding nie, hörst du: nie!«

Für mein Stück »Morgen kommt der Weihnachtsmann« bekam ich in Bourges übrigens eine 1. Mention, was einem Preis gleichkam.

Damals machte ich auch die Bekanntschaft des Komponisten Oskar Sala, dessen Name Insidern durch die technische Weiterentwicklung des Trautoniums vertraut ist. Weltberühmt aber wurde Sala mit der Musik zu Hitchcocks »Die Vögel«. Alle Vogelgeräusche kamen aus dem Trautonium.

Auf diesem Festival waren alle bedeutenden Leute dieser Branche vereint: der Erfinder des ARP, die Erfinder

Oskar Sala (l.), Vervollkommner des berühmten »Trautoniums« und Komponist der Musik zu Hitchcocks »Die Vögel« im Gespräch mit Lev Theremin, Erfinder des Ur-Synthesizers in Bourges (Frankreich) beim Festival für elektronische Musik

des Synclavier, Robert Moog, John Appleton u.v.a. Alle wollten sie einen Mann sehen und kennen lernen: den Erfinder des Ur-Synthesizers schlechthin, des Theremin-Vox, den über 90 Jahre alten Russen Lev Theremin. Wie die Veranstalter es schafften, diesen Mann aus der damals noch existierenden Sowjetunion da hinzuschaffen, ist mir noch heute ein Rätsel.

Welche Bedeutung dieser Mensch in der Entwicklung der elektronischen Klangerzeugung hatte wurde mir klar, als ich Robert Moog wie einen kleinen, aufgeregten Jungen mit seinem Fotoapparat um den alten Mann herumwuseln sah.

Den »Moog« habe ich bis heute. Zu seinem Wert will ich lieber keine Angaben machen, um Einbrecher nicht zu ermuntern.

Meine neuen Platten waren damals Thema in allen Medien. In den DDR-Medien natürlich nur – der Westen war sich immer selbst genug. Wenn er aus dem Bereich der U-Musik mal was zur Kenntnis nahm, dann nur, wenn es sich gar nicht mehr übersehen ließ. Und heute sinnieren die lieben Kollegen von »drüben«, wie fremd ihnen doch die Zone noch immer ist ... Stolz habe ich meine Scheiben auch Freund Edgar gebracht. Natürlich wusste ich, dass »Tangerine Dream« mir technisch weit überlegen war. Aber, wie mein alter Klavierlehrer Dieter Nathow bekanntlich immer sagte: Nicht auf das Wie kommt es an, sondern auf das Was!

Sicherlich hat Edgar sich mein Zeug auch angehört. Aber für ein Wort der Anerkennung brachte er nicht die Größe auf. Statt dessen erntete ich reichlich Schulterklopfen, wie ein Schüler, den man ermuntert, bis zur mittleren Reife durchzuhalten. Wenn ich zu ihm kam, bedeutete mir sein Privatsekretär Reimann immer öfter mit dem »Pst!« in der Miene, dass der Meister arbeite.

Irgendwann sah ich in seinem Büro einen Stapel Platten. »Die sollen in den Müll«, erfuhr ich.

»In den Müll? Also, Edgar, die guck ich erst noch einmal zu Hause durch, was ich davon gebrauchen kann. Wegschmeißen kann ich sie dann immer noch.«

So kam es auch.

Ich zog mit dem Stapel von dannen. Zu Hause breitete ich die Platten auf dem Boden aus. Nach einer Weile kam Moni ins Zimmer und sagte: »Was ist los, Schnuppel, du bist ja so still?« Ich zeigte stumm auf die Scheiben – es waren auch welche von uns beiden dabei.

Da war natürlich erstmal Funkstille. Und nach der Wende suchten uns plötzlich sowieso dauernd Leute aus Westberlin heim – alle wollten natürlich nur »helfen« – da war mein Bedarf nach deutsch-deutscher Kommunikation gedeckt, und ich ließ Edgar Edgar sein. Als wir uns dann aber wiedertrafen, kam es gleich zu einem typischen Ost-West-Gespräch. Froese aufgeregt:

»Lacky, wie konntest du nur diesen Preis annehmen!«

»Du meinst sicherlich meinen Nationalpreis, Edgar. Ich habe ihn 2. Klasse bekommen – ein absolut einsamer Vorgang im Bereich der Unterhaltungskunst. Und ich habe ihn als Einzelperson bekommen, nicht ›im Schöpferkollektiv‹ irgendeines Partei-Auftragswerkes. Und ich habe ihn für Leistung bekommen, denn für was anderes hätte ich ihn gar nicht bekommen können. Aus diesen meinen wohlgewählten Worten merkst du sicherlich schon, lieber Edgar, dass ich schweinisch stolz auf ›diesen Preis‹ bin.«

Froese: »Aber von diesem Honecker!«

Ich: »Mich hat mein Verband vorgeschlagen, Komponistenkollegen, Leute, vor denen ich bis heute Achtung habe.«

Froese: »Aber es gibt auch unter deinen Kollegen im Osten welche, die fordern, sämtliche Nationalpreise zurückzugeben.«

Ich: »Ja, da schreien Leute am lautesten, die nicht mal so nah an den Nationalpreis herangekommen wären, dass sie das Wort ›Urkunde‹ hätten entziffern können.«

Froese: »Aber es gibt welche, die haben ihn sofort zurückgegeben.«

Ich: »Die Urkunde. Die Knete haben sie alle behalten. Die Urkunde will ich nicht zurückgeben, das Geld könnte ich nicht zurückgeben: Es ist nämlich alle.«

Mein Nationalpreis hat eine kleine Vorgeschichte. 1985 hatte mich mein Verband schon einmal vorgeschlagen. Da trat eine Dame auf den Plan, die in der Unterhaltungskunst großen Einfluss hatte, Gisela Steineckert, die Frau Präsidentin. Viele Kollegen haben ihr einiges zu verdanken, aber ich kam nicht aus ihrem Stall, ich war nicht »ihr« Komponist, hatte von ihr also auch keine Protektion zu erwarten. Sie schrieb einen Brief an den Kulturminister. Bodo Zabel, der Spießgeselle, hat ihn mir gezeigt, nicht ohne dass ich vorher drei Schwüre leisten musste, darüber zu schweigen. Wörtlich erinnere ich mich noch an den Anfang der Schmähschrift: »Es kann ja wohl nicht angehen ...«, formulierte die Dichterin, und ich ergänze aus dem Gedächtnis: dass eine politisch so unzuverlässige Person wie Lakomy diesen Preis bekommt! Die Kunst-Funktionärin argumentierte rein politisch, über meine Kunst kein Wort.

Nun begab es sich wiederum, dass der Kulturminister Hoffmann die Steineckert nicht riechen konnte, mich hingegen schon. Sie konnte meine Auszeichnung zwar verzögern, verhindern konnte sie sie nicht. 1986 bekam ich dann den Nationalpreis 2. Klasse – und sie bekam ihn ein Jahr später: 3. Klasse und in Gruppe!

Nationalpreisverleihung 1986

Während des Festaktes im Staatsratsgebäude saß ich im geborgten Smoking und rechnete: 40 000 Ostmark durch 5 – das war das aktuelle Wechselstubenverhältnis. Ich wusste schon genau, wo und wann in Westberlin ich welche Instrumente und Ausrüstungsteile für mein Studio kaufen würde. Ich war so in die Bewältigung der Kopfrechenaufgabe versunken, dass ich angestoßen werden musste, weil ich meinen Namen überhört hatte. Anschließend wurde zum festlichen Essen gebeten. Direkt mir gegenüber am Tisch saß Erich Honecker. Diese Begegnung hat für den Rest meines DDR-Daseins schwerwiegende Folgen gehabt. Ich erlebte einen Staats- und Parteiführer, der nicht zu einem einzigen normalen, menschlichen Satz fähig war, sich mit niemandem unterhielt, stereotyp lächelte und ab und an krudes Zeug in den Raum rief, wie: »Das Bündnis zwischen Partei und Kunst ist unerschütterlich, Genossen!« Von mir aus hätten wir über alles mögliche quatschen können – über die Jagd z. B., obwohl ich keine Ahnung davon habe. Wenn er wenigstens mit Genuss gefressen und gesoffen und gerülpst hätte, dann wäre er mir immerhin wie ein Mensch erschienen! Aber er hatte wohl Probleme mit den Dritten ...

Spät am Nachmittag kam ich, die Blumen und die Urkunde in der Hand, aus dem Staatsratsportal. Moni wartete gegenüber auf dem Parkplatz im Auto auf mich.

»Wie war's?«, fragte sie.

Ich sagte: »Es geht zu Ende.«

Jazz, Lieder, Stücke für Kinder, elektronische Musik – wenn ich mir diese Reihe so angucke, dann hat ein Kritiker vielleicht doch recht? Er schrieb – schon voll von dem »modernen« Prinzip erfasst, dass doch alles, auch Musik und gerade die, nur eine Ware sei, dass nichts Sinn habe, was sich nicht verkaufen lasse – »Reinhard Lakomy sucht und findet immer eine Marktlücke.«

Dazu kann ich nur sagen: Schön wärs! Den Musikmarkt zu studieren – was für ein unerfreuliches Unterfangen, für einen, der selber Musik macht! Wie viele schrecklich dumme Sachen müsste man da hören! Nein, in den Kategorien von Angebot und Nachfrage zu denken, bin ich leider unbegabt. Ich »funktioniere« anders:

Ein berühmter Glockenspielbauer im alten China wurde zum Kaiser gerufen. »Du hast schon so viele schöne Glockenspiele gebaut«, sagte der Kaiser »aber noch keines zu meinem Ruhme. Jetzt ist es Zeit. Du sollst mir das denkbar schönste Glockenspiel erschaffen.« Der Mann machte sich an die Arbeit. Er dachte an das Geld, das er verdienen und an die Hochachtung, mit der man von ihm sprechen würde, und an das Glockenspiel dachte er natürlich auch. Als er fertig war, kam der ganze Hof zusammen, alle hörten sein Glockenspiel und riefen: »Ein recht hübsches Glockenspiel! Nein, wirklich, ganz anständige Arbeit!« Auch der Kaiser wars zufrieden.

Doch der Glockenspielbauer war es nicht. Er begann von vorn. Und als das nächste Glockenspiel fertig war, kamen wieder alle zusammen und waren zufrieden, nur der Glockenspielbauer nicht. Und so baute er ein drittes. Und wieder war er nicht glücklich damit.

Da verließ er den Hof, ging in die Provinz und saß lange da und dachte an gar nichts. Irgendwann aber baute er noch ein Glockenspiel. Es war das schönste, das herrlichste, klarste Glockenspiel, das man sich denken kann.

»Warum klingt dieses Glockenspiel so schön?«, fragten die Leute, die herbeigeströmt waren, es zu hören.

»Ich habe es allein für mich gebaut«, sagte der Mann.

Wie man Rolltreppe fährt

Grüner Baum

Ich bin wie ohne Haut,
Wenn ich nun DEUTSCHLAND sage.
Sehr fremd und sehr vertraut
Die ganze Deutsche Frage.

Ein reicher grüner Baum
Ist dieses Vaterland,
Es ist das meine kaum
Und mit mir verwandt.

Sollst Heimatland nun sein,
Dann sei auch mein Begehr!
Ich richt' mich in dir ein,
Ich hab kein andres mehr.

Ostberlin, Juni 1990

(Aus »Die 6-Uhr-13-Bahn«, Text: Monika Ehrhardt)

Eines Tages betrat eine Frau einen gutbeleumundeten
Musikalienladen in Ost-Berlin und fragte, ob sie dort wohl
Platten von Reinhard Lakomy hätten. Ein Vierteljahr
zuvor hätte sie ob dieser Frage ein resigniertes Kopf-
schütteln oder auch ein routiniertes »Hammwanich!«
geerntet. Vielleicht hätte sich der Verkäufer aber auch
verstohlen umgeschaut, der Kundin verschwörerisch zu-
geblinzelt, wäre hinterm Regal verschwunden und nach
kurzer Zeit mit einer blickdicht verpackten Ware wieder
aufgetaucht.
Aber jetzt war das anders. Jetzt brüllte der Händler

nach hinten, wo seine Gattin oder eine Gehilfin zu ver-
muten war: »Hol mal das Zeug von dem Lakomy hoch!
Ja, alles, alles raus für die neue Ware!«

Hochholen? Da also war das Versteck für die heißen Platten. Aber jetzt waren sie über alle Maßen wohlfeil: »Der
Traumzauberbaum« kostete 3 Mark West, immerhin so
viel, wie neuerdings ein Laib Brot kostete – aber ein Bier
am Tresen war schon teurer.

Der Händler stand, um die Geschichte zu konkretisie-
ren, im Plattenladen »Fechner« in Berlin-Pankow. Die
neue Ware – das war »Benjamin Blümchen« und »Bibi
Blocksberg«, und sie passte in die neue Welt. Die Frau im
Laden aber war meine Frau.

Jeder Ostdeutsche hat die Wende an der eigenen Seele erlebt. Das, was sich die Seele aus diesen Wochen und
Monaten gemerkt hat, hat logischerweise wenig mit dem
zu tun, was uns die westdeutschen Meinungsführer in die
Geschichtsbücher schreiben und woraus sie Chroniken
der Wende basteln lassen. Monis Wende fand an diesem
Tag in »Fechners Plattenladen« statt.

Meine Wende lag ein paar Monate früher und war dramatisch. Man kann mit Fug und Recht sagen, dass ich den
Boden unter den Füßen verlor, dass man mir die Mutter

Sebastian auf Elba bei der Urbarmachung

Erde unterm Hintern wegzog. Es war Anfang September 1989: Dass ich privilegiert war, weiß ich selber – und wer das Buch bis zu dieser Seite gelesen hat, weiß, dass ich keinen Grund habe, mich dessen zu schämen. Wir waren nach Elba zu unseren Freunden Barbara und Sebastian gereist. Sie hatten aus einem mit stachliger Macchia überwucherten sandigen Gelände einen grünen und blühenden Garten gemacht, und wir waren willkommen.

Zu dieser Zeit ist der Boden dort hart wie Beton, alles lechzt nach dem Nass von oben. Frau und Kind schliefen in dieser Nacht süß im Wohnmobil, ich lag unter einem Vorzelt auf der Liege, quasi ungeschützt in dem Grillenzirpen der italienischen Nacht. Das war einigermaßen bequem, vorausgesetzt, der Chianti sorgte für Tiefschlaf, was er in meinem Falle aber tat. In meinem Traum blitzten Blitze und grollten Donner – was man eben so träumt, wenn ganz Elba auf den Regen wartet.

Aber dieses gewaltige, anschwellende Rauschen unter mir, das Rütteln und Wackeln an meinem Bettgestell, die nassen Füße, der nasse Hintern! Das konnte kein Traum mehr sein. Plötzlich saß ich kerzengrade auf der Liege: Unter mir tat sich die Erde auf. Der Sturzbach, vom Wolkenbruch gespeist, war gerade dabei, eine tiefe Rinne in

Nach dem Wolkenbruch auf Elba

Elbas Erde zu graben und mich samt Klappbett zu verschlingen. Mir blieb keine Wahl – ich gab meine letzte Bastion, die Liege, verloren und rettete mich mit Grausen zu Frau und Kind.

Am nächsten Morgen stach eine brutale Sonne auf alles Leben ein. Ich briet vor dem Weltempfänger und hörte Deutsche Welle. Was in meinem Land vorging, war höchst sonderbar: Neuerdings versammelten sich Leute zu Demonstrationen, ohne dass es angeordnet war und ohne dass es hinterher Bockwurst und Freibier gab. Was war in die braven Bürger gefahren, die bisher doch in ihrer Mehrheit vor allem einen Sinn entwickelt hatten – den Ordnungssinn? Heute weiß ich, dass die Sintflut von Elba das Zeichen des Himmels war: Bei alle dem, was jetzt auf mich zukam, hatte ich nicht nur einmal das Gefühl, den Boden unter den Füßen zu verlieren. Und am Schluss war das Land, in dem wir recht und schlecht gelebt hatten, ebenso im reißenden Strom versunken, wie mein Feldbett in den Fluten, die den Garten unserer Freunde durchpflügt hatten.

Von jetzt an saßen wir nur noch am Empfänger. Die Meldungen über dramatische Entwicklungen zu Hause kamen in immer dichterer Folge. Bis ich eines Tages meinen Freund Gottfried, den Pastor, in Berlin anrief. Gottfried war mit den »Staatsfeinden« verbandelt – und der musste mir ja verlässliche Auskunft geben können, ob wir hier auf Elba vielleicht die Revolution verpassten: »Bleib man ruhig«, rief er über die Alpen hinweg durchs Telefon »hier gibt's noch keene Revolution.« Na also!

Wir blieben noch, auch wenn Italien plötzlich eigentümlich uninteressant geworden war. Als mein Radio aber meldete, dass sich in einem Hauptstadt-Distrikt namens Lichtenberg Rockmusiker in einer Kirche zusammengetan und allerhand mutige Resolutionen ausgerufen hätten, wurde ich hellwach: Ich sah sie alle vor mir, die Kollegen, liebe Leute zumeist, die sich im Komitee für Unterhaltungskunst um die mageren Pfründe stritten. Klar, auch sie litten an der DDR, an Bevormundung, Mauer und verhinderter Glasnost und daran, dass die DDR immer mehr Menschen verlor. Aber ihr Leidensdruck war offenbar doch immer erträglich gewesen – durch besonderen Mut war mir jedenfalls keiner aufgefallen. Und nun standen sie auf den Barrikaden, als seien sie dahin geboren! Jetzt erst, Jahre später, können wir aus ihren Super-Illu-Interwievs erfahren, wie sie innerlich schon immer auf der Barrikade standen. Da lernt man beispielsweise, wie so ein nettes Liedchen, wie »Wir brauchen keine Lügen mehr«, zur Marseillaise des Massenaufstands wurde ...

Wir hatten zu Hause noch gar nicht richtig ausgepackt, da klingelte schon das Telefon. Eine zweite Veranstaltung in der Lichtenberger Erlöserkirche sollte stattfinden. Diesmal wollten sich die Vertreter der so genannten seriösen Kunst zusammenrotten. Man brauchte nicht lange um mich zu werben, ich wollte meins zur Sache sagen – ich war dabei.

Was mich damals verwunderte – wie unbehelligt uns die Staatsmacht ließ. War das Angst oder Gelassenheit? War sie schon am Ende oder war das die Ruhe vor dem Sturm? Die Kirche war so voll, dass keine Kirchenmaus mehr Platz gefunden hätte. Ganz vorn saß Lothar de Maizière, ich kannte ihn als Musiker in Monis Ensemble. Die wichtigsten Namen der ernsten Musik der DDR waren versammelt – Matthus, Katzer, Goldmann, Voigtländer, Ruth Zechlin. Ich war eher ein Außenseiter, von mir erwartete das Publikum Musik mit Text, d.h. gesungene politische Botschaft. Ich war aber nie in einem FDJ-Singeclub, und irritiert stellte ich fest, dass ich repertoiremäßig ganz unzulänglich auf Revolutionen vorbereitet war: Ich sang das Lied »Von oben ist alles so klein« von der gerade erschienenen LP »Der Wolkenstein«. Dass von oben alles so klein ist, ist sicherlich ein durchaus stimmiger Gedanke – ich behaupte indes nicht, dass er Honecker gestürzt hat.

Denke ich an diese Wochen zurück, will sich das Gefühl der Erhabenheit bei mir nicht recht einstellen. Manches ist mir sogar peinlich, und nachgerade einen Koller kriege ich, wenn sich die westdeutsche Politprominenz bei diversen nationalpatriotischen Gedenkfeiern bei uns Ossis für die Revolution bedankt, uns Helden nennt und unseren Mut bewundert. Ich glaube, hinter den Kulissen ihrer Propagandaaufzüge lachen die sich ins Fäustchen: so ein schafsdummes Völkchen, das sich widerstandslos – und verraten von windigen Gestalten, wie unserem ostdeutschen »Verhandlungsführer« Günter Krause – selber übergibt, wo findet man das noch einmal!

Während wir uns auf dem Alex am 4. November mit feuchten Händchen und klopfenden Herzchen aneinanderkuschelten, mutige Sprüche hochhielten, schönen Sätzen und selbstgestrickten Liedern lauschten und davon träumten, wie hübsch wir es uns in einer besseren DDR machen würden, haben die Herren im Westen schon ihre Drückerkolonnen für die Zone requiriert, haben sich alle großen westlichen Geheimdienste in Ost-Berlin bedient, und bei der NATO in Brüssel hat man schon mal spaßeshalber die Fähnchen auf der Landkarte der politischen Geografie umgesteckt.

Ach, und unser Mut! Natürlich kamen wir uns verdammt mutig vor, als wir am 4. November 1989 beim Staatsratsgebäude um die Ecke bogen und die Staatsdiener blass hinter den Fenstern der Ministerien stehen sahen. Aber wo ist denn unser Mut in den letzten zehn Jahren geblieben, wo der Mut der scheinbar auf Mut abonnierten Bürgerrechtler? Wenn ich Mut höre, dann fällt mir ein, dass 1993 sich Frauen in der Nähe meiner Heimatstadt Magdeburg sterilisieren ließen, weil der Unternehmer sie sonst nicht genommen hätte.

»Wir waren das Volk.« – am 4. November 1999 haushoch am Haus des Lehrers am Alexanderplatz zu lesen: Kann man es besser sagen?

»Wie hier soeben mitgeteilt wird, beginnt man in der Bernauer Straße damit, die Mauer wegzureißen«, sagte der Moderator der Kultursendung »aspekte«. Er las einen Zettel ab, den man ihm gerade hereingereicht hatte. Er

Mit Bühnenpartnerin Carmen Hatschi als »Moosmutzel«

Gerd Duwner und ich

*»Die Stimme« Jürgen Thormann und Ursula Karusseit bei Auf-
nahmen zu »Das blaue Ypsilon«*

Gratulanten zum 50. Geburtstag

Herbert Dreilich

Karin Düwel

Gratulanten zum 50. Geburtstag

Gregor Gysi

Angelika Mann

Gratulanten zum 50. Geburtstag

Peter Meyer und »Quaster« Hertrampf von den Puhdys

Angelika Weiz, Günther Fischer und Uschi Brüning

Gratulanten zum 50. Geburtstag

Eddi Külow

Kammersängerin Carola Nossek

Gratulanten zum 50. Geburtstag

Moni will endlich auch gratulieren

Lippi besucht mich auf meinem Boot

sah ein wenig ratlos aus, als überlegte er, ob es seine öffentlich-rechtliche Pflicht sei, jetzt das Deutschlandlied abzusingen.

Das erste Loch in der Mauer! In der Bernauer Straße, in meinem alten Mauer-Kiez! Dort, wo ich die Mauer kenne, wie andere Leute ihre Vorgärten! Ich rannte die Treppe hoch in Monis Arbeitszimmer: »Mach sofort alles aus! Die reißen die Mauer ab.« Moni blieb cool und witzig: »Das verhinderst du nun auch nicht mehr. Schon gar nicht in Pantoffeln.« Tatsächlich, ich wäre beinahe in Latschen losgerannt.

In der Bernauer standen einige Leute herum. Irgendwann begann ein Mann mit dem Meißel die Mauer zu traktieren, was Gejohle auslöste: So konnte das ja nichts werden. Immer mehr Menschen strömten aus der Dunkelheit herbei. Dann kam schweres Gerät, ein Bagger verbiss sich im »antifaschistischen Schutzwall«, Beton bröckelte. Bevor all die anderen den Wert der zerfallenden Historie erkannten, preschte Moni vor und holte sich den wirklich ersten Mauerbrocken.

Das tat sie instinktiv, Steine sammeln war ihr quasi zur zweiten Natur geworden: Von ihren Reisen mit dem Tanzensemble hatte sie immer einen besonderen Stein mit nach Hause gebracht. Sich irgendwelchen Andenkenfirlefanz zu kaufen, wie das viele ihrer Kollegen taten, war ihr das bisschen Spesengeld zu schade.

Zu Hause hatten wir inzwischen eine multikulturelle Steinsammlung von beachtlichem Ausmaß. Und nun auch noch einen aus der Mauer! Immer, wenn wir später »Mauerspechte« oder Händler mit – angeblichen – Mauerbrocken sahen, sagte ich zu ihr: »Und du hast mit diesem ganzen Quatsch angefangen!«

Doch nicht nur die Mauer fiel, auch sonst blieb kein Stein mehr auf dem andern. Überall kam jetzt ans Licht, wohin das arrogante Bonzenwesen der angeblichen Arbeiterpartei die Gesellschaft DDR gebracht hatte. Ich erlebte das Ausmaß der Korruption, der Willkür und des Gesetzesbruchs in einem winzigen Bereich hautnah: in der AWA. Das war die Urheberrechts-Gesellschaft auf dem Gebiet der Musik, die Inkassogesellschaft für Komponisten und Texter. Den alten AWA-Beirat haben wir nach Hause geschickt, dann gings ans Aufarbeiten. Ich gehörte dem neuen Mitgliederbeirat an, Siegfried Matthus, Günter Fischer, Arndt Bause, Wolfgang Brandenstein und Gerhard Schöne waren mit von der Partie. Nun kam der ganze Dreck auf den Tisch. Nun blickten wir plötzlich in den Sumpf, in dem sich der elitäre Club, genannt »Beirat« gesuhlt hatte. Dort Mitglied zu sein, das war wirklich nicht umsonst gewesen!

Bei jeder Urhebergesellschaft laufen sozusagen herrenlose Gelder auf, die man keinem Komponisten konkret zuordnen kann. Sie kommen aus Pauschalen, die gezahlt werden müssen, wenn etwa in Gaststätten, Kaufhäusern, im Schwimmbad oder auf dem Rummel Musik abgespielt wird, bei der natürlich niemand registriert, von wem sie ist. Was tun mit diesem schönen Batzen Geld? Der AWA-Beirat, sicherlich gegängelt von den Kulturfunktionären im ZK, hat diese Frage vom Klassenstandpunkt aus beantwortet, und das ging so: Eine Million haben wir übrig. Die verteilen wir unter denen, die sich als Arschkriecher besondere Meriten erworben haben. Aber zuerst haben sich einmal die Beiratsmitglieder selber für ihre Treue zur Partei entlohnt. Und falls einer von den Herren, die sich bei diesen Zeilen angesprochen fühlen, meint, das bestreiten zu müssen: Die Listen, auf denen ihre Einnahmen stehen, habe ich zur Beweissicherung mitgenommen. Ich habe nicht die Absicht, sie jemals aus meinem kleinen Versteck wieder herauszuholen. Es sei denn, jemand zwingt mich dazu ...

So saßen wir also dreimal in der Woche am riesigen Direktoriumstisch in der AWA und haben uns durch Zahlen und Belege geschubbert, wie Wildschweine durch die Trüffelkolonie. Das war nur am Anfang ein erhebendes Gefühl, dass es endlich »andersrum« kommt. Dann wurde es einfach mühsam – Freund Gerhard Schöne stieg aus, denn das war wirklich Arbeit.

Außerdem herrschte strenges Rauchverbot – furchtbar für mich!

In einer Raucherpause nahm mich ein Angestellter der AWA beiseite und fragte mich fast flüsternd, ob ich mir je Gedanken gemacht hätte, wo die Vergütung für Monis dialogische und erzählende Textpassagen auf unseren Platten geblieben seien. Die AWA rechnete ja nur Text ab, wenn er vertont war. Im Preis einer LP sind aber auch die Zwischentexte mit drin, das Geld für diese Minuten überwies die AWA über all die Jahre an die Firma Deutsche Schallplatte, die hätte es auszahlen müssen, denn urheberrechtlich gehörte dieses Geld Moni.

Ich schickte Moni sofort in die Tiefen ihres Arbeitszimmers auf Belegsuche. Sie wurde fündig, und da stand es: z.B. für die insgesamt 20 Minuten Zwischentexte im »Traumzauberbaum«, von dem alleine über eine halbe Million Platten verkauft worden waren, hatte Moni laut Vertrag stolze 1000 Ostmark bekommen. Alle fünf in der DDR-Zeit erschienenen Produktionen waren mit ähnlichen Verträgen. Keine Abrechnung der Zwischentexte, statt dessen einmaliges Minutenhonorar. Kurz und gut, die AWA hatte in den vergangenen 10 Jahren 365 000 Mark an die Deutsche Schallplatte rücküberwiesen, und dieses Geld hätte an Moni weitergereicht werden müssen. Als Moni diese Zahl hörte, wurde sie blass. Der VEB Deutsche Schallplatte hatte sie all die Jahre wissentlich beschissen. Nun wussten wir auch, warum die Platten nicht eingestampft worden waren, als erst Vroni Fischer in den Westen ging und dann die Lütte. Rene Büttner, für die Belange der Abteilung Amiga, die unsere Platten produzierte, zuständig, hatte schließlich Mathematik studiert.

Jetzt wollten wir's wissen: Ist das ein Rechtsstaat, oder nennt er sich nur so? Zum Rechtsstaat gehört der Rechtsanwalt, wie die Fliege aufs Marmeladenbrot. Der sagte: »Kein Problem. Das Geld könnt ihr sozusagen schon ausgeben.«

Ach, wie naiv wir waren! Es spielte sich alles so ab, wie in dem Hochhuth-Stück »Wessis in Weimar«: Der Volks-

Eigene-Betrieb Deutsche Schallplatte wurde samt Immobilie (früher zum Reichstag gehörig) für das gängige Wendezahlungsmittel »Appel und Ei« an einen Bremer Autohändler vergeben, Verträge aus der DDR gelten weiter, egal wie sittenwidrig sie sind. Und auch alle unsere Platten und die Rechte an ihnen wurden nicht etwa zuerst uns angeboten, sondern an einen Westberliner Bankrotteur verscheuert, der sich das gesamte Kinderrepertoire unter den Nagel gerissen hatte. Wir waren weniger als nichts. Nur die Gerichts- und Anwaltskosten waren unsere, und der Herablassung dieses Herren durften wir uns erfreuen, der mir auf die Schulter klopfte und eine gute Zusammenarbeit kommen sah.

Nein, ich habe keine Vorurteile gegenüber Wessis! Was ich habe, sind durch leidvolle Erfahrungen in meinem ureigenen Metier geprägte Urteile, und die fallen leider nicht gut aus. Zehn Jahre lang Erfahrung mit jener Art »Geschäftstätigkeit«, die den Partner immer nur als feindliches Objekt behandelt und mit jenem Zynismus, der den Musikmanagern ein herablassendes Lächeln ins Gesicht steigen lässt, sobald man nach künstlerischer Qualität, nach Originalität oder auch nur nach sauberem Handwerk fragt.

In diesem Zusammenhang sei unbedingt meine Bühnenpartnerin Carmen Hatschi erwähnt. In den letzten Jahren hat sie sich zu einer starken Entertainerin entwickelt, die mühelos große Säle voll Kinder und Erwachsene in den Griff bekommt. Sie hat etwas, was man nicht lernen kann: ein riesengroßes Herz und eine seltene Begabung, sich Kindern zu nähern.

Und sie hat Witz, kann das Publikum zum Lachen bringen, und das können nicht viele. Carmen wäre eine ungeheure Bereicherung für so manche Kinder-Fernsehsendung.

Aber wen, außer unseren treuen Veranstaltern und unserem treuen Publikum, interessiert das überhaupt? Das Fernsehen ignoriert uns beide stoisch, statt dessen sieht man Rolf Zukowski, Michael Schanze oder den Disney-

236

Club. In den Karteien der Sender existieren wir wahrscheinlich gar nicht. Haben wir vielleicht die falschen Freunde mit den falschen Parteibüchern? Was hat sich eigentlich geändert, frage ich mal ganz naiv.

Meine westdeutschen Freunde haben unter der Spezies Wessi schon viel länger zu leiden als wir, aber sie merken es nicht mehr.

Wenn die DDR als Ganzes angeschlossen werden sollte, dann musste natürlich auch unser Komponistenverband daran glauben. Eine hochkarätige Abordnung des westdeutschen Verbandes reiste an. Irgendwie sahen sie alle aus wie Bankangestellte mit eigenem Stempelkissen. Sie hatten – ungefragt – sofort eine »Philosophie« für uns parat (sie ahnten nicht, dass es uns bisher am wenigsten an Philosophie gemangelt hatte): Wir sollten unbedingt unsere herrliche kulturelle Funktion bewahren, denn bei uns gelte, Gott sei Dank, der Künstler und sein Werk mehr als das Geld! Rührend oder hinterfotzig?

Dann fuhren wir – unser Verbandsvorsitzender Hans-Jürgen Wenzel und ich – im Juli 1990 zur GEMA-Versammlung nach München. Der westdeutsche Komponistenverband hatte uns eingeladen. Dort wollten wir dafür eintreten, dass unsere Tantiemen wie Arbeitseinkommen behandelt würden (was sie natürlich auch waren) und nicht wie Sparguthaben. Man wollte sie nämlich beim Währungsumtausch 1:2 entwerten. Wir wurden höflich bis herzlich als Abordnung der deutschen Freizeitrevolutionäre empfangen. Als wir jedoch den Mund aufmachten, war es aus mit der deutschen Schwester- und Brüderlichkeit. Wie dumme Jungs stellte man uns in die Ecke. Und als wir abreisten, jagte man uns noch eine Sekretärin hinterher, die die Getränke aus der Mini-Bar kassieren wollte.

Die Halbierung der Tantiemen für ostdeutsche Komponisten bedeutete für viele meiner Kollegen, dass sie von jetzt ab nicht mehr von ihrer künstlerischen Arbeit leben konnten. Die meisten dieser Künstler mussten das Komponieren ganz aufgeben und sich nach einem Brotberuf anstellen. Auch so schafft man sich Konkurrenz vom Halse. Vielleicht waren diese Kolleginnen und Kollegen nicht die Begabtesten, vielleicht hätten einige von ihnen aber auch noch Zeit gebraucht, um zu reifen – wer weiß das schon. Ohne sie ist die Musikkultur jedenfalls weniger vielfältig, weniger farbig; ohne sie ist es langweiliger.

Aber unser Auftritt in München damals war doch nicht ganz vergebens. Die wirklichen Künstler aus dem Westen, jene eben, die Schweiß und Tränen für ihren Beruf gegeben haben, verhinderten, dass wir Ossis allesamt wie Eleven behandelt wurden.

Man muss die Mutterländler aber auch verstehen! Mussten wir unter ihrer fürsorglichen Betreuung nicht erst einmal lernen, wie man Rolltreppe fährt und dass man sie nicht einfach wieder runterlaufen kann? Oder dass man sich mit der Gabel nicht die Haare kämmt? Und waren wir für sie nicht sozusagen der Iwan-de Luxe, jedenfalls Kommunisten? Und waren wir es nicht tatsächlich – sonst hätten wir uns doch schon viel früher befreit. Ihr Lieblings-Stossseufzer war: »Wie habt ihr das alles nur so lange ertragen können!« Nachdem ich im Westen erlebt habe, wieviel Feigheit und Anschleimerei vor dem Produzenten, dem Musikredakteur beim Sender, ja einem popligen Musikkritiker unter meinen dortigen Kollegen herrscht, bin ich sicher: Die hätten niemals aufgemuckt.

Wenn ich nur an die hochroten Ohren denke, wenn sie beim Zoll mal scharf angeguckt wurden, wie sie bereits um zehn Uhr unruhig auf dem Hintern herumrutschten, um ja keinen Ärger an der Grenze zu bekommen! Man kann eben immer prima den Helden geben, wenn man seinen Arsch im Warmen hat.

Hinzukommt, dass wir ja alle bei der Stasi waren – »Alles Stasi außer Mutti« war ein Titel auf meiner CD »Die 6-Uhr-13-Bahn«. (Die Titelzeile hat Wiglaf Droste Moni geschenkt.) Unablässig wurden wir Ossis ideologisch abgetastet, wir hatten schon wunde Stellen davon.

Eines Tages stand eine Dame von der Super-Illu vor der Tür, eine Redakteurin aus dem Westen für den Osten. Sie sollte Lakomy ins Blatt bringen, wusste aber bis dato nicht, ob sich hinter diesem Namen ein Mensch oder eine Schampoo-Marke von Berlin-Kosmetik verbarg. Vier Stunden saß sie auf unserem Sofa, machte große Äuglein und ließ sich aus Monis und meinem Leben erzählen. Moni erwähnte, dass sie mit ihrer Company nicht selten im Ausland auf Staatsempfängen, ja, auch schon im Kreml getanzt habe. Au Backe, da muss sich die junge Dame bei uns wie in der Höhle des KGB gefühlt haben! In der nächsten Nummer des Blattes erschien ein briefmarkengroßes Foto von Moni und darunter war zu lesen, dass sie 17 Jahre lang für Honecker getanzt habe, sozusagen als Erichs leibeigene Bauchtänzerin.

Die richtig große Entlarvungsstory war das nicht – und mich wundert, dass sie mich noch immer nicht als IM enttarnt haben. Wo sie es doch – außer vielleicht bei Achim Mentzel – beinahe bei jedem versucht haben. Ehrlich, ich fühle mich vernachlässigt; nein, dafür bin ich nicht auf die Straße gegangen! Ist Frank Schöbels jüngste Fehlgeburt wirklich wichtiger als der Kampf gegen die Stasi? Und dabei dürfte doch eins klar sein: Wer, wie ich, elf Jahre vor dem Ende der DDR einen Pass in den Westen hatte – der muss doch bei der Stasi gewesen sein, oder? Um den Redakteuren die Erfüllung ihres Klassenauftrages leichter zu machen, will ich die Facts liefern:

Stasi Hauptmann Meyer hatte eine furchtbare Klaue. Aber eins kann man herauslesen: Zwischen 1972 und 1974 hegte er die allergrößten Hoffnungen, mich für die Sicherheit des Arbeiter-und Bauernstaates gewinnen zu können. Einen Decknamen hatte er vorsorglich schon für mich ausgesucht: Sänger. Sehr originell!

Eines Tages standen zwei Herren im Türrahmen meiner Wohnung in der Kastanienalle. Sie fragten nach einem Wolfgang Lux. Lux war einer meiner Leidensgenossen bei der NVA gewesen. Jetzt eröffneten mir die Herren, Lux sei von einer Schlepperorganisation in den Westen verbracht worden und ob ich ihn nicht überreden könne, wieder nach Hause zu kommen. Ich konnte nicht, ich wusste ja nicht einmal seine Adresse. Und wie stellten sie sich das überhaupt vor – ich müsste doch dafür in den Westen reisen?

Ich weiß, ich weiß: Streng nach dem Katechismus der Bürgerbewegung hätte ich jetzt sofort loslaufen und bei Pfarrer Eppelmann Rat suchen müssen. Aber den kannte ich damals nicht, was ich bis heute durchaus nicht für ein Defizit halte. Denn heute kenne ich ihn ja.

In der Akte vermerkte der Genosse Hauptmann stolz, man habe begonnen, mich intensiv auf meinen Westeinsatz vorzubereiten. War der Mann ein Hochstapler? Ein Aufschneider war er bestimmt – 007 Lakomy hat von dieser »Vorbereitung« nichts gemerkt. Nicht einmal das Schweigen hat man mich gelehrt, und das ist doch das erste, was ein Schlapphut können muss.

Und jetzt kam noch etwas ganz Dummes dazwischen: Plötzlich war ihr 007 Lakomy auf allen Fernsehschirmen. Das war im IM-Vorlauf gar nicht vorgesehen. Außerdem war das Leben sehr bunt – die Frauen, die Feten! Irgendwie waren ich und das Bild, das Hauptmann Meyer von einem Kundschafter des Friedens hatte, nicht deckungsgleich zu kriegen. Ihn erreichten auf konspirativem Wege schlechte Nachrichten über mich, wie die von der Nachbarin Frau Müller, die ich in meiner Stasi-Akte fand: »Bei dem Bürger L. verkehren nachts regelmäßig Mädchen und junge Frauen ... Nach seinen Angaben gibt der Bürger L. ihnen Musikunterricht ... Die Wohnung von L. soll nicht besonders eingerichtet sein ... Herr L. geht unregelmäßig zur Arbeit.« Das war genau das Charakterspektrum von Regelmäßigkeit – nämlich des Verkehrs – und Unregelmäßigkeit – nämlich des Auf-Arbeit-Gehens – die der Sozialismus dem neuen Menschen aberziehen wollte. Und wer dann nicht mal eine Zeutrie-Schrankwand hatte ...

Dennoch: Die Genossen gaben mich nicht auf. Bei den Weltfestspielen 1973 sollte ich ihnen mein Gesellenstück liefern. Ich sollte ihnen sagen, wie es einer Band aus der Schweiz in Berlin gefallen habe. Gut, sagte ich, vor allem die Weiber.

Eines Tages aber platzte das zarte Band, das zwischen mir und dem Geheimdienst geknüpft war, vollends. Mein Nachbar in Blankenburg hatte Geburtstag, und die Familie lud mich zum Trunke. Anwesend war auch ein Onkel aus Karl-Marx-Stadt. Weil die Stimmung lau war, beschäftigte ich mich damit, den guten Onkel mit dem Parteiabzeichen ein bisschen auf die Palme zu bringen. Besonders nicht leiden konnte der, wenn man Erich Honecker einen Bonzen und Harry Tisch einen dummen Hund nannte. Er reagierte, aus seiner Perspektive sicherlich zu recht, allergisch. Das gefiel mir. Und um ihn ganz und gar zu erschrecken, rief ich, bevor ich meinem Grundstück zuwankte, durch die Nacht, dass ich bei der Stasi sei. (Das hatte ich vorher auch schon dieser und jener erzählt, denn manchem Mädchen wurde davon heiß.)

Der Onkel war ein Hauptmann im Dienste der Sicherheit und hat, wie ich in der Akte lesen konnte, korrekt berichtet. Das Leben ist so ungerecht: Eine einzige Geburtstagsfeier hat mir meine Geheimdienstkarriere versaut!

Nun wird wohl manchem meiner Leser im Westen ein Gruselschauer über das Ende des Rückens laufen. Die denken ja bis heute, wir hätten in die Vorhölle geblickt und hätten Luzifer gesehen, wenn wir einem Menschen von der Stasi begegneten. Tja, so viel Action – davon können die im Westen nur träumen! Aber ich gebe die Hoffnung nicht auf, dass es Sinn hat, zu erzählen, wie es wirklich war. Und zu unserer Wirklichkeit gehörte eben nicht nur Bautzen oder die Stasi-»Untersuchungs«(Folter)-Anstalt Hohenschönhausen. Das MfS war ein durch und durch perverser Betrieb, und im gleichen Maße, wie sie nach und nach die gesamte Gesellschaft beherrschten, verkümmerten wirkliche demokratische Strukturen. Aber wahr ist auch, dass ich nirgendwo so kluge, kritische und auf Reform des Sozialismus drängende Leute traf, wie von der Stasi. Moni und ich haben manche Gespräche mit Leuten von der »Firma« auch genossen. Und ich bin mir sicher, dass in zehn, fünfzehn Jahren die Geschichtsschreibung auch vermerken wird, welchen Anteil selbst diese Leute an der Wende in der DDR hatten.

Wir standen 1990 beim Punkt Null. Unser ganzes Geld, einschließlich einiger Schulden, hatten wir in mein Studio gesteckt, es war voller toller West-Technik, die ich über die Jahre zum Umtauschkurs von 4 oder 5 Mark der DDR zu 1 DM zusammengetragen hatte. Aber unsere Platten wurden gerade in diesem Augenblick bei »Fechner« und überall im Land verramscht. Rücklagen, um auf eigenes Risiko eine Produktion zu beginnen, hatten wir keine. Und selbst wenn: Der Markt war zusammengebrochen, wer sollte unsere CDs dann vertreiben, die »Deutsche Schallplatte« etwa? Ich hatte Angst, blanke Angst.

Ja, ich weiß – meine Not war nichts gegen die Not der Leute, die ums bloße Überleben kämpfen mussten und heute noch müssen, die auf den Arbeitsämtern sitzen oder sich von einer ABM zur anderen schleppen, die aus ihren Wohnungen fliegen und auf dem Sozialamt um einen Gutschein für einen Wintermantel betteln müssen, die die Wende im Osten als das erleben, was sie bis heute ist: eine brutale Exmittierung vieler Menschen aus dem Arbeitsleben. In der Not, in meiner komfortablen Not hätte ich Haus und Studio und Autos meistbietend verscheuern können. Zu dritt hätten wir davon ein, zwei Jahre ganz bequem überlebt.

Meine Angst kreiste nicht nur ums Materielle: Ich hatte Angst, das einzige, was ich kann, das, wofür ich auf der Welt bin – Musik zu schaffen, nicht mehr tun zu dürfen, weil die Sorge, Miete, Strom, Kleidung und Essen bezahlen zu können, keinen Raum mehr dafür lässt. So ein Leben wäre sinnlos für mich.

Freunde sagten: Lacky, im Westen – wir sagten damals alle »im Westen«, weil wir ja in den Westen gekommen waren, obwohl wir doch im Osten wohnen blieben – im Westen musst du wieder singen, musst du auf die Bühne! Wer nicht auf der Bühne steht, wird nicht gesehen. Wer nicht gesehen wird, wird nicht im Radio und Fernsehen gespielt. Wer nicht gespielt wird, verkauft keine Tonträger. Wer keine CD's verkauft, ist tot. Hart, aber logisch.

Also wieder singen, wieder auf die Bühne. Ich kann bekanntlich gar nicht singen. Aber mit meiner Stimme bin ich ein ganz interessantes Instrument, etwas zwischen Oboe, Kamm und Reibeisen. Ich nehme diese Stimme nur, wenn es kompositorisch unumgänglich ist – aber dann ist sie richtig gut. Auf solche Feinheiten konnte ich mich aber jetzt nicht mehr einlassen. Das hätten die Kunden von Möbelhäusern und Baumärkten auch nicht verstanden, die jetzt mein Publikum waren.

Nichts gegen Möbelhäuser und Baumärkte! Und nichts gegen »Kaiser's Kaffeegeschäft«. Das wollte eines Tages zur Ankurbelung des Kaffeegeschäfts eine große Kaffee-Fete in der Berliner Parkaue machen. Moni und ich sollten ein Programm mit allen unseren Kinderliedern dafür schreiben. Dafür winkten 40 000 Mark, Westmark. Donnerwetter! Ich suchte mir »auf dem freien Markt«, wie das jetzt hieß, gute, verlässliche Mitstreiter und fand sie in Ines Paulke, Carmen Hatschi, Lothar Tarelkin und einer kompletten Band. Wir probten wie die Besessenen. Und die Premiere war dann auch ein richtiger Kracher: Sie fand bei einem Wolkenbruch statt, wie er im Lehrbuch der Meteorologen steht. Aber immerhin: Wir hatten jetzt eine Agentur. Sie hieß »Media-On-Line« (die im Besitz unserer fünf Geschichtenlieder-Produktionen aus DDR-Zeiten gelangt war), und seitdem bin ich sehr vorsichtig bei solchen synthetischen Begriffen: Meist verbirgt sich hinter diesen nichtssagenden Klang-Wort-Schönheiten das, was sich auch hinter dieser Firma verbarg – eine der berüchtigten Konstruktionen mit drei, vier GmbH's, die immerzu den Konkurs der einen mit der anderen verschleiert und nur dazu gedacht ist, »Mandanten« oder »Klienten« die Knete aus der Tasche zu leiern, damit dann wieder den nervigsten Schuldnern den Mund zu stopfen, um irgendwann gar nicht mehr zu zahlen und unter einem neuen, ebenso klangvollen Label wieder aufzutauchen – kurz, der alltägliche Betrug.

Als einer der Virtuosen auf diesem Gebiet erschien mir der stadtbekannte Gerhard Kämpfe, Chef von »Media-On-Line«. Inzwischen weiß jeder im Geschäft, was man von ihm zu halten hat. Und doch sehe ich mit Erstaunen, wie immer wieder Kollegen aus meiner Zunft um seine Gunst buhlen, als sei er der Herrgott der Pop-Szene.

Und wir hatten ein tolles Programm. In ihm waren allerdings neun Bandmusiker und vier Solisten beschäftigt, und es unter 15000 Mark anzubieten, wäre pure Selbstausbeutung gewesen. Alles kein Problem für »Media-On-Line« – Kämpfe war der Optimismus in persona.

Es vergingen vier Wochen – kein Angebot. Es vergingen weitere vier Wochen, ich saß im Blankenburger Gehäuse neben dem Telefon mit Ohrensausen und Schweißausbrüchen – die Agentur schwieg. Sie schweigt bis heute.

Mein junger Freund und Ziehsohn Christoph, Eikes Sohn, lachte mich aus, wie ich so da saß und barmte: »Mit großem Orchester willst du auf Tour gehen, wie in alten Zeiten? Mit einem Kinderprogramm, wo für Kinder keiner mehr Geld hat? Mensch, für so was kauft man eine O1W/PROX von Korg! Alles klar?« Alles klar – das Ding ist ein elektronisches Orchester mit einer sehr guten, dem Konzertflügel nachempfunden Tastatur. Seit 8 Jahren nun ist dieses geduldige, gut klingende und für mich noch immer abenteuerliche Instrument der Mittelpunkt unserer Konzerte – und natürlich die Solisten. Sie waren hart, diese Jahre, es schmerzte, an den großen Häusern vorbeigehen zu müssen, in denen wir bei unseren Konzerten vor der Wende die Feuerwehr bestechen mussten, damit sie wenigsten noch einige wenige der vor den Eingängen wartenden Leute hereinließ. Aber 1996 kamen schon wieder so viele Leute zu unseren Konzerten, dass wir im Gewandhaus Leipzig vor 1900 Lakomy-Fans spielten. Und 1997 konnten wir, Carmen Hatschi und ich, an den Dresdener Kulturpalast mit seinen 2500 Plätzen zweimal an einem Tag das Jubelschild »Ausverkauft!« hängen. Ich bin stolz darauf. Und ich bin stolz auf die Leute im

Osten, die – bei allem, was ihnen in den letzten Jahren angeboten wurde – ihren Sinn für musikalische Qualität und Aufrichtigkeit nicht nur bewahrt, sondern geschärft haben.

Natürlich wollten die Kinder und Eltern auch unsere neuen Lieder auf CD haben. Wir gerieten an das Hamburger Label JUMBO. Ich erinnere mich noch an die erste Besprechung mit dem Ober-JUMBO, Ulrich Maske. Er nennt sich selber Liedermacher für Kinder und kommt in dieser Profession mit geringem Aufwand aus – vier, fünf Griffe auf der Gitarre reichen. Er offenbarte uns gleich, dass die Zeiten – d.h. die DDR-Zeiten – wo Produktionen auch Geld kosten durften, vorbei seien. Bei ihm darf keine CD über 10000 Mark kosten. »Das hört man«, sagte ich. Und damit war auch das geklärt.

Für unsere Stücke gelang es uns schon zu DDR-Zeiten und auch nach der Wende die besten Schauspieler des Landes als Sprecher zu gewinnen. Manchmal war es sogar umgekehrt – da fragte uns der Schauspieler. Einmal traf ich den großen Rolf Ludwig mit seiner Frau Gisela in Westberlin auf der Müller-Straße, und er rief schon von Weitem: »Mensch, Lakomy, alle spielen bei dir mit! Wann kannste mich denn nun mal gebrauchen?« Das ließen wir uns natürlich nicht zweimal sagen, und Ludwig spielte den Sternputzer Funkelfix in »Der Wasserkristall«.

Zu »unseren« Sprechern zählen auch Carmen-Maja Antoni und Käthe Reichel, Ulrike Krumbiegel und jüngst Ursula Karusseit. Sehr froh sind wir über die Zusammenarbeit mit Gerd Duwner (u.a. die Stimme von Ernie aus der »Sesamstraße«, Barnie Geröllheimer oder Danny de Vito, er ist leider schon verstorben) und Eddi Külow gewesen – ein großartiges, urkomisches Gespann: der Recke und sein Drache, zwei Junggesellen in »Der Regenbogen«. Und es kam, was ich nicht zu träumen gewagt hätte – wir gewannen »die Stimme«, den großartigen Jürgen Thormann! Er sprach nicht nur für uns, sondern führte auch Regie. Das war wohl auch der Grund, warum sich der edle Mime Eberhard Esche in unsere Gefilde begab.

Als er hörte, dass Thormann das Zepter in der Hand hat, sagte er zu, betonte aber: »Aber nicht, dass der mir dann reinredet.« Die beiden Großen »betasteten« sich eine Weile, dass es nur so knisterte – dann erlebten wir in meinem Blankenburger Studio Sternstunden der Schauspielkunst, Esche als Eiskönig, Thormann als Gru-Gru in »Der Regenbogen«.

1993 bin ich auch meinem Vorsatz untreu geworden, als Sänger nur noch für die Kinder da sein zu wollen. Es war die blanke Wut, die Moni und mich dazu trieb. Moni hat diese Wut in herrlich böse satirische Verse gegossen. So entstand »Die 6-Uhr-13-Bahn.« In der Deutschen Schallplatte, der ich die Produktion anbot, hob der Chef, ein gründlich gewendeter FDJ-Funktionär, die Hände und sagte doch tatsächlich jenen schönen Satz, den ich bei der Auseinandersetzung mit Funktionären in jedem zweiten Kreiskulturhaus früher gehört hatte: »Das wollen unsere Menschen nicht.« Ist es nicht schön, dass es immer wieder Menschen gibt, die bestimmen, was unsere Menschen wollen?

Ich bin dann mit der Scheibe zu dem kleinen Label »Nebelhorn« gegangen, dann kaufte »Buschfunk« die Herstellungsrechte. »Nebelhorn« war pleite.

Im Booklet zur »6-Uhr-13-Bahn« schrieb ich: »Als ich im Mai 1977 in Meißen mein letztes Konzert als Sänger Lakomy zelebrierte, mich von da ab mit Vehemenz der elektronischen Musik und der Musik für Kinder widmete, war es beschlossene Sache, als Sänger nur noch den Kindern zur Verfügung zu stehen. Das wäre auch so geblieben, hätte sich die Welt um uns herum nicht in so rasanter Weise drastisch verändert.

Ich habe eine sehr lange Zeit meines Lebens für die Erkenntnis gebraucht, dass die Gesellschaftsform des Sozialismus ohne Alternative ist, wenn es uns wahrhaftig um die Zukunft unserer Kinder auf dem blauen Planeten geht. Es nützt nichts, diese Gesellschaftsform als solche an den Pranger zu stellen. Ein hoffnungsvoller Sozialismusversuch ist, auch dank der anmaßenden lemurenhaften Rezeptbesitzer, gescheitert, wir wollten diesen verfahrenen Sozialismus nicht. Aber alles ist in Bewegung, so wie es jetzt ist, bleibt es auch nicht.

Meine Heimat ist der Osten Deutschlands, speziell Berlin, ganz speziell Berlin-Blankenburg. Ich empfinde alle meine Jahre hier im Osten als Wurzeln meiner kreativen Kraft. Gerade jetzt spüre ich das regelrecht mit Genugtuung. Wir brauchen keine DDR-Nostalgie, aber wir sollten viele Dinge behalten aus einer Zeit, wo wir alle ein wenig aufeinander angewiesen waren.«

Die Wut ist nicht kleiner geworden. Nur kann man eben nicht immer wütend sein. Manches, beispielsweise wie sich diese angeblich beste aller Demokratien selber entblößt, beobachte ich mit Schadenfreude. Im Vergleich zur DDR ist der Unsinn nicht weniger geworden. Er kommt immer dann hervor, wenn Machtmenschen, Ideologen und Technokraten das Sagen haben. Nehmen wir nur die Jahrtausendwende, das Silvester 2000. Der Palast der Republik, in dem man die größte und schönste Party der Stadt hätte feiern können, lag im Dunkel, und davor saßen die Leute in Zelten! Irgendwann werden die Besatzer wohl das Werk vollenden (das alle Besatzer in ihrer Dummheit fast manisch betreiben) – sie werden den Palast schleifen.

So lange der jedoch noch steht, kann man an seinem Beispiel seinen Kindern und Enkeln erklären, was das Wort »absurd« bedeutet. So ist er doch noch zu was gut.

Vor kurzem gerade hat einer der größten Wendehälse der »Grünen«, unser neuer grünlicher Außenminister Joschka Fischer, nach seinem Einzug in das ehemalige ZK der SED leicht vor sich hin sinniert: dass es ihm ganz gut da gefallen täte, nur, wenn sein Blick aus dem Fenster streife, würde ihm der Anblick des Stadtschlosses doch sehr wohltun. Der Ekel der DDR, das meint er wohl, streift diesen armen, gewelkten Menschen beim Anblick des Palastes der Republik.

Alle Geschichten, auch die kleinen, haben einen Schluss, einen guten oder bösen: Eines Tages brauchte ich ein Mikrofonkabel, und zwar sofort. Der nächste erreichbare einschlägige Laden war »Fechner« in Pankow. Ich trat ein, wurde vom Chef überaus freundlich begrüßt, und, noch ehe ich mein Begehr vortragen konnte, beschenkt mit dem Ausruf: »Herr Lakomy, wann sind denn endlich wieder ihre Sachen auf dem Markt! Diese ›Benjamin-Blümchen-Kacke‹, das ist ja unerträglich!«

Ist das nun ein guter oder ein böser Schluss?

Die Fete

Wenn ein Mensch fünfzig wird, besteht nicht die Verpflichtung, ihm den Bauch zu kraulen. So schlimm sind die Zeiten ja nun auch wieder nicht, dass schon das Überleben ein Verdienst ist! Das Ehrlichste, was man dem Jublilar sagen sollte, ist: Hast gut auf dich aufgepasst, alter Junge, weiter so.

Aber so ehrlich ist ja keiner. Reden auf runden Geburtstagen sind fast so verlogen, wie Reden auf Beerdigungen – nur nicht so lustig. Manchmal sind sie ungewollt komisch: Auf Erwin Geschonnecks 90. Geburtstag hat der Festredner (seinen Namen verschweige ich) mit der Anrede begonnen: »Lieber Erich!«

Also, Reden wollte ich tunlichst vermeiden. Aber Musizieren wäre schön – und schön naheliegend.

Die große Fete stieg im Theater des Ostens in Karlshorst, einem riesigen, etwas heruntergekommenen Saal. Und alle, alle kamen. Ich hatte Glück, dass Freitag war und die Leute sowieso in Ausgehlaune waren. Die Bude war nicht nur voll – das Publikum stand in den Gängen, auch viele junge Leute. In der Loge saßen meine Schwiegereltern, neben ihnen lümmelte Klara-Johanna und machte Stauneaugen, die wie Scheinwerfer auf die Bühne strahlten. Einige der Gäste waren sicherlich nur meinetwegen gekommen. Die anderen aber, um unser erlesenes Programm zu erleben: Meistertänzer Mario Pericone, Kammersängerin Carola Nossek, Primaballerina Angela Reinhard, meine alte Band, Herbert Dreilich von »Karat«, aus London der Pianist Craig Lees, Gerlinde Kempendorff und Angelika Mann, das Berliner Posaunenquintett, Quaster und Peter Meyer von den »Puhdys«, Franziska Troegner, Angelika Weiz, Uschi Brüning, die Magdeburger Old Stars (mit meinem Freund Hans-Albert Möwes), Günther

Fischer, Eddi Külow und – unverwüstlich im Einsatz – Franziska Troegner und Carmen Hatschi. Das war mehr als abendfüllend.

Im Publikum saßen viele, die mir in meinem Leben viel bedeutet haben und die durch ihre Anwesenheit den Abend bedeutend machten: Karin Düwel, Lothar und Almuth Bisky, Klaus Hugo, Klaus Vonderwerth, Barbara Kellerbauer, Ebse Görner, Daddy Bartel, Wolfram Heicking, Rainer Oleak, meine Bootskumpel Günther und Bolle, mein Freund Peter Hoffmann aus Bad Homburg und viele andere, die mir wichtig sind, die mir aber im Moment nicht einfallen wollen.

Keine Angst, ich fange jetzt nicht an zu schwärmen. Den Abend will und kann ich nicht nacherzählen, nicht Eddis überraschenden Auftritt aus dem Hinterhalt, nicht Quasters Einlage, die Stimmung, der Jubel, der Beifall, die kleinen Pannen. Wer nicht dabei war, darf sich ärgern.

An dieser Stelle ist jedoch zunächst festzuhalten, wen einzuladen ich vergaß: Den Knoche, Schorsch! Und meinen Lehrer Dieter Nathow. Wenn ich 100 werde, mache ich das wieder gut, versprochen!

Nicht gekommen war Fred Gertz. So ist das Leben: Mancher kann nicht über seinen übergroßen Schatten springen. Ich hatte an diesem Abend keine Zeit, darüber traurig zu sein, ich durfte nicht traurig sein. Aber einige Freunde, die mich umarmten fragten gleich: »Wo ist denn der Fritz?« – das tat dann weh.

Manfred Krug war auch nicht da. Und ich hatte doch schon »Georgia« für ihn arrangiert! Aber Günther Fischer war da, wir – Uschi Brüning, Angelika Weiz, er am Saxophon und ich – haben der Menge mit »You are the sunshine of my life« eingeheizt. Fischer ließ natürlich eine kleine Spitze los: »Lacky war damals noch sehr unreif«, sagte er über unsere gemeinsame Zeit im Fischer-Quintett. Die Leute nahmen's heiter auf.

Dass der eine nicht gekommen war und der andere doch – das hat seine Geschichte. Und weil ich in der Geschichte auch eine Rolle spiele, muss sie erzählt werden:

Es waren einmal zwei begnadete Künstler, die hatten einander so lieb. Sie lebten mehr oder weniger glücklich in ihrem Vaterland, eher weniger vielleicht. Auch machten sie tolle Kunst, die man noch heute gern hört. Eines Tages verließ der eine Künstler dieses Land und suchte sich ein neues, was nicht so einfach war, denn er musste Möbelwagen und Schwerlasttransporter für all seine Habe bestellen. Sein altes Vaterland und sein neues (in den ersten Wochen nannte er es noch »Exil«) standen Kopf – traurig das alte, hämisch das neue. Der andere besuchte ihn auch in der neuen Heimat oft und gern – nicht nur aus eigenem Antrieb, wie sich später herausstellen sollte – und so hätte alles bleiben können – nicht ganz schön, aber auch nicht ganz schlecht.

Doch es kam andersrum, und zwar gründlich: Im alten Vaterland wechselte die Regierung, was es dort seit vierzig Jahren nicht gegeben hatte. Die verflossene Regierung hinterließ allerhand Akten, auch unappetitliche. Darin las der Künstler, der weggegangen war, dass der Künstler, der da geblieben war, Böses über ihn bei der alten Regierung erzählt hatte. Was heißt »erzählt«! Berichtet!

Der dereinst weggegangene Künstler, der heute insbesondere für eine Telefonfirma aktiv ist, schrieb seinen ganzen Zorn darüber in den SPIEGEL, denn im Märchen heißt es ja: Spieglein, Spieglein an der Wand ... Da wir alle, die wir im Märchenland leben, wissen, dass dieser Künstler kein Dummer ist, wussten wir auch, dass er wusste, was er tat: Dass er mit seinem Brief an den SPIEGEL seinem einstigen Freund gründlich den Garaus machen konnte.

Jetzt trete ich in dieser Geschichte auf. Die »Berliner Zeitung« fragte mich, was ich denn davon hielte, dass die beiden Freunde sich jetzt so in die Haare kriegen (obwohl man zumindest bei dem einen von Haaren nicht mehr reden kann). Ich sagte: Sollen die doch ihren Ehekrach unter sich ausmachen; sie kommen mir vor wie zwei beleidigte Leberwürste, die sich gegenseitig ihre Puppenlappen um die Ohren hauen. So sprach ich.

Und das nannte der einstmals weggegangene Künstler einen »feindseligen Akt« und »der reinste Schleim« und wollte darob nicht auf meiner Fete »Georgia« singen.

Und wenn wir drei nicht gestorben sind, dann leben wir heute noch.

Ich hätte die beiden auch wirklich nicht zusammen einladen können – ich bin doch nicht lebensmüde!

Fischer, den ich nach Jahren an diesem Abend wiedersah, war ganz der Alte geblieben. Als das Fernsehen ihn in der Feten-Pause – wie viele andere Zuschauer – fragte, wie er denn Lakomy charakterisieren würde, antwortete er: »An Lacky finde ich bemerkenswert, dass er eine gewisse Unbestechlichkeit hat.« Eine gewisse! Na, ich danke.

Nina Hagen war auch nicht da. Sie pendelte wohl gerade irgendwo zwischen New York und dem Himalaja. Aber sie hat grüßen lassen. Und Veronika Fischer war auch nicht da. Ich hatte heimlich gehofft, sie würde kommen. Wäre sie erschienen – es hätte einem Wunder geglichen. Warum? Darum:

Ein Abend irgendwann im Winter 1981/82. Im ZDF »aspekte«: im Studio sitzt meine Lieblingsstimme, Veronika Fischer, und neben ihr lümmelt der begnadete Komponist Franz Bartzsch. Schön euch zu sehen, ihr beiden! Hoffentlich singt sie.

Aber sie redete: diese Unfreiheit in der DDR, die ideologischen Texte (das ging voll gegen ihren langjährigen Texter Kurt Demmler), und ständig die verhassten Auftritte vor den Bonzen. Es war nicht zu fassen. Beinahe jeder in der Ostberliner Szene wusste doch von diesem Brief, den die Vroni, das süße Mitglied des FDJ-Zentralrats und die schnuckelige Kandidatin der SED, ein paar Wochen zuvor an ihren Kulturminister geschrieben hatte: »... fühle ich mich in der DDR als meiner Heimat zu Hause ... Hier möchte ich leben und arbeiten, als Bürger dieses Staates. Von hier aus möchte ich meine internationalen Verpflichtungen nachkommen ... mache ich mir über die westliche Welt keine Illusionen ...«. Dieser Brief

252

musste unter Folter oder bei Androhung des Scheiter-
haufens zustande gekommen sein!

Wie sang sie so schön auf ihrer eben gerade im Westen
erschienen LP: »Stehaufmännchen haben keine eigne
Meinung, drehen sich mit dem Wind ...« Ein Selbstpor-
trät?

Nein, das konnte nicht so stehenbleiben!

Hinzukam: Ich war auch direkt betroffen von Vronis
Abschied. Nicht von der allgemeinen Hysterie, die da
herrschte. Veronika hatte es nämlich vorgezogen, keinen
Ausreiseantrag zu stellen (vielleicht weil sie sich politisch
schon so sehr vereinnahmen lassen hat?), sondern sich
eine abenteuerliche Kriminalstory zurechtzufummeln,
in der von Kindesentführung die Rede war und sie die
Rolle einer verstörten, bangenden Mutter spielte, um aus
der DDR rauszukommen. Und der Staat spielte diese Kri-
minalgroteske mit. Ihm war es lieber, seinen wertvollen
Kader infolge einer vorgetäuschten Kindesentführung zu
verlieren als durch »Republikflucht«.

Mir ging das noch aus einem anderen, einen profanen
Grunde nahe: Die »Geschichtenlieder« und der »Traumzauberbaum« – das waren Produktionen mit Veronika Fischer. Gewöhnlich reagierte der Staat auf »böswilliges Verlassen« wie ein gehörnter Ehekniilch: Alles, was an die Un-
getreue erinnerte, wurde vernichtet, eingestampft oder
sehr gut weggeschlossen. Das hätte bedeutet, dass unsere Platten aus den Läden verschwunden wären, alle Arbeit umsonst gewesen war, das Publikum enttäuscht und
wahrscheinlich auf unabsehbare Zeit verloren. Kurze Zeit
später ging auch noch die Lütte, Angelika Mann, in den
Westen (mit Ausreiseantrag). Da kam ich mir vor wie in
dem Lied »Zehn kleine Negerlein« – jetzt war ich nur noch
einer. Wir – also Moni und ich – hatten aber Glück: Die
Kinderlieder-Platten waren nach wie vor zu haben (wenn
sie zu haben waren). Das tat der Staat nicht etwa mir zu-
liebe. Offensichtlich war es ihm wichtiger, Geld damit zu
verdienen, als alle Spuren von Veronika und Lütte zu be-
seitigen.

Nach der »aspekte«-Sendung rief ich in heiligem Zorn die »Junge Welt« an: Kommt Leute, alles muss man sich nun auch nicht gefallen lassen. Funkstille. Nach zwei Wochen – für eine wütende Reaktion natürlich viel zu spät – kam ein Redakteur und machte eine Interview mit mir. Den von mir autorisierten Text habe ich noch. Ich war für die Überschrift »Geliebt ist der Verrat, nicht der Verräter«, ein Satz der alten Römer, aber auch ein Satz, der meiner Erfahrung entsprach: So lange Künstler aus der DDR im Westen als Opfer und »Flüchtlinge« hergezeigt werden konnten, richteten sich die Kameras auf sie. Aber wehe, sie wollten dann auch teilhaben am Geschäft – da waren sie dann übrig, wie der Dreck zu Weihnachten.

Als die »Junge Welt« erschien, hieß die Überschrift: »Jeder Verrat hat seinen Preis«, was ich unglaublich dämlich fand. Und in meinem Interview tauchten Sätze auf, die frei erfunden waren, andere waren aus dem ursprünglichen Zusammenhang gerissen. Meine Kritik an den DDR-Medien war ganz gestrichen. Insgesamt: Da brabbelte ein Funktionärsarsch namens Lakomy brave Argumente vor sich hin.

Ich war entsetzt! Mein Briefkasten quoll über von anonymen Postkarten voller Beschimpfungen, einige Kollegen ignorierten mich fortan, andere, die ich lieber in den Hintern getreten hätte, klopften mir auf die Schulter. Dementis, Richtigstellungen gab es in der DDR-Presse nicht (jedenfalls nicht für mich). Ich war der dumme August.

Nicht einmal heute kann ich darüber lachen. Im Gegenteil: Mir tut das leid. Wie viele wertvolle Freundschaften sind in dem Glaubenskrieg zwischen Ost und West kaputtgegangen! Haben wir uns nicht oft genug wie Bauern auf dem Schachbrett opfern lassen, damit die Herrschaften im Hintergund ihre Züge planen konnten? Wir waren naiv, und dünkten uns doch oft ungeheuer schlau. Veronika, Lütte, ich und andere – wir haben zusammen künstlerisch etwas geschaffen, dass nun schon einige Zeit überdauert hat. Ist es nicht das, nur das, was zählt?

254

Anstelle von Veronika Fischer war Gregor Gysi da. »Anstelle« ist natürlich Quatsch. Ich meine nur: Die Enttäuschung über das eine hat die Freude über das andere aufgehoben. Es gibt viele Gründe, Gysi zu mögen – ich nenne ihn meinen Freund und hoffe, dass er mich auch so nennen würde. Mein Grund, warum ich ihn mag, liegt lange zurück und hat mit ihm erst einmal gar nichts zu tun:

In meiner Oberschulzeit hatte ich einen Freund, Hansi Kajzar. Hansi hatte einen älteren Bruder, der Physik studierte. Und der wiederum hatte auch einen Freund, der Theologie studierte. Hansis Mutter war eine wunderbare Frau. Ihre Söhne waren weniger ihre Söhne als ihre Freunde. In dieser Familie gab es keine Geheimnisse. Aber am schönsten war, wenn der Physiker mit dem Theologen stritt. Das war ein Gehirnschmaus, ein Training in Witz, ein Crashkurs in Polemik. Hansi und ich saßen dabei, auf dem ausgebeulten Sofa, und sperrten Mund und Augen auf. In Mutter Kajzars Stube fand statt, was uns heute kein Fernsehn mehr bieten kann – intelligente Unterhaltung, Streit bei fast liebevoller Achtung füreinander.

Seitdem war ich auf der Suche, so etwas noch einmal zu erleben (und träumte davon mitzuhalten – aber ich bin rascher auf den Tasten). Und dann kam einmal, irgendwann in den Siebzigern, zu einer Fete in Berlin ein quirliger Mann hereinspaziert. Seine bloße Anwesenheit reichte – und er war nach einer Minute umringt von lachenden und neugierigen Leuten. Er war aber kein Klassenkasper. Er musste keine flauen Witze nacherzählen. Das Lachen kam von tiefer her. Damals hieß es, »der studiert auf LPG«.

1989, in hektischer Zeit, tauchte ein Mann auf den Bildschirmen auf – es ging wohl um das erste Reisegesetz der DDR. Da war er wieder. Und er machte den Mund auf – und es war wieder wie damals. Und wenn er streitet, dann mit so einer spielerischen Hingabe, mit so einer Kultur und Noblesse, wie damals der Physiker mit dem Theologen.

Nach der Wende haben Moni und ich sowohl zu Gregor als auch zu Almuth und Lothar Bisky, mit denen wir seit vielen Jahren befreundet sind (die Weiber waren zusammen schwanger!), gehalten. Das sprach sich natürlich rum. Frühere »Hundertprozentige« vom Staatsfernsehn, die jetzt beim MDR wieder lukrative Posten besetzen, wechselten die Straßenseite, wenn ich ihnen begegnete. Ich würde gern die Namen nennen – es juckt mich. Doch mein Weib hat es mir verboten, und sie ist in revolutionärer Taktik die bessere von uns beiden.

Es tut mir leid für Lothar und Gregor, dass sie mit dieser Partei geschlagen sind. Ich habe die in Bad Muskau kennen gelernt – ja, ja, manchmal muss man für die Wahrheit weit reisen. Dort hat man mich zu DDR-Zeiten als stinkigen, langhaarigen Penner vom Bahnhof gejagt. Und heute, da ich ergraut bin, isst man, während ich singe oder plaudert selbstvergessen über die verpasste Weltrevolution. Bei dem Gedanken, dass sich alte Egoisten, die mit ihrem Dogmatismus den Sozialismus verraten haben, hinter Gregor und Lothars Rücken gut aufgehoben fühlen, graut mir.

Das war mein Fünfzigster! Moni hatte das Riesenfest organisiert und mir zum Geburtstag geschenkt. Und irgendwann treffen wir uns alle mal wieder zu einer Fete. Der Anlass dafür muss noch erarbeitet werden. Aber nicht erst in fünfzig Jahren – ich will ja noch dabei sein.

Das Boot

Punkt neunzehn Uhr und zwei Minuten schläft der Wind ein, als wolle er eine allgemeine Zeitdurchsage machen. Aber es muss hoher Juli sein oder junger August, und der Wind muss seit dem Morgen – der kühl war – beständig, leicht, sehr trocken und sehr heiß aus Nordwest geblasen haben. Die Sonne kriegt plötzlich Farbe ins Gesicht, dem Himmel läuft im Gegenzug das Blau aus und die Möwen versammeln sich zum Rapport.

Moni lässt alles stehn und liegen und geht mit einem Glas Rotwein zum Heck, dem Schauspiel zusehn, ein Ritual.

Der See liegt vor mir wie auf kleinem Feuer köchelnde Lava – Purpur, Quecksilber, Blei und Teer.

Das ist die Stunde, wo ich mich nicht rühre. Der Tag wechselt den Aggregatzustand. Nicht lange, und gegenüber am dunklen Ufersaum blitzen auf den Booten die ersten Lichter auf und der Mond klebt am Himmel wie ein Silberling.

Seit zehn Jahren lebt eine Hälfte von mir auf dem Wasser. Die andere Hälfte macht Musik, gibt Konzerte, sitzt im Studio, bezahlt Rechnungen, verdient Geld, regt sich auf, beruhigt sich wieder, guckt Fernsehen, politisiert, liebt, geht einkaufen, kommuniziert nach da und nach dort, gibt Interviews, beschwert sich beim Finanzamt, fährt Auto, gewinnt Prozesse, isst kiloweise Clementinen – trinkt Rotwein und verdaut. Diese Hälfte führt ein normales, bürgerliches Dasein, mit Versicherungen, Kreditschulden, zwei Tageszeitungen im Abonnement, keiner Uhr am Handgelenk, einer Geldkarte im Jackett und einem Handy in der Hosentasche, zu dem man nur einen Namen sagen muss, und schon klingelt im richtigen Haus das richtige Telefon.

Die andere Hälfte wacht morgens auf vom Glucksen der Wellen am Bug, steigt in den See, der grün ist wie das Grün der allerschönsten Mädchenaugen, bewegt sich dann auf zwölf Quadratmetern, sonnenheisse Teaiekholzplanken unter den Fußsolen, hält Kurs, weicht aus, studiert die Ge-

Vom Boot aus konnte man das Reichstags-Verhüllung-Spektakel ohne Gedränge beobachten

wässerkarten, streicht beinahe lautlos in Ufernähe entlang, wo der Reiher misstrauisch wartet, lässt sich in Schleusen heben und senken, tuckert am Palast der Republik und an der Museumsinsel vorbei, sieht dort, wo die Havel mäandert, Schiffe gravitätisch durch Wiesen und Kornfelder wandern, wirft Anker, macht fest, sieht den Tag versinken, trinkt Bier und erwacht am anderen Morgen vom Glucksen der Wellen am Bug.

Manchmal denkt die eine Hälfte: Ach, könnte ich doch immer wie die andere leben. Und nach einer gewissen Zeit denkt das dann die andere. Die beiden verlieren einander nicht aus den Augen (also bin ich nicht schizophren). Seit ich ein Boot habe – die Boote haben gewechselt aber die Sache bleibt dieselbe, auch wenn das

Boot, das ich jetzt habe, das denkbar schönste und vollkommenste ist – seit ich ein Boot habe, hat das Leben zusätzlichen Wert: Himmel, Wasser, Donner, Sonne, Blitz, Tag und Nacht, der Wechsel der Jahreszeiten, Gewüchs und Getier lassen mich an ihrem raffinierten System teilnehmen. Nur als Gast natürlich, und sie lassen mich jederzeit spüren, dass in ihrem System nur eine Variante der Beteiligung für mich vorgesehen ist – die der absoluten Unterordnung.

Ich glaube, Musik kann ohne solche Erfahrungen auf Dauer nicht entstehen, jedenfalls keine, die den Menschen anrührt. Gäbe es überhaupt die Klassik ohne solche Ur-Erlebnisse: wie die Knospen springen, wie der Falke fast reglos überm Feld steht, wie sich über dem See ein Gewitter zusammenzieht?

Zum ersten Mal steuerte ich allein ein Boot vor Elba, auf dem Mittelmeer. Ich bin damals mit all der sportiven Überheblichkeit eingestiegen, die den Laien vom erfahrenen Skipper unterscheidet: Motor angeworfen, und dann ist es so ähnlich wie Trabi fahren, nur dass einem kein Baum in die Quere kommen kann, dachte ich. Schon an diesem ersten Tag hat mich das Meer Demut gelehrt. So lange noch die Sonne am Himmel steht, erscheint uns Säugetieren die Welt komfortabel eingerichtet. Doch wehe, die Elemente verbünden sich, der Himmel wird schwarz, das Meer lässt dich in Täler fallen, aus denen du jedesmal nicht wieder aufzutauchen glaubst. Jedesmal! Bei jedem unendlich tiefen Fall ins Nichts, sagst du zu dir: vorbei!

Vorbei! Das sagen zu üben, bietet das Festland zu wenig Möglichkeiten. Und auch, nicht zu wissen, wo oben und wo unten ist, ist eine nützliche Erfahrung. Man kommt reicher aus jedem Wellental heraus, als man hineingeschleudert wurde.

Ich bin jedoch kein sportlicher Kapitän, weder Moni noch ich mögen Tempo-, Krach- und Wellenmacher. Auch unsere Tochter, die auf Boot und Wasser versessen ist, zieht die Stille vor und teilt ihr Frühstück am liebsten mit Enten und Schwänen. Am Werbellinsee oder auf langen Wanderungen durch die Flüsse und Kanäle Brandenburgs oder auf der Müritz oder irgendwo auf dem Mittelmeer – genießen wir es, ein kleines Haus dabei zu haben, ein einfaches Leben zu führen und freuen uns über jeden Tag. Es ist auch schön, sich die Sippe oder Freunde einzuladen, und wir sitzen dann dichtgedrängt in der Plicht – die Nacht spannt ihren Sternenhimmel auf ...

Mein ganzes Künstlerleben lang habe ich mein Geld für Instrumente ausgegeben und ins Studio gesteckt. Das frisst auch heute noch genug. Doch jetzt verdiene ich auch fürs Boot. Für einen Mann in meinem Jahren ist es wichtig zu wissen, dass es außer der Profession, die einen nicht loslassen will und die man nicht loslassen will, auch noch ein anderes Leben gibt, ohne Noten, Mischpult und Klangeffekte.

In den Jahren auf dem Wasser haben wir wunderbare Leute kennen gelernt – wie meinen Freund Günther Blum, angeblich 70 Jahre alt, eine Mischung aus Schwejk und Eberhard Cohrs. Oder Kumpel Bolle, dessen Lieblingsspruch lautet: »Eine Nacht auf dem Boot macht einen Tag länger leben.« Und Segler Micha mit der speziellen Fendertechnik, dem bin ich wichtig. Oder den Satiriker Mathias Wedel. Wir alle haben allerdings eine Macke, die jedes Jahr über Weihnachten kurz ruht, sich aber schon beim letzten Frost mit leichten Unruhezuständen wieder bemerkbar macht: Das Boot.

Eines Tages – wir besaßen ein komfortables, praktisches, wenn auch nicht übermäßig schönes amerikanisches Boot – standen Moni und ich auf der Berliner Bootsmesse in den Hallen unterm Funkturm. Vor uns war eins dieser eleganten Dinger aufgebaut: ein vertrauenerweckendes Unterschiff und über der Wasserlinie von einer Schönheit und Gediegenheit, die ins große weite Meer der Träume gehören. Als wir den Preis lasen, sagten wir uns folgerichtig: Klar, träumen kann man von so was schon, aber ... Und gingen weiter. Stumm trotteten wir nebeneinander her, jeder in Gedanken versunken. Plötz-

Mit dem Boot auf dem Werbellinsee

lich blieb Moni stehen und sagte: »Lass uns dieses Boot kaufen! Wir sind beide fünfzig.«

Wenige Minuten später saßen wir an Deck »unseres« Bootes und ließen uns vom Händler mit Champagner bewirten. Das heißt, Moni nahm Champagner. Ich nahm ein Bier.

Wir haben jetzt Ende Januar 2000. Der Winter zeigt sich glitzerweiß. Im Garten liegen zehn Zentimeter Neuschnee. Die Nacht ist so hell, dass man die Uhr lesen kann: Es ist kurz nach Zwei. Was gäbe es heute noch zu erzählen?

Nichts, das nicht warten könnte, bis ich hundert bin. Ich gehe hinaus, klettere ins Boot, das hinterm Haus aufgebockt steht. Und wenn ich die Augen schließe, dann höre ich den Werbellinsee raunen.

Reinhard Lakomy – Discographie

1973	Reinhard Lakomy (Texte: Fred Gertz)
1974	Lacky und seine Geschichten (Texte: Fred Gertz)
1974	Hätte ich gewußt (RCA) (Texte: Fred Gertz)
1975	Lackys Dritte (Texte: Fred Gertz)
1976	Daß kein Reif (Texte: Fred Gertz)
1977	Die großen Erfolge (Texte: Fred Gertz)
1978	Geschichtenlieder (Texte: Monika Ehrhardt)
1980	Der Traumzauberbaum (Texte: Monika Ehrhardt)
1981	Das geheime Leben – Electronics
1982	Der Traum von Asgard – Electronics
1983	Mimmelitt, das Stadtkaninchen (Texte: Monika Ehrhardt)
1984	Zeiten – Electronics (mit Rainer Oleak)
1987	Schlapps und Schlumbo (Texte: Monika Ehrhardt)
1989	Der Wolkenstein (Texte: Monika Ehrhardt)
1991	Aer (erschienen bei »Erdenklang«) Electronics
1992	Der Wasserkristall (Texte: Monika Ehrhardt)
1993	Die 6-Uhr-13-Bahn (Texte: Monika Ehrhardt)
1995	Der Regenbogen (Texte: Monika Ehrhardt)
1996	Reinhard Lakomy – Die Jahre 1972 - 1976
1996	Brücken wie ein Regenbogen (UNICEF – CD) (Texte: Monika Ehrhardt)
1997	Josefine, die Weihnachtsmaus (Texte: Monika Ehrhardt)
1998	Geschichtenlieder im Traumzauberwald (Texte: Monika Ehrhardt) *Konzert – CD mit Reinhard Lakomy und Carmen Hatschi, nicht im Handel erhältlich*
1999	Das blaue Ypsilon (Texte: Monika Ehrhardt)

263

Inhaltsverzeichnis

Jetzt singt er 7

Kinderzeit 16

Beinahe in den Westen und anderes Hin und Her 32

Meine Universitäten 44

Die Glatze 63

Pralles, sattes Leben 80

Gaby und andere Umstände 93

Vom Wehrkraftzersetzer zum absoluten Nichts 106

Das Hemd 127

Menschen im Hotel 145

In der Mühle 166

Lakomisch 179

Der Glockenspielbauer 202

Wie man Rolltreppe fährt 227

Die Fete 249

Das Boot 257